Seminar on Social Research

社会調査演習
［第2版］

原 純輔／海野道郎［著］

東京大学出版会

Seminar on Social Research
(2nd edition)
Junsuke HARA and Michio UMINO
University of Tokyo Press, 2004
ISBN 978-4-13-052019-5

第2版・はしがき

1984年発行の第1版は，予想以上に多くの読者を得ることができ，これまで刊行を続けてきた．今回，改訂を決意した最大の理由は，収録されているデータが旧くなりすぎたことにある．現実の調査データを用いながら演習を進めるのが，本書の大きな特徴である．それは，①多分にノイズを含んだ現実のデータを用いることによって，実用的なデータ処理やデータ分析の方法に習熟すること，②調査データに触れることをとおして，日本社会や日本人についての現実感覚をみがくこと，を目的としているからである．しかし，あまりに旧いデータでは，少なくとも②の目的は果たせなくなる．なるべく新しいデータが望ましいので，可能なかぎり最新のものと差し替えた．

これに加えて，以下の点についても改良を試みた．
(1) 社会調査についての概説（第1章）を大幅に拡充した．
(2) 第2章中の数式に用いられる記号を可能なかぎり統一して，各節間での混乱が起こらないように心掛けた．
(3) 第2章の「解説」の分かり難いと思われる部分を書き改めた．また，新しく項目を追加したものもある．
(4) 索引を作成して利用の便に供した．

第1章でも概観するように，社会調査活動の活発化は喜ばしい現象ではあるが，その質の向上は永遠の，そして頭の痛い課題である．われわれに第1版の刊行を促したのも，調査とはいえないようなインチキ調査の横行という現実と，大学等における社会調査教育に対する不満であったのだが，なお途遠しの感がある．ただし，新しい動きもある．その1つとして，日本社会学会などいくつかの学会が中心となり，「社会調査士」という資格認定制度が設けられようとしている．大学における標準カリキュラムを定め，社会調査を正しく評価することのできる人材，正しく実施することのできる人材を養成しよう，というのがその趣旨である．今後，各大学等でもカリキュラムの整備が進められること

になるだろう．第2版がこれまでと同様に多くの読者を得るとともに，こうした動きの一助になるならば幸いである．

　今回の改訂にあたっては，まず原がすべての原稿を準備し，それを海野がチェックしながら作業を進めたが，第1版のときと同様，多くの方々のお世話になった．収録したデータのうちで，仙北調査結果（3.2節）は村瀬洋一氏（立教大学）に提供していただいたものであり，第5回SSM調査結果（3.4節）をはじめとするSSM調査データの利用についてはSSM研究会の許可を得ている．第3.6節にはパーソナル・コンピュータ用のプログラムを収録したが，福富英明氏（東北大学）の協力によって完成したものである．眞田裕子さん（前橋家庭裁判所），三上暁美さん（東北大学）には，原稿作成上の細々とした作業を担当していただいた．また，東京大学出版会編集部の佐藤修，宗司光治両氏は，腰の重い著者たちに早くから改訂を督促されるとともに，その内容についても積極的な助言や提案を寄せられた．

　以上の方々に対し，また，第1版を教科書として利用して下さった多くの学生諸君，そして，感想や意見を寄せていただいたその外の読者の方々に対して，心からお礼を申し述べたい．

　　　2003年10月

原　　純　輔
海　野　道　郎

はしがき

　本書は，社会調査における最も基本的な諸技法を習得するための，演習形式による手引書である．

　現在，社会調査は，さまざまな目的でひろく利用されている．学問の分野だけをとっても同様であるが，なかでも，伝統的に社会学が，社会調査を主要なデータ蒐集の手段としてきた．そこで，全国の社会学専攻のコースをもつ大学では，例外なく社会調査（法）という講義課目が設置されている．しかし，その内容は極めて心細いものといわざるを得ない．

　一方で，教師が教壇から社会調査論ないし社会調査史を論ずるだけというものがあれば，他方で，とにかく学生をフィールドへつれていって，調査らしきものをやらせる（調査実習）だけ，というものも少なくない．社会調査の授業では，調査論，調査技法の訓練，調査実習が有機的に結びつけられなければならない．その中で調査技法の訓練は，調査論と調査実習を媒介する役割をもっており，調査論で示された原則や批判を現実に選択可能な手段の中でどう生かしていくか，さまざまの社会現象から有効な情報をどう取り出すかということを，具体的に明らかにしていく．本書では，主に第5章*に収録された現実のデータを用い，第2章の指示に従って実際の作業を経験し，また，問題を解くことを通して，調査技法の訓練を行なう．それは，自然科学や心理学などの基礎訓練として行なわれる実験とよく似ている．

　しかしながら，この演習あるいは実験形式による社会調査技法の訓練というやりかたは，著者たちの考案によるものではない．両名の恩師であり，今は病床に臥しておられる安田三郎先生（関西学院大学教授）が始められたものである．安田先生は，本書でいえば第2章各節の作業と問題から成る，『社会調査実験マニュアル』という謄写刷の小冊子をつくられ，実際に授業に用いられた．われわれもそれをうけつぎ，内容の加除・差替え，記述の変更などを試みながら，それぞれの職場で授業を行なってきた．

　今回，それらを持ち寄って完成したのが本書であるが，社会調査法の概説，

作業の解説，問題解答，数表，作業用資料をつけ加え，社会調査法の教科書としても，場合によっては独習書としても利用できるようにした．準備にあたっては，まず，第2章の2，3，4，9節とそれに関連した問題解答，資料の整理を海野が，残りの部分と第1章を原が分担して原稿を作成し，検討を加えた．次に，検討の結果をふまえ，形式上の統一をはかりながら，あらためて原が完成稿を作成した．なお，本書に収めたもの以外にも，習得すべき技法は少なくない．これらについては，他の研究者の方々にも期待したいし，また，われわれが続編をまとめる機会があれば，とも願っている．

ご覧のとおりの小さな書物ではあるが，本書が完成するまでには，多くの方方のお世話になっている．安田先生のお名前はあげるまでもない（上述のような経緯から，第2章の一部の節には，『社会調査実験マニュアル』の原型がかなり色濃く残っている）．その他，特に青井和夫氏（津田塾大学）には聴取調査に関する貴重な資料をお貸しいただき，富永健一氏（東京大学）には第3回SSM調査データの利用を許可していただいた．原稿の清書，BASICプログラミングについては，上田博子さん（関西学院大学学生）の御協力を願った．また，出版を引き受けられた東京大学出版会，とりわけ編集を担当された佐藤修氏の的確な助言により，予想以上に早く仕事を進めることができた．

これらの方々に対し，心からお礼を申しあげる．

1984年5月

原　　純　輔
海　野　道　郎

＊　第2版では，数表等の資料とともに第3章にまとめられている．

目　次

第 2 版・はしがき　　i
はしがき　　iii

第 1 章　社会調査概説　1

1.1　社会調査とは何か　　3
1.2　社会調査の企画　　15
1.3　調査対象の決定　　26
1.4　社会調査の手順　　36
1.5　社会調査をとりまく諸問題　　39

第 2 章　演習マニュアル　49

2.1　系統抽出法と比率の推定　　53
2.2　確率比例抽出法　　60
2.3　統計的検定　　68
2.4　クロス集計とエラボレイション　　80
2.5　コウディング（職業分類）　　97
2.6　尺度構成法（項目分析）　　110
2.7　評定法・序列法・一対比較法　　118
2.8　統計図表の描き方　　126
2.9　調査票の作成　　136
2.10　聴取調査　　149
2.11　問題解答　　156

第 3 章　社会調査資料　163

3.1　数　表　　165
3.2　仙北調査結果　　167
3.3　大阪市基本選挙人名簿登録者数調　　180
3.4　第 5 回 SSM 調査結果　　184
3.5　YAS I 調査票と調査員の手引　　189
3.6　コンピュータ・プログラム　　207

文　献　　215
索　引　　219

第1章

社会調査概説

1.1 社会調査とは何か

現代社会と社会調査

社会調査は，現代社会を特徴づける人間活動の1つということができるだろう．人びとの意識や実態をとらえるためにさまざまな調査が行われている．

図 1.1 は，『世論調査年鑑』に収録された世論調査数の推移を，5 年間隔で示したものであるが，ほぼ順調な量的拡大傾向がわかる．なお，収録される調査には，①対象者数（標本規模）が 500 人以上（1970 年以前は 300 人以上），②調査項目数（質問数）が 10 以上，③調査票（質問紙）を用いたものであること等，つまり本格的調査であるという条件がついているので，この背後には収録されなかった膨大な数の調査の存在が予想される．

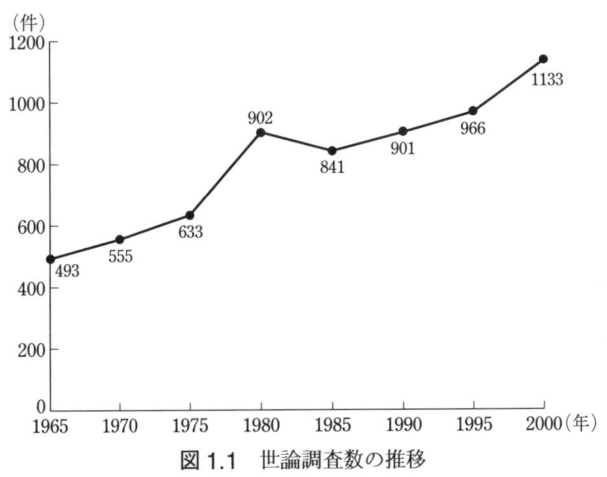

図 1.1 世論調査数の推移

資料：[内閣府大臣官房政府広報室，毎年刊]．

これは単なる憶測ではない．『世論調査年鑑』は内閣府広報室が調査機関，研究機関，行政機関等に対して直接行う調査にもとづいて作られているが，図 1.1 がカバーする 1965 年より前は教育委員会等へ情報収集を依頼して行っていたため，限定条件もあいまいであった．前の方式によると，例えば 1960 年

では3446という数が報告されているのに対して，1965年になると493に激減している．調査自体が減少したのではなく，限定条件が明確になったために，収録される調査数が減少したからであろう．同じ状況はその後も続いていると考えられる．また，『世論調査年鑑』にはあくまでも個人を対象にした意識調査のみが収録されており，世帯や企業などを対象にした調査，意識以外の実態調査，調査票を用いない聴取調査などは含まれていないのである［福武，1984］．

その用途も多様である．例えば，国勢調査など行政の基礎資料の蒐集のために行政機関が行う行政調査，人びとの政治・社会問題に対する意見を探るためにマスコミ諸機関などが行う世論調査，消費者の購買意欲や動向を知るために企業が行う市場調査等が，活発に実施されている．また，社会調査は社会学，心理学（とくに社会心理学），文化人類学，あるいは他の社会諸科学における重要なデータ蒐集の手段である（学術調査）．これらの調査の用途はさまざまであるけれども，調査の方法が基本的に異なるわけではなく，違いは相対的なものである．例えば，社会調査は注目する事象に関する記述（どうなっているのかを述べる）あるいは説明（なぜなのかを述べる）のいずれか，またはその両方を目的としているが，学術調査以外の調査では，どちらかといえば記述にウエイトがおかれているのに対して，学術調査では説明の方に大きくウエイトのおかれることが多い，というような点である．

記述と説明の実際

社会調査のデータが実際にどう扱われるのか，記述と説明の単純な例をいくつか紹介しよう．なお，社会調査のデータは，基本的にカテゴリーの形で得られる質的データと，数値の形で得られる量的データに分けられる．また，それらのデータの扱いは，単一の事象をとりあげる場合と，複数の事象間の関係を問題にする場合とがある．

（例1） 内閣広報室が1995年に実施した「臓器移植に関する世論調査」から，臓器提供意思表示カード（ドナーカード）についての回答をまとめたのが**表1.1**である．ドナーカードを持っている人は1割にも達せず，65％近い人

びとは持つ意思がないか迷っているという状態であることがわかる．これは質的データを用いた比率による記述の例であるが，量的データの場合には，平均値，分散などの統計量によって記述が行われる．

表1.1 ドナーカードの所持状況と所持意思
(%)

持っている		9.4
持っていない	持ちたい	21.6
	持ちたくない	38.3
	どちらともいえない	26.0
	わからない	4.7
合　計		100.0
(実数)		(2156)

資料：臓器移植に関する世論調査（1995年）．

（例2） 表1.2は，1995年に実施された「社会階層と社会移動全国調査」（SSM調査）から，30～40代の既婚女性について，就業状態と性別役割分業に対する意識（性別役割意識）という，2つの事象間の関係を示したものである．性別役割意識は，「男性は外で働き，女性は家庭を守るべきである」という意見に対する賛否をたずねた結果である．専業主婦，パート・自営，雇用者の順で，つまり提示された意見が述べている状態に近い人ほど，肯定する比率が高くなっていることがわかる．なお，ここでは比率の差に着目したが，質的データ，量的データを問わず種々の相関係数（関連係数）を用いて事象間の関係が示されることも多い．

表1.2 就業状態別にみた女性の性別役割意識 (%)

就業状態＼意識	肯定的	否定的	わからない	合計	(実数)
雇用者	19.2	80.8	0.0	100.0	(276)
パート・自営	33.0	66.6	0.4	100.0	(449)
専業主婦	43.2	55.2	1.6	100.0	(435)
合　計	33.5	65.7	0.8	100.0	(1160)

資料：第5回SSM調査（1995年）［→**3.4** 第5回SSM調査結果］．

（例3） 津村・渕脇・築林［1988］は，ある家計調査データに重回帰分析という統計解析技法を適用し，飲食費年間支出 y，年間所得 x_1，家族員数 x_2 の

間に，

$$y = 152.79 + 0.1015x_1 + 90.84x_2$$

という関係が成立することを明らかにした．これは，他の条件が同じであれば，所得 x_1 が1万円増えると飲食費支出 y が平均1015円（1万×0.1015）増加すること，家族員数 x_2 が1人増えると飲食費支出 y が平均90万8400円増加することを意味している．また，x_1 および x_2 に数値を代入して計算すれば，その世帯の飲食費支出 y を推定することができる．なお，3つ以上の事象間の関係を扱う統計解析技法を多変量解析法といい，量的および質的データの双方に関して多くの技法が開発されている．

以上示した3つの例は，いずれも記述の例であるが，**（例2）**および**（例3）**は説明の例ということもできる．例えば，女性の性別役割意識について，「現在の状態を合理化・正当化するかたちで形成される」と説明することを考えたとしよう．もしその説明が正しければ，現在の状態が提示された意見に近い人ほど肯定する傾向が強いであろうという予想（仮説）が導かれる．表1.2はその予想が正しいことを示しており，予想のもとになった説明も受け入れることができるのである*．

* ただし，同じ結果がまったく別の理由から生じた可能性もあることに注意が必要である［→1.2 社会調査の企画］．

社会調査の性格

あらためて社会調査（social research, social survey）とは何かを定義するとすれば，「一定の社会または社会集団の社会事象に関する特徴を記述（および説明）するために，主として現地調査によってデータを直接蒐集し，処理・分析する過程である」ということができよう．そして，これに，「その全過程が客観的方法によって貫かれている」という条件が，ぜひともつけ加えられねばならない．

この定義の要点は3つある．以下，それについて説明していこう．

(1) 集団的特性の把握

第1に，社会調査が明らかにしようとしているのは，注目する社会事象に関

する，社会（または社会集団）自体の集団的特性である．先にも述べたように，社会調査はさまざまな用途をめざして実施されているが，問題となっているのは，いずれも社会自体の特性である．例えば世論調査のように，社会を構成する個人に対して調査が行われるとしても，各人がどのように回答したかということには関心がなく，社会全体（あるいは，その下位カテゴリーである男性，30歳代の者など）としての意見分布が問題になる．これに対して，例えば学力検査は，学力を対象とする一種の調査とみなせないこともないし，全体としての平均や分散を求めることもあるけれども，あくまでも主目的は個々人の学力を測定することにある点が，社会調査とは異なっている．

なお，「集団的特性」という場合の「集団」は，いわゆる「社会集団」とは必ずしも一致しない「統計集団」のことである．例えば，ある都市の有権者の政治意識調査ではその都市に住む全有権者が，全国的な家計調査の場合には全国の世帯が「集団」ということになるが，これらは比較的狭い物理空間に密集して頻繁な相互作用を繰り返すという，社会集団としての基本的要件を備えていない．「統計集団」とは，何らかの基準によってわれわれが（頭の中で）ひとまとまりのものとして把握できる個体の集合のことなのである．ただし，以下の記述においては，本来は社会集団を意味する「社会」ないし「集団」と，統計集団である「母集団」「標本」等の用語を厳密に区別することはせず，互換的に用いていくことにする．

こうした統計集団の特徴を示すために用いられるのが，平均，比率，分散，相関係数などの統計量である．統計量を求めたり統計量を用いた分析を行うことを主な目的とする調査を統計調査とよぶ．もちろん，調査の報告書やレポートに統計数字だけがならんでいるわけではなく，日常用語を用いて議論は進められるのだが，統計表や統計グラフがその議論を支える基本的な情報となるのである．今日の社会調査の多くはこの形態をとっており，本書においても統計調査を中心に説明が行われる．

ところで，いわゆる調査の中には，以上の議論にはなじまないと思われる調査が存在する．それは，ごく少数の人や，場合によってはたった1人を対象にした調査である．調査票などは用いずに，その人のライフヒストリーや意見をじっくりと聞くというやりかた（これを「聴取調査」という）が多く，調査の

報告でも氏名が明示されていることが多い．これは「社会」調査ではないということもできるが，実はその個人の背後に同じような境遇や意見をもつ人びとの存在が想定されており，その人びとの代表ないし典型として特定の個人が調査対象になっていると考えることもできる．その場合には，真の目標は想定された「集団」なのであり，調査対象の代表性や典型性が重要な検討課題となってくるだろう［→1.3 調査対象の決定］．

(2) 現地調査によるデータ蒐集

第2の要点は，現地調査すなわちフィールドワーク（field work）によってデータ蒐集が行われる，ということである．調査者（研究者）によって方法が決定され，調査者自身あるいは代理としての調査員が，現地に出掛けてデータ蒐集を行う．ただし，後に触れるように，郵便による調査や調査対象者を一カ所に集めて行う集合調査等の，変型的方法が用いられる場合もある．

直接，データ蒐集活動を行うのであるから，調査者は，調査の主題にとって自分が最適と考える質問や測定の方法を採用できる．また，単一の項目の分析だけでなく，複数の項目を自由に組合わせるなどして，分析を深めることができる．この点は，社会調査の最大の利点である．これに対して，官庁統計等のいわゆる二次データは，公表された統計表以上の分析を行うことは，ほとんど不可能である．仮に原データが手に入ったとしても，質問や測定の方法については，もとの調査者の考えに規定されざるを得ない．

調査者の方が人びとの生活している現場に出掛けていくのは，同じく有力なデータ蒐集の手段である心理学実験と大きく異なる点である．日常生活に近い状況の中で調査対象者と接することによって，人びとの自然な回答を引き出せることが期待できる．心理学実験の場合には実験室を用いることが多い．この実験室という非日常的な設定は極度の心理的緊張や昂揚感などを生み出しがちであり，それが実験結果に影響を及ぼすことが知られている（ホーソン効果）．現地調査の場合にも同様の影響は避けられないだろう．しかし，その程度は実験に比較すれば小さいと予想される［Mayo, 1933］．

ただし，現地調査のもつこの長所は短所にもつながっている．日常生活の現場であることによって，例えば周囲の人びとの口出しや周囲への気がねなどが，回答に対するいわば攪乱要因となる危険が大きい．こうした攪乱要因を調査者

の側でコントロールすることは，ほとんど不可能である．この点は実験とは異なっている．実験では，注目する事象に関連すると考えられるすべての要因をコントロール（統制）した上で，特定の要因（刺戟）を人為的に与えることによって，因果関係を確定する．これに対して，社会調査の場合には，時間的前後関係の判断と統計的処理によって，因果関係の推定を行うけれども，実験と同じ意味での因果関係の確定が不可能であることは，あらかじめ知っておかねばならない．攪乱要因の統制の問題を中心とした社会調査と心理学実験の比較については，項を改めて検討を加えることにする．

(3) 方法の客観性

社会調査の第3の要点は，社会調査の全過程，つまりデータ蒐集・処理・分析を通して，客観的方法が採用されねばならない，ということである．もちろん，これが社会調査だけの問題ではないことはいうまでもない．

社会調査の用途はさまざまであるが，いずれの用途であっても，調査から得られたデータ，あるいはデータから引き出された命題を，他人に納得させるということが不可欠である．方法の客観性とは，そのための前提条件であって，

(a) 採用された方法が明示されている，

(b) 採用された方法が，調査方法論上の批判（例えば，統計学理論，コミュニケーション理論などの観点からの批判）に耐え得る，

(c) 方法上の訓練，資金，時間等の条件が整えば，他の調査者による追試（追調査）が原則的には可能である，

ということを含んでいる．

これらのうちで，(c)の条件を充たすことは実際には困難である．大半の社会調査はある時点における社会や集団の状態の把握を目的としているから，後の時点で追調査しても無意味なことが多い．例えば，大災害直後の地域住民の意識や態度は，その時点でなければ調査できない．だから(c)の条件は，「同一の方法によって調査を行ったならば，同一の結果が得られたであろうと誰もが判断できる」といいかえてよいであろう．

データ蒐集の方法を例にとってみよう．後述するさまざまのやり方のうちで，調査員が調査票を用いて行う個別面接調査は，客観性という点では非常に優れた方法といえる．この方法では，質問のしかたおよび回答の記録のしかたが厳

格に定められているから,明示性が高く追調査も容易である.また,質問のしかた(質問文)が統一されているから,回答の違いが質問のしかたの違いによってもたらされたのではないかという,調査においてしばしばもちあがる疑問も回避することができる.

他方,調査対象者との自由な会話を通してデータを蒐集する聴取調査では,調査の進めかたが調査者の主観的判断に大きく依存する.そして,調査者の判断を左右する要素として経験と勘が強調される.どの方法を採用するかは,調査しようとしている事象の特性にも制約されるから,一概に調査票を用いる方法がよいとはいえない.また,調査票を用いる場合であっても,質問文の作成や面接のしかたには経験と勘は重要である.しかし,いつまでも客観化しにくい調査者の経験と勘だけに頼っている状態は望ましくないのであって,方法の標準化,(調査者の)訓練方法の確立を通して,客観性を高める努力が必要なのである[佐藤,2002].

社会調査と心理学実験

社会や集団の状態を記述するだけでなく,その状態がなぜ生じたのかを説明すること,いいかえれば,注目する事象がどのような要因によって発生したのかを明らかにすることは,とくに学術調査においては重要な目的になっている.同じ目的をもった有力なデータ蒐集の手段として心理学実験がある.両者はまったく別物というわけではないし,調査の方法には心理学実験の成果が多くとりいれられているけれども,両者の違いについて考察しておくことは,社会調査の特質を知る上できわめて重要である[高橋・渡辺・大渕,1998].

(1) 実験室と無作為配置

社会調査が現地調査を基本とするのに対して,心理学実験は原則として特別に設定した実験室に被験者を集めて行う.実験室を用いるのは,被験者が受けるさまざまな影響(攪乱要因)をコントロールするためである.例えば,日常生活では避けることのできない雑音をシャットアウトする.また,室温やまわりの光景も同一であるから,それらの影響をシャットアウトすることは不可能だとしても,すべての被験者に対して均一な条件を保つことができる.

このほかに,被験者とは切り離すことのできない内的攪乱要因が存在する.

例えば，作業能率を向上させる環境条件についての実験を考えてみよう．このとき，各被験者の手先の器用さややる気の違いは，実験結果に影響する重大な攪乱要因である．こうした内的攪乱要因の影響を，あたかも室温の影響のように全員に均一にする（つまりコントロールする）ことは不可能である．そこで，次のような工夫が行われる．

実験室においては，被験者は実験群と対照群（統制群）という 2 つのグループに分けて扱われる．攪乱要因をコントロールした上で，実験群に対しては仮説に従って刺激（要因）が加えられ，その結果が刺激の加えられなかった対照群と比較されるのだが，内的攪乱要因のように既知ではあるがコントロール困難であったり，未知であるが故にコントロール不可能な攪乱要因に対応するためにとられる方策が，被験者の 2 つの群への無作為配置である［池田，1971］．

無作為配置とは，クジ引きの原理に従ってランダムに被験者を両群に振り分けることをいう．そのことによって，コントロールすることが困難であったり不可能であったりする攪乱要因が，両群にランダムに影響するようにするのである．わかりやすくいえば，特定の人が片方に集中しないようにすることである．その結果として，例えば個々の被験者には手先の器用な人も不器用な人もいるとしても，全体として器用度の平均値を求めたとすれば，2 群の値はおおよそ等しくなるだろう．

こうして作られた 2 群に対して実験を行った結果，実験群の方にだけ予想された変化（事象）が現れたならば，実験群に与えられた刺激が変化を発生させた要因ということになる（**図 1.2**）．

(2) 社会調査における説明

社会調査データを用いた説明の例は**表 1.2** で示された．女性の性別役割意識について，「現在の状態を合理化・正当化するかたちで形成される」という説明が存在し，その説明から「現在の状態が提示された意見に近い人ほど肯定する傾向が強いであろう」という予想（仮説）が導かれる．調査の結果が予想（仮説）どおりであったとすれば，予想のもとになった説明も受け入れられるのである．

この説明のしかたは，形式的には実験の場合と同一である．話を簡単にするために，就業状態を「就業」と「専業主婦（非就業）」に二分することにしよ

う．ここで就業者および専業主婦は，実験における実験群および対照群とみなすことができる．どちらをどの群と考えてもよいのだが，仮に就業者の方を実験群とすれば，刺激にあたるのは，就業という事実がもたらす何物かということになるだろう（図1.2）．ただし，実験と調査が大きく異なっている点は，実験では刺激が与えられる前に2群が作られるのに対して（事前配置），調査では，あらかじめ女性をランダムに2群に分け，一方の群の人びとを就業させたというわけではないことである（事後配置）．したがって，現在就業者と専業主婦に分かれた人びととの意見が，それ以前には同じであったという保証は何もないのである．

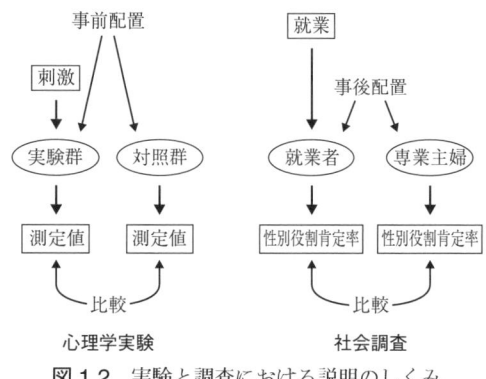

図1.2 実験と調査における説明のしくみ

　もちろん，社会調査が攪乱要因に対してまったく無防備だというわけではない．例えば，性別役割意識は年齢や結婚によっても変化する可能性がある．仮に就業者には未婚の人が多く含まれていたり，専業主婦には高齢者が相対的に多いとしたら，調査結果が意識と就業状態との関係を示しているのか，配偶状態や年齢との関係を示しているのか，区別することができない．表1.2が年齢幅の比較的狭いしかも既婚者のみに限っているのは，その影響を除くためである．また，性別役割意識は学歴によっても違ってくる可能性がある．そこで，調査対象を学歴によって分割し，同学歴の人びととの中で就業者と専業主婦の比較を行えば，学歴という攪乱要因の影響をコントロールできる．これは，攪乱要因の影響を統計的操作によってコントロールしていることになる．前の（**例3**）で示した多変量解析法を用いれば，より多くの要因の影響を同時にコント

ロールすることが可能となるが,あくまでも既知の要因に関してであり,未知の要因に関する無作為配置のようなしくみを社会調査はもっていない.

社会調査の意義

この節では,社会調査の特質と弱点について考察を加えてきた.結局,社会調査という活動はわれわれの知的営みにとって,どのような意義をもつといえるのだろうか.

社会調査の最大の強みは,現地調査すなわちフィールドワークによって,発生している(あるいは過去に発生した)事象をそのままとらえようとする点にある.こうしてとらえられた事象は,特定の時点と場所において,特定の背景の下で発生した,厳密な意味での繰返しが不可能な一回性のものである.調査結果にもとづいて,その事象の性質や特徴を的確に記述することこそ,社会調査の第1の意義である.ただし,それは図1.1あるいは(例1)〜(例3)でみたような図表や数値を,そのまま読者や視聴者の前に投げ出すということではない.もちろん,その事象をどのように調査するか,調査結果をどのような図表や数値にまとめるかについては,調査者(分析者)が決定的な役割を果たす.それに加えて,多様なとらえかたが可能な中で,その事象の性質や特徴をどのように読みとったかという,調査者(分析者)自身の「解釈」を示していくことが不可欠である.

次に,その事象について説明しようとする場合,先にみた実験的方法こそがベストとは必ずしもいうことができないだろう.追究する問題の意味が大きくずれてくる可能性がある.例えば人びとを非行や犯罪に走らせる一般的な要因について実験的研究を行うことは不可能ではないだろうが,なぜ特定の時点や社会において非行や犯罪が増加したのかという問いに,直接答えることは困難である.また,例えば「学歴」の政治的意見にもたらす影響というような問題の場合,学歴の違いを教養,地位,エリート意識……の違いのように特定化して,個々の要素の影響を実験的に確かめることはできそうであるし,決して無意味ではないだろう.しかし,「学歴」といういいかたをする場合,これらの要素の相互作用ないし総合の結果としての影響が問題になっているのであり,実験による個別の検討とは意味のずれがあると思われる.家族のような自然的

集団や会社などの大規模組織に関して，あるいは長期的・累積的な社会現象に関しても同様である．

社会調査の第2の意義は，実験的方法によっては扱うことができないような問題について説明していくことにある．たしかに，社会調査データによる説明には，先にみたようにさまざまな論理的問題点が伴う．しかし，これは調査者（分析者）自身が，①調査者が採用しようとしている以外の説明（仮説）の可能性はないか，②仮に仮説どおりの関係が認められたとしても，その関係は直接的なものといえるか，2つの事象間に介在している要因はないか［→2.4 クロス集計とエラボレイション］，③2つの事象間の関係が直接的なものだとしても，想定している因果関係は正しいか，④その事象とさまざまな調査項目や対象者の諸属性（性，年齢，学歴，職業など）との関係は，採用しようとしている説明と整合的か，等の点について考察を加えることで乗り越えていくしかない．

社会調査の第3の意義は「探索」と名づけることができるだろう．社会調査データが仮説どおりの関係を示さなかったとすれば，新たな説明が必要である．また，われわれは常に明確な仮説をもって問題の探究にとりかかることができるわけではない．あるいは，事象についての記述の過程で，説明すべき問題が浮上してくることも少なくない．

こうした場合には，実験的方法とは逆の方向からの説明が行われることになる．つまり，社会調査データから説明が引き出される．通常，1回の社会調査では相互に関連をもったさまざまなことがら（項目）について質問が行われる［→3.5 YAS I 調査票と調査員の手引］．これらの項目間の関係の検討，とりわけ問題となっている事象（項目）と他の項目や年齢，性別，職業，学歴などの基本的属性との関係の検討を通して，新たな説明が探られる．例えば，先の（**例2**）では性別役割意識と就業状態が関係をもつことが示された．そこで，雇用者－パート・自営－専業主婦という就業状態のカテゴリーの違いがもつ意味が検討され，説明が引き出されていくのである．

この探索においても，記述や説明の場合と同様，調査者（分析者）自身の「解釈」が決定的な役割を果たすことになる［吉川，2003］．

1.2 社会調査の企画

　この節では，実際の調査に先立って決定しておくべき，調査の基本的枠組みの選択について述べる．以下であげられる選択肢には，無条件にベストといえるものが存在するわけではなく，主として調査のテーマとのかかわりで決まってくる側面が大きいことに，あらかじめ注意が必要である．
　なお，社会調査の企画のうちでも，調査対象の決定に関する問題については，次節で述べる．

調査のテーマ
　社会調査のテーマは，調査結果の利用者が現在抱えている問題（関心）によって決まってくる．もちろん，あらゆる問題が調査のテーマとなりうるわけではない．調査よりも実験その他のデータ蒐集法の方が適している問題もあるだろう．また，調査に適している問題であっても，経済的コスト，調査にともなう危険，あるいは社会的影響などの観点から，実施が困難な場合もあるだろう．また，調査対象を深く傷つける恐れのあるような調査は，倫理的に許されないだろう．以下では，調査方法上の観点から調査のテーマ決定の際に留意すべきことがらを，いくつかあげておくことにしよう．
　第1に，現地調査によるデータの蒐集という性格から明らかなように，社会調査が最も得意とするのは，調査対象の「現在」の状態の把握である．逆に，遠い過去の事実について調査しようとしても，どうしても不正確さがつきまとう．例えば，人びとの職業経歴の調査においては，初就業時から現在までの経歴を回顧によって答えてもらう必要があるけれども，ある程度の忘却や省略は避けられないことが指摘されている［原，2002］．
　第2に，世論調査などの統計調査の場合，テーマとしては無意味なものがある．それは，すべての個体の状態が同一であると予想されるようなテーマである．記述を目的とする場合には，わざわざ調査をするのは時間も費用も無駄である．説明を目的とする場合も同様である．1.1節で述べたように，調査デー

タを用いた説明では，要因によって調査対象を分割し（図1.2の例では，就業者と専業主婦），注目する事象（性別役割肯定率）との関連を検討した．このとき，肯定率が100％ないし0％であるとしたら，どのような要因をもってきても関連を見出すことは不可能だからである．具体的にいえば，「なぜすべての日本人は……なのか」というようなテーマの調査を，日本人のみを対象として行うことは無意味である［→2.4 クロス集計とエラボレイション］．

　第3に，テーマの水準とでもいうべき点にも留意が必要である．例えば交通事故に関する調査において，まず事故にあった経験の有無をたずね，「経験あり」と答えた人に対して詳細を質問するというような調査を，よくみかける．しかし，これはあまり賢いやりかたではない．筆者の経験では，この種の経験者の比率は（事故の程度にもよるけれども）それほど高くない．そうなると，せっかく高い費用をかけて調査を行っても，「経験なし」と答えた大半の人びとは，調査票上の多くの質問に関して「非該当」として扱われ，分析の対象から除かれてしまう．逆に，それらの人びとにも配慮した調査では，事故内容についての質問には，わずかなスペースしかさくことができなくなる．

　このような場合には，テーマの水準を分けて調査を行うのがよいだろう．まず，事故経験の有無，事故についての意見・態度などをテーマとして，一般の人びとに対する調査を行う．この調査では，回答者のほぼ全員とかかわりのある質問から構成される．次に，そのうちの事故経験者だけを対象に，事故の詳細についての調査を行うわけである．

概念の定義

　テーマが決まったならば，実際に調査においてとりあげるべき事象を概念化し，質問を作成しなければならない（図1.3を参照）．例えば，ジェンダー間の役割分業のありかたをテーマとする調査において，とくに女性の側の性別役割分業に対する態度を知ることが必要になったとしよう．これがとりあげるべき事象（事象①）である．態度を把握するさまざまなやりかたが考えられるけれども，いくつかの生活場面の選択的状況における自覚的な態度（性別役割意識）によって把握することにすれば，この性別役割意識が事象の概念化されたものである（概念①）．なお，この例のように事象と概念を常に明確に分けて

考える必要があるわけではない．テーマ（問題）によってはすでに明確に概念化されている事象も多いし，性別，年齢，職業等の人びとの基本的属性なども，あらかじめ確立された概念といってよい．

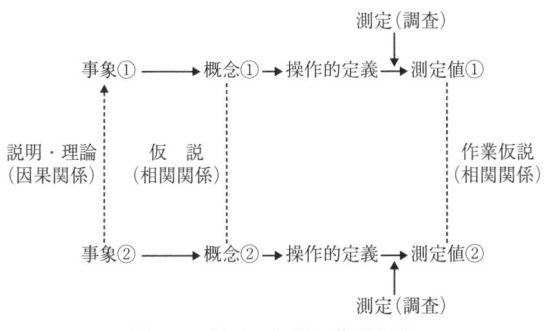

図 1.3　説明・仮説・作業仮説

　概念化がなされればすぐに調査が可能になるわけではない．例えば，家事分担という生活場面における性別役割分業といっても，家事の完全に平等な負担の可否を問題にするのか，家庭と仕事という分担の是非を問題にするのかによって，質問の内容も変わってくる．具体的に何について測定（質問）するのか，どう測定するのかまで含んだ形で概念を定義する必要がある．このような定義を操作的定義とよぶ．基本的属性である性別，年齢，職業等の操作的定義については，われわれはあまり悩むことはないけれども，これは標準的（慣例的）定義がすでに存在しているからであって，操作的定義が必要であることには変わりがない．

　いま，家事分担という生活場面における性別役割分業とは，家庭と仕事という分担の是非の問題であると操作的に定義されたとする．そこで，「男性は外で働き，女性は家庭を守るべきである」という意見に対する賛否を問うという形の質問文が作られる．この質問文を用いて測定（調査）が行われ，「そう思う」「そうは思わない」等の回答（測定値①）が得られる．その回答から，さらに比率，平均値などの統計量が求められるのである．

説明と仮説

　次に，「説明」の仕組みについて考えてみよう．ここでは，図 1.3 に示され

ている「説明・理論」「仮説」「作業仮説」を区別することが重要である．1.1節の（**例2**）では，性別役割分業に対する態度は「現在の状態を合理化・正当化するかたちで形成される」と考えられた．これが「説明」であり，より一般的・体系的な議論が展開されているとすれば，「理論」とよんでもよいだろう．そして，「現在の状態」が事象②にあたる．

次に，多側面の「現在の状態」のうちから「現在の就業状態」がとりあげられる．これが概念②である．仮に「説明」が正しいとしたら調査データにはどのような特徴が現れるかを述べたものが「仮説」である．具体的には，「就業形態が家庭から切り離されていればいるほど，性別役割分業に対して否定的な態度を示す」と予想される．

「現在の就業状態」を操作的に定義して，回答者の属性が「雇用者」「パート・自営」「専業主婦」に分けられる．これが測定値②である．仮に説明および仮説が正しいとしたら測定値間に現れる関係について述べたものが「作業仮説」であり，ここでは，性別役割分業否定率に，雇用者＞パート・自営＞専業主婦という関係が予想される（肯定率であれば大小関係は逆）．測定値間の関係が作業仮説どおりであったとき，その作業仮説を導いた「説明」は受け入れられる*．逆に，作業仮説とは異なった結果が得られたならば，「説明」を受け入れることはできない．

  * 厳密にいえば，同じ仮説や作業仮説を導く別の説明が存在する可能性があるから，「とりあえず」その説明を受け入れておくのである．

ここで注意が必要な点は，説明が「現在の状態」→「態度」という因果関係の形で述べられているのに対して，仮説および作業仮説ではそうではないことである．調査データからわれわれがみてとることができるのは，あくまでも「一方が○○であれば，他方は△△である」という相関関係なのである．そして，後の 2.4 節で述べるように，事象間に因果関係が存在すればデータには相関関係が現れるけれども，データで相関関係が認められたとしても，必ずしも事象間に因果関係が存在するとはいえないのである．また，因果の方向についてもデータは何も語ってくれない．「態度」が「現在の状態」を規定している可能性も十分にある．これについては，時間的な継起順序についての観察や，思考実験（因果関係が存在するとしたら，A→B はあり得るけれども，B→A

ということは事象の性質に照らしてあり得ない等の推論）など，調査データ以外から追究していくしかない［→**2.4** クロス集計とエラボレイション］．

実査の方法

選ばれた調査対象に実際に調査を行うことを実査といい，調査内容や調査費用などを考慮しながら，以下の方法あるいはそれらを組合わせて用いる．

(1) 面接調査

最も基本的な方法とされているのが面接調査である．面接調査では，調査者（あるいは，その代理としての調査員）が調査対象者に直接面接し，口頭で質問－回答が行われる．回答の内容は調査者の方で記録する（他記式）．

面接調査にもいろいろなやりかたがあるが，調査票を用いる個別訪問面接調査が最も標準的である．調査員が調査対象者の所へ出掛け，1対1で対面して調査を行う方法で，①質問のしかた，および②回答のしかた（回答の記録のしかた）が厳格に定められて統一されており，調査員は調査票の記載どおりに質問文を読み上げ，回答もいくつかの選択肢の中から選んでもらう形式が多い．この方法は次のような長所をもっている．

(a) 調査対象者であることを確認して調査することができる（身代わり回答の防止）．

(b) 回答方法の誤りなど，回答者の単純なミスを防止することができ，複雑な内容の調査を行うことも可能となる．また，回答者が調査票をみることができないので，前後の回答を意図的に整合化することが不可能で，意識調査，とりわけ矛盾した意識の発見などに適している．

(c) やりかたが厳格に定められているので，調査員の気分，パーソナリティ，技術の巧拙などという，攪乱要因の影響が調査結果に混入するのを，ある程度防止できる．したがって，多くの調査員を動員せねばならない大規模な調査には特に適している［→**2.9** 調査票の作成］．

(d) 調査対象者を訪問するので，本人に会うことができた場合には協力が得られやすく，回収率が高い．ただし，本人に会えることが調査の絶対的条件であるから，事前の予約や調整が重要である．

逆に，この方法の短所としては，以下のような点がある．

(a) 調査対象者を一定時間拘束することになるなど，調査対象者の負担が大きい．

(b) 1人の調査員が面接できる調査対象者の数には限度があるので，結局，多くの調査員を動員することになる．また，広い地域にまたがる調査の場合には，調査員の交通費も膨大なものとなるなど，費用が大きい．

(c) じっくり考えたり，正確に調べたりして回答してもらう必要のある調査（例えば家計状況の調査など）には適していない．そこで，面接調査と，次に述べる留置調査を組合わせて行うこともある．

なお，以下に紹介する方法でも，同様に調査票を用いて実査が行われるが（調査票調査とか質問紙調査とよばれる），面接調査のうちには画一的な調査票を用いずに行うやり方もある．農村社会学，民俗学などで用いられる聴取調査，購買行動などの研究において，無意識的な深層心理を解明するために行う深層面接調査（depth interview）などは非指示的（non-directive）面接調査とよばれ，質問の内容ややりかたを調査者が自由に判断して行う．調査者が，疑問点，要点などを深く追求することができるが，いわば不定型の面接であるから，高度の技術が要求される［→2.10 聴取調査］．したがって，調査対象者数も自ずと限定されざるを得ない．

また，面接調査は，調査者（員）と調査対象者が1対1で行うことを原則とするが，非指示的面接調査の場合，調査対象者の発言を活発にするために，調査者1人に調査対象者数人という形の集団面接法（group interview）が採用されることもある［Vaughn et al., 1996］．

(2) 留置調査と郵送調査

面接調査とは異なり，調査対象者が調査票に回答を記入するやりかたである（自記式）．

留置調査は配票調査ともいい，調査員が調査対象者を訪問して，調査票に回答を記入しておいてくれるよう依頼し，数日後に再訪問したときに，記入内容を点検しながら調査票を回収する．この方法には以下のような長所がある．

(a) じっくり考えたり，正確に調べたりして回答してもらうことができる．ただし，以下で述べるように，調査対象者個人を確認することが困難なため，家計調査など，世帯を単位として回答者が誰であるかや個人の意見などを問わ

ない調査に適している．

(b) 調査対象者の都合のよいときに回答することができる．また，調査員と相対しているわけではないので，落ち着いて回答することができる．

(c) 調査対象者を訪問して協力を依頼するので，本人に会えない場合であっても家族等の助力が得られやすく，回収率も高い．

(d) 1人の調査員が個別訪問面接調査よりも多くの調査対象者を担当できるので，費用は相対的に小さくてすむ．

留置調査の短所は以下の点である．

(a) 回答記入者を確認できないので，身代わり回答を防止できない．

(b) 回答が調査対象者にまったく任されているので，誤り，虚偽などの可能性が高くなる．

(c) 回答者が調査票を見わたすことができるので，前後の回答が整合化されやすく，質問に対する即時の反応を求めるような意識調査などには向いていない．

郵送調査は，調査票を調査対象者に郵送し，回答を記入して返送してもらう方法である．この方法の長所と短所は留置調査とほぼ共通であるが，費用は留置調査に比べてさらに小さくてすむ．実際の社会調査において，おそらく最も多く採用されている方法であろう．

ただし，留置調査とは異なり，調査票の返送率（回収率）が一般に2～4割程度と極めて低いという，重大な欠陥をもっている．回答督促の方法やタイミングなど，回収率を向上させるための研究も行われてはいるけれども，必ずしも郵送調査全体の改善にはつながっていないようである．それにもかかわらず郵送調査がよく行われる背景には，より深い問題が潜んでいるように思われる．

それは，非常に安易な調査態度の存在である．郵送調査は，ある意味でトラブルの少ない調査法である．郵送された調査票がクズカゴに捨てられてしまえば，それでおしまいである．抗議や拒否の電話をかけてくる人は，まずいない．調査企画者は調査対象者と直接向き合う必要がない．しかし，調査対象者の抗議や拒否や疑問に誠意をもって対応することを厭う逃げ腰の調査態度で，どうしてよい調査結果を得ることができるだろうか．調査というのは，極端にいえば，調査対象者のプライバシーに属することがらを，無理やりのぞき見ようと

する行為である．こうした重大な行為を行うにあたっては，それなりの決意と責任が当然要求されるのである．

(3) 集合調査と電話調査

これまでの3つの方法に比較すると，やや特殊な実査の方法である．

集合調査とは，調査対象者に1カ所に集合してもらい，その場で調査票を配って回答してもらう方法である（自記式）．学生，生徒，企業の従業員など，特定の組織や集団の成員に対する調査の際に，しばしば用いられる．調査者が記入状況をみているので，自記式調査ではあるが回答方法の誤りや回答漏れなどをチェックすることができる．また，費用が安上りで，性や差別の問題のように社会的抑圧の強いことがらや，所属集団（企業）に対する不満など，調査員との1対1の面接では聞き出せないような本音を，案外洩らしてもらえる可能性がある［日本性教育協会，1983］．しかし，回答者がその場の集団的雰囲気に影響されがちである，という欠点をもっている．

電話調査は電話を使って調査を行う方法である（他記式）．かつて，調査対象者が電話所有者に限られ，かつそれは階層的に上層に偏っていると指摘されていたが，普及率の上昇によって，これらの欠点はかなり解消された*．そこで，比較的簡単な市場調査や世論調査などで頻繁に用いられている．それは，調査員の交通費が不要で安上りだからである．また，調査員が事故にあう危険がないので，アメリカなどではかなり複雑な調査であってもこの方法が採用される．

* ただし，電話帳への不登載者の増加，移動電話への利用形態のシフトなど，新たな問題が浮上している［→2.2 確率比例抽出法］．

しかしこの方法には，調査対象者の協力拒否にあいやすい，お互いの聞き誤りが起りやすいなどの難点がある．その意味で質の高い調査員が必要である．また，電話の相手が調査対象者本人であることを確認し難い，というのも欠点である．また，調査対象の決定や調査結果の利用に関して，他の実査方法にはみられない困難を抱えていることにも注意が必要である［→2.2 確率比例抽出法］．

なお，以上の方法以外にも，（選挙における投票所での）出口調査，インターネット調査なども最近ではよく実施されるようになってきた．しかし，これ

らはまだ一般的な調査方法として確立しているとはいえないので，本書では扱わないことにする［杉山ほか，1996］．

実査方法と調査結果

これらの実査方法の違いが調査結果におよぼす影響についての研究は，残念ながらあまり行われてはいない．

ただ，著者は以前，面接調査と電話調査の比較研究を試みたことがある．面接調査を電話調査で代用できるならば，費用の大幅な節約が可能となる．具体的には，同一の質問文を用いて面接調査と電話調査を実施し，その結果を比較した．これは実験的な研究であるから，「あなたはテレビで男女のベッドシーンをみるのが好きですか」というような，調査員と対面しているか否かによって差の出そうな質問ばかりを集めて行ってみた．差の予想される質問に関して違いがないとしたら，それ以外の質問ではもっと差が小さく，電話調査による代用が可能になると考えたのである．

その結果，実査方法による回答の分布の違いは，予想以上に大きいことがわかった．さらに，どちらか一方の回答が本当で，他方がウソというわけでなく，ある質問では面接調査の方が，別の質問では電話調査の方が本当らしいというように，決定的に優れた実査方法があるわけでもないことも明らかになった．このような事実があるとすれば，ある調査結果というのは，ある実査方法によって得られたもので，別の方法を採用したら，また別の結果がでてくる可能性があると考えた方がよいだろう．このことは，とりわけ意識調査にあてはまるように思われる［安田ほか，1976］．

比較調査の重要性

われわれは，自分が企画して実施した調査に対する思い入れが強ければ強いほど，その結果を絶対的なものと思い込みがちである．しかし，同一の母集団に対する調査であっても，そして母集団の状態が変化しない場合であっても，調査結果は微妙に異なってくる可能性がある．つまり，調査の結果というものは，かなり相対的な性格をもっている．

上で述べたような実査方法や調査対象の選び方［→1.3 調査対象の決定］の

影響を受けるし，質問文の微妙な差異が結果の違いをもたらすこともある［→ 2.9 調査票の作成］．また，同一の人間に対して同一の質問をしたとしても，回答は必ずしも同じとはいえず，揺らぎを避けることができない．とくに揺らぎが目立つのは，回答者自身が判断しにくいことがらについての質問（例えば，遠い過去の記憶に頼る質問）の場合であるが，ごくありきたりのわかりきったことがらに関してであっても，決して少なくない．例えば，小学 5 年生のあるクラスで，「給食を残したかどうか」「授業中に手をあげたかどうか」「先生にあてられたかどうか」について，観察結果と，翌日，本人に調査した結果とを比較したところ，一致率は約 60％ であったという報告もある．これは，われわれの判断や行動が常に意識的に行われているわけではなく，調査に回答しようとすれば，それをあらためて意識下によびだしてこなければならない，という事情によっているだろう．

　調査結果がもつ相対的性格に対して，比較という視点で調査を企画することが重要である．つまり，なるべく他の調査結果との比較が可能になるように，自分の調査を企画していくのである．一回の調査結果は絶対的なものではないとしても，別の調査でも同じ結果が得られたとしたら，その確実性は飛躍的に高まることになる．

　その際，とりわけ問題になるのが質問文である．質問文が共通であれば結果の比較が容易である．その意味で，他人の使った優れた質問文を積極的に採用していくことは，個々の調査の意義を高めることにもつながる．もちろん，他人の作った質問文に対して，微妙ないいまわしなど，100％ 同意できることは少ないことも事実である．しかし，調査結果の相対性や比較の重要性を考えれば，多少の不満には眼をつぶっても比較可能性ということを優先すべきである．「（比喩的ないいかたではあるが）80％ 程度満足できるとしたら，共通の質問文の方を採用すべきである」と，著者たちは授業の場で学生を指導している．

変化をとらえる

　比較調査は，社会の変化をとらえようとする場合にも，重要な手段となることはいうまでもない．1 回の調査結果から変化をとらえようとするとき，われわれはしばしば年齢層別集計を行う．例えば，性別役割分業肯定率が若い年齢

層ほど低くなっているとすれば,「性別役割分業に対して否定的な態度の者が増えてきた」と解釈するわけである（年齢層をはじめ,調査対象をいくつかの部分に分けて比較しようとする調査を横断的調査 cross-sectional survey とよぶ）. しかしこの方法では, 年齢差が世代差であるのか, 加齢による差異であるのかをみわけることができない. 世代差であれば, 時間の経過とともに肯定的な旧い世代（高齢者）が去り, 否定的な新しい世代が加わってくるから, 全体的な肯定率の低下が予想されるけれども, 後者であれば, 現在の若い年齢層も加齢とともに肯定率を上昇させていくから, 社会全体としての肯定率は変化しない.

そこで, 時間をおいた比較調査（これを縦断的調査 longitudinal survey とよぶ）が必要となるが, 基本的に継続調査とパネル調査という2つのやりかたがある.

(1) 継続調査　時間をおいて同一の（質問を含む）調査を繰り返すやりかたであるが, 標本調査の場合であれば, 調査のたびごとに標本抽出を行って調査対象を決定する. したがって, 個々の調査対象がどのように変化したかを知ることはできないが, 社会全体としての変化を追跡するためには最適の方法である. わが国では,「国民性調査」「社会階層と社会移動全国調査（SSM 調査）」などが, 長期にわたる継続調査として知られている［坂元ほか, 2000］［原, 1998］.

(2) パネル調査　同一の調査対象（パネル）に対して, 時間をおいて調査を繰り返すやりかたである. 個々の調査対象がどのように変化したかを知ることができる. しかし, 調査対象が固定されているので, 例えば社会や集団に成員の入れ替わり（例えば, 誕生・死亡や流出入など）があったとしても, 調査対象の構成には反映されない. したがって, 調査期間が長期にわたるほど調査対象集団とその時点における社会の状態との食い違いは大きくなる. また, 調査協力が得にくくなったり, 転居などによって調査対象がつかまえられなくなるという, パネルの脱落という問題があることも知られている［Lazarsfeld et al., 1968］［蒲島ほか, 1997-98］.

1.3 調査対象の決定

データの処理方法

　誰に対して調査を行うかという問題は，調査のテーマとかかわっていることはいうまでもないが，調査データの処理方法ともかかわっている．社会調査の調査対象（者）およびデータ処理の方法について組合わせれば，**表1.3**のような分類が出来上る．調査対象に関しては，問題となっている社会ないし集団の全体を調査の対象とするか（全体），その一部分を調査して全体の推測を行うか（部分）という点が基本的な区分である．処理方法に関しては，調査結果を何らかの統計量（平均，比率，度数，相関係数など）によってとらえ表現するか（統計的），否か（記述的）という点が基本的な区分となる．統計的処理を主な目的とする調査を統計調査とよぶが，1.1節でも述べたように，調査の報告書やレポートに統計数字だけがならんでいるわけではない．記述的方法と同じように日常用語を用いて議論は進められるのだが，統計表や統計グラフがその議論を支える基本的な情報となるのである．もちろん，2つの方法が併用されることも多い．統計調査における調査対象の決定については，項を改めて述べることにする．

表1.3　調査対象とデータ処理方法からみた社会調査の分類

調査対象＼処理方法	統計的	記述的
全　体	① 全数調査	③
部　分	② 標本調査	④ 事例調査

　記述的方法のうちで，③の形態の調査としては，例えば民俗学の村落慣行調査，政治学の政策決定過程調査などがある．これらは，ある村落における慣行や，特定の都市における政策決定過程を全体として問題にしているのであり，③に含められる．

　④の形態の典型は事例調査である．これは，着目している社会事象に関して，

最も典型的と考えられる比較的少数の事例（個体）を選び出して，詳しく調査を行う方法である．事例が少数であることからも，統計的な処理は困難である．非行現象の解明のために，少数の非行少年に関して調査を行うというやり方がこの例であり，また，③の形態としてあげた調査も，その村落や都市を典型とする，社会全体の慣行や政策決定過程に主たる関心がある場合には，④の形態に含められる．

全数調査と標本調査

統計的方法を基本的な処理方法とする統計調査は，①全数調査と②標本調査に分けられる．全数調査とは，問題となっている社会や集団を構成している全個体（個人，世帯など）に対して調査を行う方法である．全数調査の代表例としては国勢調査があげられる．

これに対して標本調査では，社会や集団を構成する全個体のうちから，一部分を標本（sample）として選び出し（抽出し），この標本に対して調査を行う．もとの社会全体（これを標本に対する母集団 population とよぶ）の状態は，調査結果にもとづいて推測される．今日，統計調査の多くがこの形態をとっている．

例えば，日本全国の有権者の政治意識というように，母集団の規模が大きくなれば，標本調査を採用せざるを得ないことは，いうまでもない．しかし，単に全数調査の代用ということではなく，以下のような理由から，標本調査が積極的に採用されることが多い*．

   * 社会調査以外の分野では，全数調査が原理的に不可能な場合がある．以下の(4)とも関係しているが，工場における不良品の検査では，実際に工業製品を壊してみたり（破壊検査），食料品を食べてみなければならないことがある．このとき，慎重を期すために全製品を壊したり食べたりしたならば，製品は1個も生産されないことになる．

(1) 調査の精度という面で，標本抽出にもとづく推測の誤り（標本誤差 sampling error）の可能性は避けられないものの，回答の誤記等，それ以外の人為的ミス（非標本誤差．調査対象者数に比例して可能性は増大するといわれる）を小さく抑えることによって，全体としての精度を全数調査よりも高くすることができる．

(2) 比較的少数の者に対して十分な訓練を施すことにより，良質で均質な調査員を確保することができる．そのことによって，調査の精度を上げることができるだけでなく，複雑な内容を含む調査を実施することが可能になる．

(3) 調査全体の管理が容易である．また，全体としての費用も小さくてすむ．

(4) 調査を行うことによる社会や集団に対する影響を，仮にあるとしても小さな範囲に止めることができる*．

　＊　対象者への調査の影響を積極的に利用して，地域住民や労働組合員などに対する全数調査が行われることがある．調査のテーマについての意識を調査するだけでなく，調査を契機にその問題に対する関心を高めることをねらったものが少なくない．

標本抽出の方法

母集団を構成する個体のうちから一部分を選び出して，標本を作る作業が標本抽出（sampling）である．われわれは標本に対して調査を行い，得られた統計量（これを標本統計量とよぶ）から，統計学理論を用いて母集団における統計量（母集団統計量）を推測する．

正確な推測のためには，標本が母集団のいわば「縮図」となっていることが望ましいことは，容易に想像がつくだろう．母集団の個体数を N，標本の個体数を n としよう．そのうち，ある特性をもつ個体数（例えばある政党を支持している人の数）が母集団では N' であったとすれば，標本における個体数 n' は，個体総数の減少に比例した数，つまり，

$$n' = N'(n/N)$$

となる．また，平均値や比率など個体数に関係のない統計量については，母集団と標本で一致している．例えば，比率の場合であれば，

$$(n'/n) = (N'/N)$$

となる．これが「縮図」の意味である．

標本抽出の方法としては，無作為抽出法（random sampling）と割当抽出法（quota sampling）がよく用いられる．

(1) 無作為抽出法　統計学理論を用いた母集団統計量の推測（これを統計的推測とよぶ）を行うためには，標本として選びだされる確率（抽出確率）が，母集団を構成するすべての個体に関してわかっていることが必要である．その

ような条件を備えた抽出法を無作為抽出法という．とくに，すべての個体に関して抽出確率が同一であるという条件の下で，標本を構成する個体を選びだす方法を単純無作為抽出法（simple random sampling）とよぶ．標本として選びだされる可能性がすべての個体で等しいということであるから，いわばくじ引きの原理で行うのであり，上記の母集団の例でいえば，n/N が各個体の抽出確率である．

　無作為抽出はスープの味見にたとえられる．スープの味を知るために，鍋一杯を飲み干さなくてはならないと考える人はいないだろう．スープをよくかき混ぜておいて，スプーンで一口だけすくって味見をすればよい．標本抽出はスプーンで一口だけすくう作業に，そのためのくじ引きはスープをよくかき混ぜるという作業に対応している．

　(2) **割当抽出法**　無作為抽出法以外の方法を有意抽出法とよぶが，無作為抽出法が定着する以前の 1930 年代から 40 年代に主として用いられたのが割当抽出法である．ただし，必ずしも過去の方法とはいえない．無作為抽出を行うためには，母集団を構成する全個体のリスト（名簿．標本抽出台帳という）が必要であるけれども，得られないことも少なくない．そのような場合には，今日でも割当抽出法が採用されることが多い．ただし，無作為抽出法とは異なって，各個体の抽出確率はわからないので統計的推測を行うことは不可能であり，調査の結果得られた標本統計量をそのまま母集団統計量とみなすしかない [Gallup, 1972]．

　標本抽出を行おうとしている母集団に関して，例えば居住地別，性別，年齢層別等の構成比を，われわれは国勢調査などの結果からあらかじめ知っていることが少なくない．割当抽出法とは，これらの構成比に比例した数の個体を選びだして，標本を構成する方法である．例えば○○県に住む 20 歳代の女性の数が母集団の 15% を占めるとすれば，標本の全個体数の 15% が○○県に住む 20 歳代の女性となるように個体を選びだすのである．この方法により，少なくとも居住地別，性別，年齢層別の構成比に関しては，標本は母集団の完全な「縮図」になる．ただし，割当抽出法については以下の 2 点で注意が必要である．

　第 1 に，割り当てるべき個体数が決まったとしても，具体的にどの個体を標本として選びだすかについては，割当抽出法は何も指示していない．上でも述

べたように標本抽出台帳も存在しないことが多いので，条件に該当する人をみつけだしては標本に加える（実際にはその場で調査を行う）ということを必要数に達するまで繰り返すという，いわばでたらめな方法で進めるしかない．

第2に，われわれが本当に作りたいのは，調査のテーマにかかわる母集団の「縮図」であるにもかかわらず，割当抽出法はそのことを保証してはくれない．例えば政党支持率の調査であれば，標本における政党支持率が母集団と等しくなることが望ましい．しかし，母集団における政党支持率は未知であるから，割当抽出法によって「縮図」を作ることは不可能である．逆にいえば，母集団における政党支持率が既知であるならば，調査をする必要はないのである．

それでは，上の例のように居住地別，性別，年齢層別等による割当抽出を行うことが無意味なのかといえば，そうではない．なぜならば，われわれが経験的に知っているように，人びとの意識は居住地，性，年齢などと関連をもっていることが多いから，これらの特性について母集団の「縮図」を作ることは，標本が人びとの意識についても母集団の「縮図」となる可能性を高めることになるからである．

無作為抽出の原理

基本的な標本抽出法である無作為抽出の具体的なやりかたについては，2.1節において詳しく説明されるけれども，無作為抽出法を採用した場合，どのような標本が作られるのだろうか．このことをここで思考実験によって検討しておくことにしよう［西平，1985］．

(1) 標本分布

いま，赤玉と白玉合計6個の入っている革袋があるものとする．これが母集団である．ここから4個を無作為抽出して赤玉の比率（標本比率＝標本統計量）を調べ，革袋中の赤玉の比率（母比率＝母集団統計量）を推測したい．実は，革袋には赤玉3個，白玉3個が入っている．したがって母比率は0.5であり，上で述べた「縮図」の考えかたからいえば，標本でも標本比率が0.5，つまり赤玉と白玉それぞれ2個となることが望ましいけれども，選びだされる玉の組合わせによって比率は変わってくる．

そこで，6個の玉にA-Fという名前をつけて可能な組合わせを検討してみ

ると，表 1.4(a)に示した 15 通りしか存在しないことがわかる．4 個の玉を無作為抽出するということは，15 通りのうちのいずれか 1 つの組合わせが選ばれることを意味している．各玉の抽出確率が等しいのだから，それぞれ 4 個の玉からなる各組合わせの選ばれる確率も等しく，それぞれ 1/15 である．

得られる標本比率は必ずしも 0.5 ではなく，0.75 あるいは 0.25 となる場合もある．それぞれの値が得られる確率は，標本比率に対応した組合わせ数に比例すると考えられる．表 1.4(b)に整理したように，標本比率が 0.5 となる組合わせは 9 通りで最も多く，得られる確率（出現確率）は 0.6（9/15）である．0.75 および 0.25 の確率はそれぞれ 0.2 である．出現確率が最大の 0.5 という標本比率は，推測すべき母比率と一致している．

表 1.4 標本抽出と標本統計量

(a) 玉の組合わせと標本比率

組合わせ				標本比率
A	B	C	D	0.75
A	B	C	E	0.75
A	B	C	F	0.75
A	B	D	E	0.50
A	B	D	F	0.50
A	B	E	F	0.50
A	C	D	E	0.50
A	C	D	F	0.50
A	C	E	F	0.50
A	D	E	F	0.25
B	C	D	E	0.50
B	C	D	F	0.50
B	C	E	F	0.50
B	D	E	F	0.25
C	D	E	F	0.25

(b) 標本比率の出現確率

標本比率	組合わせ数	出現確率
0.75	3	0.2
0.50	9	0.6
0.25	3	0.2
合　計	15	1.0

注：斜字（A, B, C）は赤玉．

このように無作為抽出では，母集団統計量に一致する（あるいはその近傍の値の）標本統計量の得られる確率が最大となる．いいかえれば，無作為抽出法によって必ず母集団の「縮図」が作られるというわけではないが，作られる可能性が最大となるのである．なお，ある母集団統計量をもつ母集団から得られる標本統計量の出現確率の分布を標本分布とよぶ．

(2) 標本分布の性質

表1.4(b)は，上の思考実験における標本分布を示したものということができる．つまり，得られる標本統計量（標本比率）の値とその出現確率が示されている．この例では得られる値はわずか3種類しかないけれども，母集団および標本の規模（個体数）が大きくなると，値の種類も膨大なものになる．その場合には，個々の値とその出現確率を問題にするよりは，値の範囲と出現確率を問題にする方が現実的であろう．つまり，標本統計量がある範囲の値をとる確率（出現確率）を問題とするのである*．

  * 長さや重さなどの連続量の場合，測定の精度によって個体の値（測定値）は変わってくる．つまり，特定の値を定めることができない．したがって，標本統計量（例えば平均値）の特定の値の出現確率を問題にすること自体が無意味である．

図1.4には，このようにして得られる標本分布の例が柱状図に示されている．例えば陰影をつけた柱の面積は，標本統計量 x の値が $x_1 \leqq x < x_2$ である確率を示している．したがって，柱の面積の総和は出現確率の総和であり，1となる．図では，各柱の頂点が折れ線で結ばれているが，値の幅をどうとるかによって，柱の数と面積および折れ線の形状は変わってくる．値の幅を限りなく0に近づけると，折れ線は数表3.1(1)や(2)に示されたようななめらかな曲線（標本分布曲線）になる．ここで曲線は極小幅における柱の高さを示しているが，柱の面積（出現確率）とほぼ等しく，確率密度とよばれる．

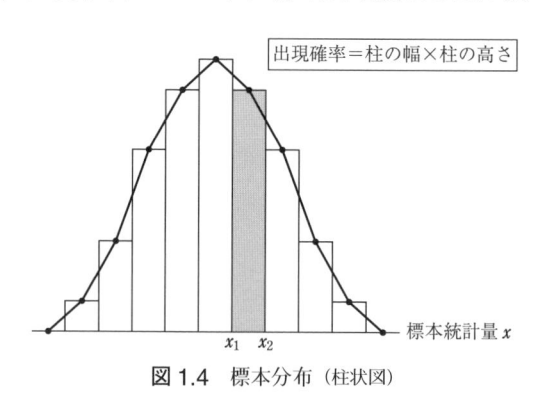

図1.4 標本分布（柱状図）

実際の標本分布は，標本抽出の手順，標本統計量の種類，標本規模などによって異なり，それらは二項分布，F分布，t分布，χ^2分布（カイ二乗分布）な

どの名称がつけられている．しかし，標本規模が大きくなるにしたがって，どの標本分布も数表3.1(1)の正規分布（normal distribution）とよばれる分布に近似していくことが知られている．このことを述べた定理を中心極限定理とよぶ［芝・渡部，1984］．

この正規分布は次の2つの重要な性質をもっている．

(1) 平均値（これを期待値 E とよぶ）を中心として左右対称で，鈴（ベル）のような形状をしている．具体的な形状が分散によって決まってくることは，図1.4からも明らかである．数値の散らばりの程度を示す分散［→116-117頁］が小さいほど中央の山が急勾配となり，平均値に一致する（あるいはその近傍の値の）標本統計量の得られる確率が高くなる．そして，後の2.1～2.3節で述べるように，標本規模（個体数）が大きくなるほど正規分布の分散は小さくなるという性質をもっている．

(2) 任意の標本統計量の出現確率は，

$$t = \frac{x - E(x)}{\sqrt{V(x)}}$$

によって決まる．ここで $V(x)$ は正規分布の分散である．したがって $\sqrt{V(x)}$ は標準偏差であり，標準誤差とよばれる．すなわち出現確率は，標本統計量 x の平均値からの距離が標準誤差の何倍であるかによって決まってくる．例えば，数表3.1(1)は t を単位とした正規分布（標準正規分布）であるが，標本統計量が任意の t 以上である確率（つまり α の面積）は，

$$\alpha = \int_t^\infty \frac{1}{\sqrt{2\pi}} e^{\frac{-t^2}{2}} dt$$

によって与えられる．なお，π は円周率，e は自然対数の底（2.718）である．

この標本分布の性質を用いて，統計的推定や統計的検定などの統計的推測が行われる［→2.1 系統抽出法と比率の推定；2.3 統計的検定］．

母集団と標本

標本調査における母集団と標本との関係については，実際の調査の過程では，もう少し細かく検討する必要がある．そのことを示したのが図1.5であり，母集団と標本がそれぞれ二分されている．

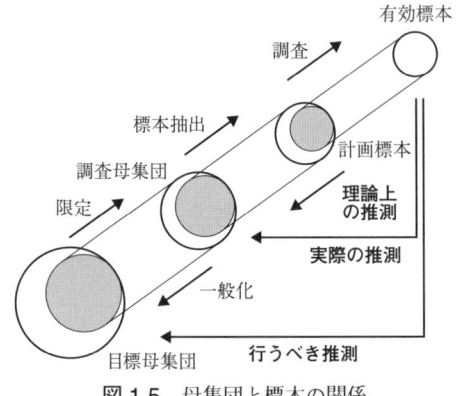

図 1.5 母集団と標本の関係

(1) **目標母集団** われわれがその特徴を明らかにしたい社会や集団である．「○○市民の環境意識」が調査のテーマであれば，○○市の全市民が目標母集団である．

(2) **調査母集団** 実際の調査においては，目標母集団から直接標本抽出を行って調査を実施することが困難であったり，不可能であったりすることが少なくない．そのような場合には，標本抽出の対象を目標母集団の一部に限定して行うことが多い．標本調査の対象となる母集団を調査母集団とよぶ．

「○○市民の環境意識」の例では，全市民のうちから標本抽出を行うとすれば，目標母集団と調査母集団は一致している．しかし，費用がかかりすぎる（例えば調査員の交通費）などの理由から，全市域にわたる調査が困難な場合には，調査母集団を例えば△△区民などに限定することが必要になる．また，「大都市住民の××意識」のようなテーマの場合には，「大都市住民」を一義的に決定できない以上，目標母集団を確定することが不可能である．人口○○万人以上の都市を「大都市」と定義したとしても，あくまでも仮の定義であるし，その都市に含まれる農村地域の住民も「大都市住民」に含めてよいのかという問題も残る．このような場合には，典型的な大都市として「○○市の中心地域」を選び，その住民を調査母集団をすることも多い．

(3) **計画標本** 調査母集団から抽出された標本である．

(4) **有効標本** 計画標本を対象に調査を実施しようとしても，転居などで対象者がみあたらなかったり，調査への協力を拒否されてしまうことは少なくな

い．計画標本のうちで実際に調査を行うことのできた標本を有効標本とよぶ．計画標本の個体数に対する有効標本の個体数の比率を，調査票の「回収率」という．

これら4種類の統計集団間の関係について考察してみよう．

第1に，標本統計量から母集団統計量を推測するための統計学理論（推測統計学）とは，計画標本と調査母集団の関係を述べたものである．つまり，回収率が100％である場合にのみ有効なのである．しかし，実際には計画標本の一部である有効標本から得られた統計量（調査結果）から統計的推測を行わねばならない．これが可能であるためには，回収率が100％かそれに近い値でなくてはならないが，現実には，はるかに低い回収率しか達成できないことが少なくない．このような有効標本から統計的推測を行うことは，厳密にいえば統計学理論の誤った適用といわざるをえない．

第2に，仮に統計的推測が行われたとしても，そこで明らかになったのはあくまでも調査母集団の状態である．しかし，われわれが本当に知りたい（推測したい）のは目標母集団の状態である．調査母集団に関する統計的推測の結果を，目標母集団の状態にまで一般化してもよいだろうか．この問題は，目標母集団から調査母集団への限定のしかたにかかっている．割当抽出法で用いられたような居住地別・性別・年齢別の人口構成をはじめとするさまざまな標識の類似性によって判断するしかないだろう．

1.4 社会調査の手順

図1.6には，企画の段階に続いて，社会調査を実施する上で必要とされる作業と，その流れが示されている．調査の手順は，採用される方法によって多少異なるが，ここでは，最も一般的な，調査票を用いる個別訪問面接調査を，標本調査として実施する場合の手順を示しておいた．なお，調査の際の費用，用具，人員などの配分についても，図に示された各作業単位で考えるのがよいだろう．

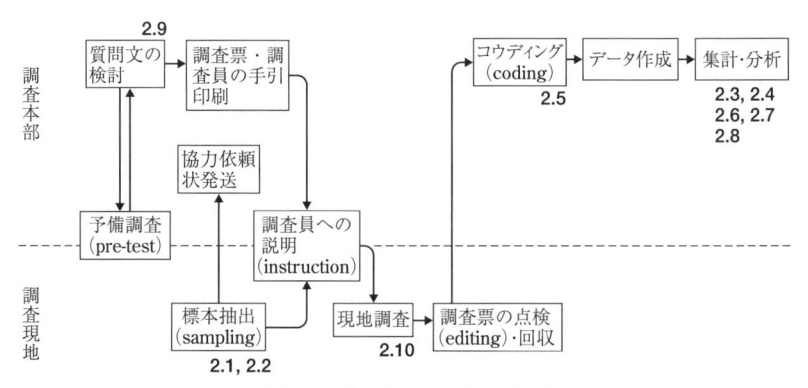

図1.6 社会調査の手順の概要

注：中央点線より上は，調査本部において，点線より下は，調査現地において行う作業である．なお，点線上のものは，どちらで行うか一定していない．
　　各作業の枠外の数字は，その作業に対応する本書の演習（第2章）の節番号である．

ところで，この図1.6には，調査の企画，調査対象集団の決定などの段階は，まったく含まれていない．これについては，1.2節，1.3節および［安田，1970］［森岡，1998］［今田，2000］などを参照されたい．また，集計・分析に関しては，本書では，ごく初歩的な方法についてしか触れていない．これについても，多くの教科書が公刊されているが，例えば，著者たちが関係しているものとしては，［Boudon, 1971］［安田・海野，1977］［安田・原，1982］［直井，1983］［福武，1984］［Bohnstedt and Knoke, 1988］などがある．主要な作業については，第2章の各節で解説されているので，そこに触れられて

1.4 社会調査の手順

いない点を中心に説明を加えておこう．

予備調査

質問文の内容・形式・配列などを検討するために，ごく少数の人びとに対して，試験的に調査を行ってみる．回答の選択肢を設定するなどのために，自由回答法［→2.9 調査票の作成；2.5 コウディング（職業分類）］を中心として，本調査とはまったく別の調査票で行われることも多い（厳密には，これをパイロット調査 pilot survey とよんで区別している）．この予備調査を綿密に行うかどうかが，調査の成否を決める鍵であることが多い．

標本抽出

標本抽出のための母集団のリスト（例えば，選挙人名簿，住民票台帳など）は，普通，調査現地へ出掛けなければ見ることができないものが多い．調査地点が1カ所の場合には，あらかじめ調査者が現地へ出向いて標本抽出を済ませ，調査対象者への協力依頼状を発送しておけばよい．しかし，確率比例抽出法［→2.2］のように，調査地点が広い地域に散在しており，しかも各地点の標本数が少数である場合には，地点の抽出は，国勢調査等の統計資料によって調査本部で行い，各地点の調査対象者の抽出は，実査の直前に調査員自身が行うという方法をとることも多い（協力依頼状は省略されるか，直接調査対象者に手渡すことになる）．

調査員への説明，調査票の点検，回収

この2つも調査の成否を決める重要なポイントである．説明（instruction）の際には，詳しい調査員の手引［→3.5 YAS I 調査票と調査員の手引］を用意するとともに，難しい個所については模範演技をしたり，調査員に実演させてみることも必要である．また，調査票の点検（editing）・回収は，不備な部分の補充調査などを命じ得る，実際上，最後のチャンスである．

これらの作業は，現地調査の直前，直後に行うことが望ましく，調査員との連絡を緊密にするために，現地調査の期間中は調査者が現地に留まるのがよい．

現地調査

現地調査においてしばしば問題となるのは、調査期間をどの程度とったらよいかということである。これは調査の内容にかかわっており、政治意識などのように、大きな事件等によって短時日のうちに変化する可能性のあるものは、可能なかぎり短期間で済ませなければならないが、それ以外のものについては、1カ月程度の期間を設定する場合もある。しかし、あまりに長い期間、ダラダラと調査を続けるのは、調査の管理にも支障をきたすので、なるべく短期間で切りあげるのが原則である。

また、1人の調査員が担当する調査対象者の数も問題となる。これも調査票の長さによるけれども、面接時間が1時間弱であれば、調査員の移動時間、疲労等を考えて、1日5人、全体として10～15人程度が標準であろう。

データ作成

調査結果のコウディング［→2.5］を済ませた後、集計・分折のために、手集計カードに転記したり［福武, 1984］、ハードディスクやフロッピーディスクなどの媒体上に磁気ファイルを作成（入力）する作業である。

データ作成の後に忘れてはならないのが、コウディングや入力のミスのチェック（データ・クリーニング data cleaning）である。個々のデータについてチェックを行うのは、とくに調査対象数の多い大規模調査の場合には困難であるから、以下のような手順で行う*。

(1) 種々の集計を繰り返して、存在するはずのないコウド（数値や符号）やコウドの組合わせを発見する。

(2) そのコウドをもつ個体（調査対象）をみつけだす。実際には、該当する個体の識別番号（個体番号）を、コンピュータを用いてリストアップすることが多い。

(3) データを修正する。

　　＊　データ入力を調査関係者（あるいは学生アルバイトなど）が行うことも多いが、入力の精度という観点からはあまり賛成できない。小規模調査の場合や、大規模調査であってもデータの構造を知るために少数だけ入力してみるという場合をのぞけば、やはり専門業者に依頼する方がよいであろう。

1.5 社会調査をとりまく諸問題

　第2次世界大戦後，わが国に本格的に導入された社会調査は，今日では完全に社会の中に定着したといってよい．本書の冒頭でも述べたように，現在，世論調査をはじめとして，さまざまな目的・形式で実施されている社会調査の数は膨大なものと推定される．しかし，それとともに，社会調査をめぐってさまざまな問題が発生し，社会調査という活動に対して，これまでになく厳しい批判が浴びせられていることも，無視することはできない［福武，1984：30］［谷岡，2000］［大谷，2002］．

　ここでは，特に重要と考えられる2つの問題にしぼって，考察を加えておくことにしよう．

社会調査の妥当性

　社会調査における「妥当性」とは，各調査（質問）項目が，調査者が調査したいと考えていることがらを的確に調査するものとなっているかどうか，ということである．この問題については，互いに関連はもっているけれども，狭義の妥当性と広義の妥当性を区別しておくことが必要である．狭義の妥当性というのは，測定における尺度の妥当性の問題であり，2.6節の尺度構成法で触れているので，ここでは広義の妥当性の問題をとりあげることにする．

　社会調査は，面接によるものであれ，その他の方法によるものであれ，調査者（調査員）による質問と，それに対する調査対象者による回答とを，基本的な構成要素としている．つまり，質問と回答から成るコミュニケーションのプロセスであり，われわれの日常的コミュニケーションの一変種である．したがって，日常的コミュニケーションのありかたを規定する諸要素，例えば虚偽，感情，期待，思い込み，偏見，意味づけ等，の影響を免れることはできず，これらは，調査の妥当性を低下させるものとして働く場合がある．

　(1) 回答者の虚偽（ウソ）

　回答者のウソは，調査者を困らせることがらの1つである．例えば，

1. 模範回答としての，社会的規範に沿う形でのウソ
2. 自己顕示や見栄のためのウソ
3. 自我防衛によるウソ（女性の年齢や偽悪的な態度など）
4. プライバシー防衛のためのウソ（収入の過少回答など）
5. その場の雰囲気に押されたウソ
6. 場当りで答えるウソ

などは，調査における代表的なウソといえるだろう［小嶋，1972］．

ところで，われわれの日常的経験からも明らかなように，調査におけるウソには，回答者が"意識的につくウソ"と，"無意識的につくウソ"とがあるが，後者については，それを防ぐ方法はほとんどないといわざるを得ない．せいぜい，客観的な事実と照合できることがらに関して訂正を行うくらいである．

回答者が"意識的につくウソ"に関してもキメ手がないのが実情であるが，それでも，以下のような防衛策を講じておくことは必要である．

① 調査の主題に応じて，回答者が最も真実を答えやすい調査方法を採用する［→1.2 社会調査の企画］

② 調査の趣旨を説明し，調査員の態度などにも気を配ることによって，調査の真面目な意図を理解してもらう．

③ 質問の流れを工夫して，回答者が答えやすい雰囲気を作りだす［→2.9 調査票の作成］．

④ 質問をいくつか組合わせることによって，ウソの発見につとめる．

このような方法を講じたうえで，なおいくつか注意しておくべき点がある．

第1に，ウソと結びつきやすいのは，プライバシーなどにかかわっていて，回答者があまり答えたくない質問であることが多い．このような質問は，無しで済ますにこしたことはないが，それでは調査の目的が果せない場合が多い．そのときは，率直に質問すべきである．調査者側の真面目な意図が理解されれば，回答者は意外に素直に答えてくれるものである．

第2に，ウソはある程度は避けられないものであると割りきるとともに，ウソには限界があるということを認識すべきである．ウソを作りだす一種の想像力は，その人の生活諸条件によって限界づけられており，また，調査員を前にして，例えば，途方もない収入額を答えることは困難であろう．そこで，ウソ

と結びつきやすい調査項目については，例えば，収入の分析のカテゴリーをかなり粗く設定する等の，処理・分析の段階での工夫も必要である．

　第3に，ウソとの関連で，タテマエとホンネとのくいちがいがしばしば問題となる．この場合，常にタテマエは虚偽でホンネが真実であり，タテマエには価値がないと考えるのは危険である．人間の行動がタテマエによって規制されることは多く，むしろタテマエをタテマエとして把握する方が有効なときもある（これは，ウソについても，ある程度同じことがいえるであろう）．

(2) 面接者による影響

　面接形式の社会調査にとって，面接者（調査員）の良し悪しが調査結果に重大な影響を及ぼすことは，いうまでもない．面接者に第1に求められるのは，各回答者に対して同一の刺戟（質問）を与え，その反応（回答）を正確に記録することである．これは，いわば面接者に対して，測定装置としての役割を要求していることになる．しかし，面接者は他ならぬ人間である．この人間としての面接者が，無意識のうちに，個々の回答者の回答に影響したり，回答の一部を無視したり強調することによって，データに歪みを与える恐れはないだろうか．

　この問題に関しては，ハイマンらによる大規模な実験的研究がある [Hyman et al., 1954]．ハイマンが歪みの可能性としてあげていることがらには，以下のようなものがある．

① 面接者のパーソナリティや感情．

② 回答者のパーソナリティや感情（例えば，敵意，シニシズムなど）に対する，面接者の感受性．

③ 面接者のもっているイデオロギー．

④ 面接者の社会的属性．例えば，性別，人種・民族，所属団体（調査主体）など．

⑤ 面接者が回答者に対して抱く予見．例えば，「前の質問にはイエスと答えたのだから，……」（態度の一貫性），「教師だから，……」（社会的役割），「一般に6割位の人が〇〇だといわれているのだから，……」（分布確率），など．

　ハイマンらの研究結果では，これらの可能性は確認されたけれども，いずれ

についても決定的な結論は得られていない．ただ，ここでは，次のことは指摘しておくことができる．

第1に，調査において，面接者は，単に測定装置として回答者に接するのではなく，良好な人間関係（rapport，ラポール）を回答者と結んで，スムーズに回答を引き出さねばならない，とされている［福武，1984：121］．ところが，回答の歪みは，回答者の面接者に対する親和感（あるいは同一視）が強すぎるときに，面接者に同調する形で発生する可能性が高い．したがって，面接者としては，一方で，仕事としてのある程度のフォーマルな態度を崩さないことが必要であろう．

第2に，回答の受け取り方に歪みが生ずるのは，回答が非常にあいまいであるなど，予想された枠組から外れていて，面接者（特に調査員）がどのように処置すべきか迷うような場合であることが多い．それを避けるためには，予備調査（プリテスト）を充分に行い，あらゆる状況に対応できるように，マニュアル類を作成しておくことが必要である［→**3.5 YAS I 調査票と調査員の手引**］．

(3) 意味づけのくいちがい

最近の社会調査の動向の1つとして，国際的な比較調査が盛んになったことがあげられる［福武，1984：32］．この国際的な比較調査は，他とは異なったさまざまの問題を抱えているが，その最大のものは質問の翻訳ということであろう．さらに，仮に言葉そのものは外国語に置きかえられたとしても，調査者が意図したのと同じ意味で，その質問が調査対象者によって受け取られるという保証はない．調査者と調査対象者の文化的背景が異なっているからである［林，1973］．

ところで，この同一の言葉や文章に対する人びとの間の意味づけのくいちがいという現象は，同じ文化的背景をもった同一の社会の人間同士にも，実は，しばしば発生することである．これは，調査者と回答者の間の質問や回答に関しても，例外ではない．例えば，ハイマンは，さまざまな政治的イシューについて，「どの程度関心がありますか」という質問を，回答者の多くが「どの程度関心をもつべきか」という意味にとらえて回答していた，という事例を紹介している［Hyman *et al.*, 1954：255-258］．

これまで，調査者が，（質問文の作り方に注意をはらうならば）質問は調査者が与えたそのままの意味で回答者に伝わり，回答についても，調査者が受け取ったのと同じ意味を回答者が与えている，ということを当然のこととして，意味づけのくいちがいの問題に無関心であったことは事実である［Cicourel, 1964］．しかし，くいちがいの可能性を認めたとしても，どのようにくいちがっているかということは，確証する手段が実は無いのである．われわれは，この問題にどう対処すればよいのだろうか．

第1に，このような意味づけのくいちがいの可能性を認識し，質問や（回答の）記録のしかたを改善することは必要である．

第2に，しかしその上で，与えられた回答を受け取る（解釈する）にあたっては，調査者は，あくまで自己の独自の視点を貫くべきである．調査という活動は，単なる相互的コミュニケーションではなく，刺戟（質問）を与えて反応（回答）を引き出すという，調査者側の主体的な行為である．意味づけのくいちがいを批判する者は，回答に対する別の解釈を提出して，妥当性を競い合うことこそが生産的であろう．

第3に，第2の議論と関連することだが，調査においては，調査者と回答者の間に意味づけのくいちがいが決してあってはならない，と考える必要はない．そうでなければ，回答者自身が意識していない欲求やパーソナリティを探り出そうというような試みは，成立し得ないことになってしまうだろう．調査の報告はテープレコーダーの代用ではない．

調査者の社会的責任

かなり以前から，社会調査を実施する者の間で，「調査環境の悪化」による調査不能や協力拒否の増加と，その結果としての回収率の低下が嘆かれるようになってきている．例えば，1955年から10年ごとに続けられている「社会階層と社会移動全国調査」（SSM調査）［→3.4 第5回SSM調査結果］の場合でみると，81.7%→71.9%→69.3%→63.3%→67.5%と回収率は変化してきている．1995年（第5回）でややもちなおしたとはいうものの，基本的には低下傾向にある．これは，どういう原因によるものなのだろうか．

表1.5は，1985年調査（第4回）における地域別男女別の回収率を示した

ものである．人口規模が大きいほど，女性よりも男性の方が回収率が低いという，明瞭な傾向がみてとれる．大都市ほど回収率が低いのは，流出入などの移動が頻繁であること，雇用者化が進み少なくとも昼間は家を完全に離れる人が多いこと，などによるものであろう．男性よりも女性の回収率が高いのは専業主婦の協力可能性が高いことによるものであろう．今後は，雇用者化が一層進むだけでなく，朝から夕方までという標準的な形態以外の労働も増加すると考えられるし，有配偶女性の職業進出も増大するであろうから，回収率の低下はある程度は避けられないだろう．調査方法についても柔軟な工夫が必要となる．なお，表から明らかなように，これらの協力拒否や調査不能は必ずしもランダムに発生するわけではないから，結果に偏りが生じ，単に標本規模を大きくすることによって回収数を増やしても問題は解決しないのである．

表1.5　地域別男女別にみたSSM調査回収率（1985年）
(%)

人口規模＼性別	男性	女性	合計
町　村	65.3	71.9	68.7
小都市（人口20万未満）	62.0	70.4	66.4
中都市（人口20万～100万未満）	60.2	66.6	63.5
大都市（人口100万以上）	54.9	61.0	58.0
合　計	60.9	67.9	63.3

　もう1つ忘れてはならない回収率低下の原因は，仮に調査の対象として抽出された人びと（調査対象者）を面会することができたとしても，当人から強い反発を受け，協力拒否にあうことが多くなってきているということである．

　調査対象者の社会調査に対する反発は，基本的には，突然未知の調査員に踏み込まれ，貴重な時間を割いて，答えたくもないことを答えさせられる，ということに対する反発であろう．これに対しては，充分礼を尽すのは当然であり，協力には金品で謝礼をするのが常識となっている．しかし，社会調査に対する反発には，このようないわば形式的な対応を要求するもの以上の，調査者の社会的責任にかかわる重大な問題が含まれているのである．

(1)　回答者のプライバシー

　社会調査に対する反発の理由の1つは，調査という活動が多少なりとも調査対象者のプライバシーを侵害するという性質をもっている一方で，人びとのプ

ライバシーを守りたいという意識（欲求）がたかまってきたことにある．プライバシーの問題については，回答者のウソとの関連でも述べたが，同時に，回答者のプライバシーが保持されるよう，最大限の努力がはらわれねばならない．社会調査において回答者のプライバシーを守るというのは，具体的には，調査結果の公表や調査データによって，個々の回答者が特定（逆探知）されないようにするということである．そのためには，少なくとも以下のような処置を確実にとる必要がある．

第1に，調査データの管理を厳重に行い，他人に悪用されないようにすること，調査員同士が担当の回答者について必要以上の情報交換を行うのを禁ずることなどは，当然のことである．

第2に，調査終了後は，標本台帳（調査対象者のリスト）と調査票や調査データ（調査結果をコウディングして，パンチカードや磁気テープなどに記録したもの）との間のつながりを完全に断ち切る必要がある．企業が行った調査などの後で，調査データから商品の購買可能性の高い人をさがし出し，ダイレクトメールが送られるということをよく耳にするが，これは明らかに調査の悪用である．

具体的には，調査データから，回答者を識別するためにつけられた番号，記号などを抹消し，調査データをランダムに並べかえて，回答者の並び順を変えてしまうこと，また，補充調査や再調査の必要がなくなった時点で，調査票上の回答者名や細かい住所（町名，番地など）を消してしまうこと，などを行うのがよい．

第3に，結果の公表の際にも，細心の注意が必要である．ある分類カテゴリーにコウドされる者が1名とか2名と，ごく少数である場合，そのまま公表してしまうと，回答者が特定されてしまうことがある（例えば，農村とか企業における全数調査などの場合を想像せよ）．このような恐れのある場合，原則的には，分類カテゴリーを統合するなどして公表すべきである．

(2) 調査結果の還元

筆者も含めて調査研究者は，一般に，調査を実施するために調査対象者の協力を得ることには熱心だが，調査後はデータの処理や分析に大半のエネルギーをとられて，調査対象者に対しては，調査のやりっぱなしということになって

しまう傾向が強い．あとで調査報告が公表されるとしても，マスコミ等でとりあげられる場合を除けば，一般の人びとの眼に触れる機会は少ない．したがって，調査対象者にとっては，調査のやられっぱなしということが多く，社会調査に対する不信と反発の一因となってしまう．

一体，調査によって得られたデータは誰のものかということについては議論のあるところだが［安田，1975］，少なくとも調査対象者が調査結果について知ることは，当然の権利である．調査者の側にとっても，調査結果を知らせるという形で，協力に対する還元を行うことは，最低の義務であろう．

実際に，この義務を誠実に履行した例がないわけではない．例えば，中野卓らは，倉敷市からの委託を受けて同市水島地区の住民意向調査を実施した後に，調査対象地区内数カ所での報告会と，報告書要約版の全世帯への配布を行っている［中野，1975］．調査結果の還元のしかたは，調査の主題によって，一律である必要はないけれども，結果の概要をわかりやすく紹介したもの，中野の例でいえば報告書要約版を配布することは，少なくとも必要であろう．

同時に，その報告書には，その調査がなぜ必要であったのかという，調査の趣旨が明確に説明されていなければならない．一般の人びとにとって，この点が自明ではないことが多く，社会調査に対する反発を生む原因になっていると考えられる．そして，この点を明確にできないような調査，例えば意図のあいまいな調査や好事家的な調査などは，厳に慎しむべきであろう．

(3) 社会的対立と調査者

現代社会を特徴づける現象の1つは，経営者対労働者，行政対住民，企業対地域社会，生産者対消費者，男性対女性など，非常に錯綜した形で，しかも恒常的に出現する対立と抗争である．それらは，当然，社会調査の重要な主題となるが，調査者がどのような立場から調査研究を行うのかということが，調査対象者たちによって鋭く問われることになる［似田貝，1974］．「公平な中立者」として安易に自己を位置づけることは許されず，むしろ不信と拒否を招くことになるだろう．逆に，安田三郎［1975：492］は，調査者が自己の立場を明確にした結果，調査を拒否されて引きさがるとしても，それは決して不名誉なことではない，と述べている．

また，これと関連して，委託調査の問題がある．調査結果の精度を上げよう

とすれば，調査は多少なりとも大規模にならざるを得ない．しかし，今日，大規模な調査を実施することは，人件費や交通費の高騰によって，単独の研究者では不可能に近い．そこで，しばしば，研究者（調査者）は，資金力を持つ組織や団体（例えば，行政組織や企業）からの委託を受ける形で調査を請け負い，必要なデータを獲得するということを行う．

ところが，委託調査が問題であるのは，調査者が背後の組織や団体の隠れミノとして利用される場合が少なくないこと，調査によって得られたデータが調査対象者の側へは還元されず，むしろ，彼らに対する操作の手段にさえなりかねない，という点にある［福武，1984：31］．それゆえ，委託調査自体は否定されるべきものではないとしても，少なくとも調査者は，①最終的な調査主体が誰であるかを明らかにし，②調査結果が基本的には公開され，調査対象者に還元されることを要求すべきであろう．さらに，③調査結果の利用について監視を怠らずに，不正な利用と判断したときには，明確に抗議の声をあげるということが，ぜひとも必要であろう．

第2章

演習マニュアル

第2章の各節は，演習形式で社会調査法の修得を進める形になっている．独習することも可能であるが，授業で用いる場合には，学生はあらかじめ5～10人のグループに分けておき，このグループ単位で毎回の実験作業を行わせるのが適当である．授業時間内に作業を完了させ，翌週，各自にレポート（作業経過，結果の考察，問題解答）を提出させるのがよいだろう．毎週2時間の授業であれば，約半年で終了できるはずである．

  1. 各節は，
  【時間】　実験作業に要する標準的な時間
  【資料】　作業時に用意すべき資料
  【道具】　作業時に用意すべき道具
  【作業】　作業内容の指示
  【問題】　理解を深めるための問題
  【解説】　実験内容あるいは用語の解説
  【文献】　参考文献
から構成されている．

　各節は，必ずしも実際の調査の手順通りには並んでいないが，前の方の節に関する理解が，後の方の節の作業を進める上での前提となるという関係になっている．なお，2.11節には，問題の略解あるいは解答のヒントが記載されている．

  2. 普及が進んでいるパーソナル・コンピュータ（パソコン）の使い方に関する演習も必要であると考えたが，紙幅の関係で収録できなかった．その代りに，作業過程で使用できる Microsoft Visual Basic 用のプログラムが，第3章で紹介されている［→3.6 コンピュータ・プログラム］．

　現在，さまざまの便利なソフトウェアも市販されている．それらのうちで，著者たちがとくに利用を勧めたいのは，Microsoft Excel をはじめとする表計算ソフトである．表計算ソフトは，①コピー機能を用いることによって，同じ

計算のくりかえしを素早く簡便に行うことができる，②表をもとにして簡単にグラフを作成することができる，等の長所をもっているが，とりわけ重要な点は，③ステップごとに記録しながら複雑な計算を進めていけることだろう（**表2.8** の χ_o^2 値の計算を表計算ソフトを用いて行ってみよ）．記録が残っているから，検算や誤りの発見も容易であるし，訂正と再計算も簡単である．同じ計算の道具ではあっても，電卓にはない機能である．正しい計算のコツは，ノートの隅に走り書きで済ますのではなく，定規などを用いてきちんと過程を記録しながら行うことだといわれるが，表計算ソフトは，それを見事に実現したものといえよう．

　3．作業に用いる資料のうち，仙北調査結果［→**3.2**］については，作業に直接関係のない事項についても記載しておいたので，磁気ファイルを作ったり，表計算ソフトや手集計カード等に転記して，独自に集計・分析を試みてもおもしろいだろう．

　4．本書は統計学の教科書ではないから，各節には解説がつけられているけれども，概説にすぎない．詳しくは，各節末にあげられている専門書を参照してほしい．また，計算法の実際，関連した技法などについて解説した教科書ないしハンドブック，例えば［Bohnstedt and Knoke, 1988］［安田・原, 1982］［林, 2002］などを用意しておき，随時参照するようにすれば，作業はスムーズに進行するであろう．

2.1 系統抽出法と比率の推定

【時間】 2時間×1回
【資料】 仙北調査（1998年）結果［資料3.2］
【道具】 電卓，乱数表またはパーソナル・コンピュータ（パソコン）

【作業】
仙北調査結果［資料3.2］を母集団とみなして，一定数の人を標本として系統抽出し，母集団における無党派層（支持政党なし）の比率を推定する．

(1) 推定の信頼度95%，推定値の絶対誤差 ε が 0.10（10%）以内となるよう，必要標本規模（抽出すべき個体数）n を決定する［→解説(3)］．また，ε が5%以内とした場合の必要標本規模も求めてみよ．

必要標本規模 n は，

$$n \geqq \frac{N}{\left(\dfrac{\varepsilon}{t}\right)^2 \dfrac{N-1}{P(1-P)}+1} \tag{2.1}$$

を満足する整数である．ただし，N：母集団の大きさ，ε：誤差の最大値，t：信頼度に対応する標準正規分布［数表3.1(1)B］の t の大きさ（ここでは1.96），P：母比率（未知であるから 0.50 と仮定する．理由を考えよ）．

(2) N/n を計算し，整数部を抽出間隔 L とする（一般の調査では N/n が大きいので，これより小さな区切りのよい整数，例えば5の倍数，を L とする）．

(3) 抽出のスタート番号 S（$S \leqq L$）をランダムに決定する［→解説(4)］．

(4) スタート番号 S，抽出間隔 L で，標本抽出台帳（ここでは資料3.2）からの系統抽出を行う．すなわち，まず，リスト上の S 番目の個体（人間）を標本として抽出し，以後，L 番目毎に抽出していく．

なお，予定の個体数に達したからといって，途中で打ち切ってはいけない．個体リストの最後まで抽出作業を行え．抽出間隔を少し狭くとれば，予定より多く抽出されるはずである（実際の場合には，余分にとれた分だけランダムに

捨てるが，この実験では簡便のために捨てないことにする）．

(5) 標本比率（「支持政党なし」の比率）p を求める．

(6) 標本誤差 ε を，(2.2) 式によって求める．$p \pm \varepsilon$ の範囲が母比率の（区間）推定値である．ε は定めた誤差の幅（$\varepsilon \leqq 0.10$）の中におさまっているか．

$$\varepsilon = t\sqrt{\frac{N-n}{N-1}\frac{P(1-P)}{n}} \quad (2.2)$$

なお，(2.2) 式において，母比率 P は未知であるから，標本比率 p によって代用する．また，n は実際に標本として抽出された個体数である．

(7) 母集団について母比率（「支持政党なし」の比率）P を求める．

(8) あらためて (2.2) 式によって標本誤差 ε を計算しなおし，標本比率 P との関係を検討する．サンプリング理論の示すとおり，

$$P - \varepsilon \leqq p \leqq P + \varepsilon$$

が成立するか．

【問題】

(1) 上の例において，仮に N が 2 倍（したがって抽出比が 1/2）であったとすると，標本誤差は何倍になるか．また，仮に N も n も 1/2（したがって，抽出比は変らないが標本規模が 1/2）であったとすると，標本誤差は何倍になるか．

(2) 日本全体の有権者（約 1 億人）を母集団とするとき，母比率の推定誤差 ε を 0.05 以内とするための必要標本規模を求めよ．また，有権者数 20,000 人の都市の場合はどうか．

(3) 問題(1), (2)から，標本誤差を大きく（あるいは小さく）する作用は，標本規模と抽出比のいずれが大きいと考えられるか．

(4) 比率の推定に関する (2.2) 式は，母比率 P が（したがって標本比率 p も）極めて大きいときや，極めて小さいときには成立しない．それはなぜか．

【解説】

(1) 系統抽出法　標本抽出（sampling）は，実際の社会調査では，選挙人（有権者）名簿，住民基本台帳，あるいは電話帳，団地の居住者名簿，会員録

などから行われることが多い．これらの，標本抽出のための全個体（個人，世帯など）のリストを，標本抽出台帳とよぶ．

標本抽出法の中で最も基本的な方法は，単純無作為抽出法（simple random sampling）である．これは，母集団のすべての個体について，標本として抽出される確率が等しくなるように，ランダムに一定数の個体を選び出す方法である．具体的には，乱数表等で数を選び，個体リスト上の順番がその数に対応する個体を標本として抽出する，という作業を繰り返して行う．

系統抽出法（systematic sampling）は，単純無作為抽出法の代用として，頻繁に用いられる標本抽出法である．単純無作為抽出法に比べて作業が簡単で，しかも標本が個体リスト上に満遍なくバラまかれる形になるので，一般に標本誤差が小さくなるといわれている．ただし，標本抽出台帳上の個体のリストの並び方に一定の周期がある場合，抽出間隔と周期の大きさが一致したり，一方が他方の整数倍になっていたりすると，例えば，団地の各階の一番端の世帯ばかりが抽出されるというように，偏りのある標本が作られてしまう［津村，1956：63-65］．

(2) 比率の推定　ある統計量（例えば，母比率，母平均など）をもつ母集団から標本抽出したとしても，得られる標本統計量（標本比率，標本平均など）は，母集団のそれと一致するとは限らない．また，標本抽出（調査）を何回も繰り返したとすれば，さまざまの値の標本統計量が得られる．しかし，この標本統計量のとる値の出現確率の分布（標本分布）が理論的に知られているので，これを用いて母集団統計量の推定を行うことができるのである．

母比率 P の母集団から得られる標本比率 p の場合，標本規模が大きければ，標本分布は，

$$平均 \bar{p} = P$$

$$分散\ V_{(p)} = \frac{N-n}{N-1}\frac{P(1-P)}{n}$$

の正規分布（normal distribution）に従うことが知られている．なお，標本分布の平均のことを期待値とよぶ（以下，E と表記する）．

そこで，正規分布の性質から，例えば，P を中心として，

$$\pm 1.96\sqrt{V_{(p)}} = \pm 1.96\sqrt{\frac{N-n}{N-1}\frac{P(1-P)}{n}}$$

の範囲をとれば,「標本比率 p が $P\pm 1.96\sqrt{V_{(p)}}$ 間の値となる確率は95％以上である」ということができる．このことから逆に，ある調査（標本抽出）によって得られた標本比率 p^* を中心として，$\pm 1.96\sqrt{V_{(p)}}$ の範囲を考えれば,「母比率 P が $p^*\pm 1.96\sqrt{V_{(p)}}$ の間の値である確率は95％以上である」と推定することができるのである［図2.1］．この，いわば推定の幅である $1.96\sqrt{V_{(p)}}$ が，(2.2)式に示した標本誤差 ε にほかならない（なお，$\sqrt{V_{(p)}}$ は標準偏差であり，標準誤差とよばれる［→33頁］）．

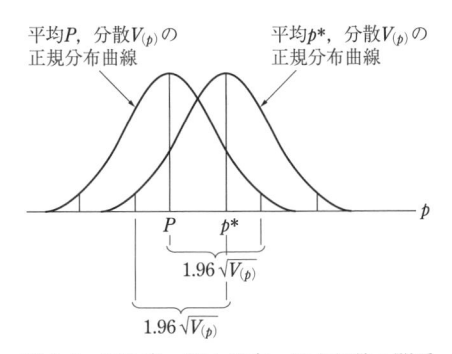

図2.1 母比率・標本比率・標本誤差の関係

ところで上の95％という数字は，
$$p^*-1.96\sqrt{V_{(p)}} \leqq P \leqq p^*+1.96\sqrt{V_{(p)}}$$
と推定した場合の，その推定の確からしさを示していることになる．そこで，これを推定の信頼度とよんでいる．例えば信頼度を95％ではなく90％とするならば，数表3.1(1)Bから明らかなように，(2.1)式，(2.2)式の t は，1.64となる．このように，標本誤差 ε の大きさは，信頼度によっても変ってくる．

以上の説明から，いわゆる「調査（推定）の精度」ということの意味も明らかになる．すなわち，信頼度が一定であっても（例えば95％），標本誤差（推定の幅）は，$V_{(p)}$ の大きさによって変ってくる．そして，標本誤差が小さいほど，狭い幅で推定値を示すことができる．精度の高い調査（推定）とは，標本誤差の小さい（推定の幅の狭い）ものをいうのである．

(3) 標本規模の決定　抽出すべき個体数を決定するための(2.1)式は，

2.1 系統抽出法と比率の推定

(2.2) 式から導かれる．

(2.2) 式の両辺を 2 乗して，

$$\varepsilon^2 = t^2 \frac{N-n}{N-1} \frac{P(1-P)}{n}$$

n に関して整理すると，

$$n\left\{\left(\frac{\varepsilon}{t}\right)^2 (N-1) + P(1-P)\right\} = NP(1-P)$$

$$n = \frac{NP(1-P)}{\left(\frac{\varepsilon}{t}\right)^2 (N-1) + P(1-P)}$$

右辺の分母，分子を $P(1-P)$ で割れば，

$$n = \frac{N}{\left(\frac{\varepsilon}{t}\right)^2 \frac{N-1}{P(1-P)} + 1} \quad (2.1)'$$

(2.2) 式を，

$$\varepsilon = t\sqrt{\left(\frac{N}{n}-1\right)\frac{P(1-P)}{N-1}}$$

と変形すれば明らかなように，n が大きいほど ε は小さくなるから，個体数は，(2.1)′ 式で求められた n 以上の整数であればよい．

ところで，(2.1) 式において母比率 P を 0.50 と仮定するのは，次の理由による．

(2.2) 式において，P を変化させてみたとき，$P(1-P)$ は，

$$P(1-P) = -\left(P-\frac{1}{2}\right)^2 + \frac{1}{4}$$

と変形できるから，P の変域（0.0～1.0）のうちで，$P=1/2$（=0.50）のときに最大値 1/4（=0.25）をとるので，ε もまた最大値をとる．したがって，P を 0.50 と仮定しておけば，誤差を最大に見積ったことになるから，安全なのである．

なお，(2.1) 式は，単純無作為抽出法のためのものである．系統抽出法の方が誤差は小さいので，この式を用いて問題ない．ただし，(2.1) 式で求められ

るのは，母集団全体に関する比率を推定するのに必要な数である．しかし実際には，男女別や年齢層別の推定を行ったり，統計的検定［→2.3］を行ったりすることも多い．また，調査不能となる数もみこまねばならない．したがって，一般には，(2.1)式で求めた数の，少なくとも3倍程度の個体数をとる必要がある．

現実の社会調査の場合には，この実験とは異なって，抽出された標本に対する，面接等の現地調査を行わなければならない．その際，標本規模は，調査費用（例えば交通費，調査員に対する謝金など）を大きく左右する．このように，調査における標本規模は，精度（誤差）および費用の2つの側面で，成否を決める重要な要素なのである．

(4) スタート番号の決定　スタート番号をランダムに決定するには，乱数表を用いて行う．乱数表の使い方については，例えば［安田・原，1982：286-292］をみよ．

なお，電卓やパソコンには乱数を発生させるための関数が組み込まれているので，これらを用いても乱数を得ることができる．例えば，パソコンの代表的な表計算ソフトである Microsoft Excel の場合，任意のセルに，

$$= \text{INT}(\text{RAND}() * M) + 1$$

と入力すればよい．ただし，M には求めたい乱数の最大値（整数）を代入する．

(5) 層別抽出（層化抽出）　標本抽出台帳から，個体名（氏名）だけでなく，例えば居住地，性，年齢等の情報が得られる場合，個体リストを分解して類似の属性をもった個体同士の集団（層）を作り，それぞれから無作為抽出を行えば，特定の地域の住民だけが選ばれてしまうとか，あるいは一方の性や特定の年齢層だけが選ばれてしまうという事態を確実に避けることができる．これを層別（層化）抽出（stratified sampling）とよんでいる．全体の必要標本規模 n の各層への割当てのしかたにはいくつかの方法があるが，各層の大きさ（個体数）に比例した数を割当てる比例配分がよく用いられる．

比例配分の考え方は，1.3節で紹介した割当抽出法とまったく同一である．居住地，性，年齢などは，人びとの生活状態や意識と関連をもっていることが多いから，これらの特性について母集団の「縮図」を作ることは，調査のテー

マである事象についても標本が母集団の「縮図」となる可能性を高めることになる［→1.3 調査対象の決定］．もちろん，当該事象と関連のない特性に関して層別を行うことは無駄であるが，関連の有無は事前にはわからないから，層別が可能な場合には必ず行うのが原則である．また，個人を抽出する場合だけでなく，地域や組織などを抽出する場合にも層別は有効である［→2.2 確率比例抽出法］．

　層別抽出の場合の標本誤差については，［津村・築林，1986］［西平，1985］などを参照してほしいが，単純無作為抽出（系統抽出）の場合より小さくなることがわかっている．そこで，標本規模の決定や統計的推定・検定には，系統抽出の場合の式を用いて実用上問題はない．

【文献】

［津村・築林，1986］［西平，1985］

2.2 確率比例抽出法

【時間】 2時間×1回
【資料】 大阪市基本選挙人名簿登録者数調［資料3.3］
【道具】 電卓，乱数表またはパソコン

【作業】
　確率比例抽出法の第1段階である，第1次抽出単位［→解説(2)］の抽出を行う．ここでは，大阪市の全有権者を母集団とし，各投票区を第1次抽出単位とする．
　はじめに，以下で用いる記号を定義しておこう．

　　N　母集団の大きさ（第2次抽出単位の総数）
　　M　母集団内の第1次抽出単位の総数
　　n　標本規模（抽出すべき第2次抽出単位の数）
　　R　抽出すべき第1次抽出単位の数
　　N_i　i番目の第1次抽出単位の大きさ
　　L　第1次抽出の抽出間隔
　　k　R個の第1次抽出単位の各々から抽出される第2次抽出単位の数
　　S　第1次抽出のスタート番号

なお，具体的には，Nは有権者総数，Mは投票区の総数である．
　(1) 仮に無作為抽出を行うものとして，推定の信頼度95％，母比率推定の標本誤差が0.05以内となるよう，必要標本規模nを求める［→2.1 系統抽出法と比率の推定］．ただし，確率比例抽出法では，無作為抽出法に比べて，誤差がやや大きくなる．経験的に，無作為抽出法の$\sqrt{2}$倍程度といわれている．そこで，標本誤差が，

$$0.05/\sqrt{2} \fallingdotseq 0.035$$

以内となるように，nを定めればよい．
　(2) 1つの第1次抽出単位（ここでは投票区）から抽出される第2次抽出単

2.2 確率比例抽出法

位(ここでは有権者)の数 k は,20程度が適当であることが経験的に知られている[→解説(3)]. そこで,抽出すべき第1次抽出単位の数 R を,

$$R = n/k = n/20 \qquad (2.3)$$

によって計算する.

ただし,n が(偶然に)k の倍数である場合以外は,R は整数とはならない.そこで,(2.3)式で求めた R を超える整数を,改めて R とおく.したがって,標本規模 n は,最終的に,

$$n = kR = 20R$$

によって確定する[→解説(5)].

(3) 第1次抽出単位を系統抽出法を用いて抽出するために,抽出間隔 L を,

$$L = N/R$$

によって求める.ただし,小数点以下は切り捨てる.

(4) 抽出のスタート番号 S (ただし $S \leq L$) を,ランダムに決定する[→2.1 解説(4)].

(5) 次式により,R 個の O_r の値を求める.

$$O_r = S + (r-1)L \qquad (r = 1, 2, \cdots, R)$$

(6) 第1次抽出単位のリストを作り,累積個体数を求める.各抽出単位の大きさを N_i とすれば,累積個体数は,

1番目の第1次抽出単位	N_1
2番目の第1次抽出単位	$N_1 + N_2$
3番目の第1次抽出単位	$N_1 + N_2 + N_3$
⋮	⋮
M 番目の第1次抽出単位	$N_1 + N_2 + \cdots + N_M = N$

となる.したがって,母集団の全個体に1から N までの通し番号が付けられているとすると,

1番目の第1次抽出単位には,1番~N_1 番
2番目の第1次抽出単位には,$N_1 + 1$ 番~$N_1 + N_2$ 番
3番目の第1次抽出単位には,$N_1 + N_2 + 1$ 番~$N_1 + N_2 + N_3$ 番

⋮   ⋮

M 番目の第 1 次抽出単位には,$N_1+\cdots+N_{M-1}+1$ 番～N 番の個体が含まれていることになる.

(7) O_r 番目 ($r=1, 2, \cdots, R$) の個体が含まれる R 個の第 1 次抽出単位を抽出し,その結果を**表 2.1** のように整理する［→解説(6)］.

表 2.1 抽出された第 1 次抽出単位（投票区）

番号	区	投票区	有権者数 (N_i)	標本規模 (k)	第 2 次抽出間隔 (N_i/k)
1	北	北天満	3,560	20	178
2	北	北淀西	4,139	20	206
⋮	⋮	⋮	⋮	⋮	⋮

(8) 次に,抽出された R 個の投票区から,（一般に）系統抽出法を用いて,有権者を第 2 次抽出することになる（しかし,系統抽出の技法は前節［2.1］で学んだので,ここでは繰り返さない）.

【問題】

(1) 第 2 次抽出の抽出間隔は,各第 1 次抽出単位の大きさによって異なっている［→**表 2.1**］.それでもよいか.理由を述べよ.

(2) 抽出間隔 L に比べて N_i が大きい場合,作業(7)において,1 つの第 1 次抽出単位に複数の O_r が含まれることがありうる.そのようなときには,どうすればよいか.

(3) 作業(4)～(7)の手順が,N_i の大きさに比例した確率で投票区を抽出していることになる理由を説明せよ［→解説(6)］.

(4) 投票区のような区画は,まったく便宜的なものだから,1 つの投票区に高級住宅街とスラムの両方が含まれているような場合もある.そのように内部が不均質な投票区が選ばれても,推定に不都合はないか.標本誤差に関する (2.5) 式［→解説(4)］を参考にして考えよ.

(5) 郊外の住宅地などでは,しばしば投票区域が非常に広大で,このような地点が選ばれると,再び系統抽出法の欠点［→解説(1)］が現われてくる.これ

を防ぐには，どうしたらよいか．

(6) 母集団が非常に大きくなると，作業(5)，(6)において計算機の桁あふれが発生してしまうことがある．桁あふれの起らない，別の抽出の方法を工夫せよ．また，計算ミスも発生しやすい．これをチェックする方法についても考えよ．

【解説】

(1) 系統抽出法の限界　前節[2.1]で学んだ系統抽出法は，母集団が小規模の場合には，非常に有効な方法である．しかし，日本全国民を対象とするような大規模な調査の標本抽出法としては，次のような難点がある．

① 母集団の標本抽出台帳（全個体のリスト）を作成ないし入手するのが困難である（「日本国民名簿」は存在しない）．

② 仮に標本が抽出されたとしても，地域的に分散することが多く，調査の労力や費用がかさみ，調査の管理も困難である（例えば，岩手県の人口構成比は，全国の約1.1%であるから，全国で5,000人を抽出するとしたら，割当て数は約55となる．岩手県内に散在する55人に面接することを想像せよ）．

そこで，これらの欠点を克服するための方法として，多段抽出法がある．以下では，最も単純な二段抽出法について説明しよう．

(2) 二段抽出法　二段抽出法（two stage sampling）というのは，抽出が2段階に分けて行われる抽出法のことである．例えば，大阪市内在住の全有権者から1,000人を標本として抽出するために，第1段階でまずいくつかの投票区を抽出し，次に第2段階で，抽出された投票区に住む有権者のうちから，最終的な標本を抽出する．このとき，第1段階の抽出単位（上の例では投票区）を第1次抽出単位（primary sampling unit, p.s.u.），第2段階での抽出単位（上の例では有権者）を第2次抽出単位（secondary sampling unit, s.s.u.）という．

もちろん，抽出の段階は2段階に限らない．例えば，日本における代表的な社会調査の1つである「国民性調査」（文部省統計数理研究所）では，層化三段抽出法を採用している（第1段：市町村，第2段：投票区，第3段：個人）．2段以上の抽出法を総称して，多段抽出法（multi-stage sampling）という．

ところで，二段抽出法には，次の3つのやり方がある．

方法	p.s.u. の抽出確率	p.s.u. ごとの s.s.u. の数
1	N_i の大きさに比例した確率	N_i の大きさに関係なく同数
2	N_i の大きさに関係なく等確率	N_i の大きさに比例した数
3	N_i の大きさに関係なく等確率	N_i の大きさに関係なく同数

本節でとりあげた確率比例抽出法は,このうちの 1 の方法である.

(3) 確率比例抽出法 確率比例抽出法(probability proportionate sampling)が実際の調査において好んで用いられるのは,以下の 2 つの理由による.

第 1 に,抽出された各第 1 次抽出単位から,次に抽出される第 2 次抽出単位の数が一定であり,調査の管理が容易である.一般によく行われるように,1 つの投票区(一般には徒歩圏)から 20 人を抽出することにすれば,3 日前後で面接調査できることが,経験的に知られている[統計数理研究所国民性調査委員会,1975 : 397].

第 2 に,母平均や母比率の推定が簡単である.

いま,i 番目の第 1 次抽出単位が抽出される確率は,N_i の大きさに比例するから,RN_i/N,その中に含まれる第 2 次抽出単位が抽出される確率は,k/N_i である.したがって,任意の個体が全母集団中から抽出される確率は,

$$(RN_i/N) \times (k/N_i) = kR/N = n/N \qquad [\rightarrow (2.3) \text{式}]$$

となり,属している第 1 次抽出単位の大きさ N_i とは関係なく,一定である.この性質から,集計の際には,直接(ウエイトをかけずに)標本平均や標本比率を計算して,それを母平均,母比率の推定値とすることができる*.

* 正確には,標本平均,標本比率の標本分布の平均(期待値)が,母平均,母比率に一致することを意味している.このような性質をもつ標本統計量を,不偏推定量とよんでいる[→2.1 解説(2)]

上記の 3 つの二段抽出の方法を比較すれば,1(確率比例抽出法)と 2 は,第 2 の理由で 3 よりも優れており,第 1 の理由で,1 は 2 よりも優れているといえる.

(4) 推定の誤差 確率比例抽出法によって得られた標本の,標本平均 $\bar{x}$ あるいは標本比率 p の標本分布は,平均(期待値)が,

$$E(\bar{x}) = \mu \ (\text{母平均}) \qquad (2.4\text{a})$$

$$E(p) = P \ (\text{母比率}) \qquad (2.4\text{b})$$

となる不偏推定量であり，分散が，

$$V_{(\bar{x})} = \frac{1}{n}\sum_{i=1}^{M} \sigma_i^2 \frac{N_i}{N} + \frac{1}{R}\sum_{i=1}^{M}(\mu_i-\mu)^2\frac{N_i}{N} \tag{2.5a}$$

$$V_{(p)} = \frac{1}{n}\sum_{i=1}^{M} P_i(1-P_i)\frac{N_i}{N} + \frac{1}{R}\sum_{i=1}^{M}(P_i-P)^2\frac{N_i}{N} \tag{2.5b}$$

の正規分布に近似する（ただし，μ_i, σ_i^2, P_i は，i 番目の第1次抽出単位における母平均，母分散，母比率）．この性質を用いて，系統抽出法の場合とまったく同様に，標本誤差を計算することができる［→2.1解説(2)］．

ただし，分散に関しては，μ, μ_i, σ_i^2, P, P_i が未知であるから，実際には，標本統計量からの推定式，

$$\hat{V}_{(\bar{x})} = \frac{1}{R(R-1)}\sum_{i=1}^{R}\left(\bar{x}_i - \frac{1}{R}\sum_{i=1}^{R}\bar{x}_i\right)^2 \tag{2.6a}$$

$$\hat{V}_{(p)} = \frac{1}{R(R-1)}\sum_{i=1}^{R}\left(p_i - \frac{1}{R}\sum_{i=1}^{R}p_i\right)^2 \tag{2.6b}$$

を用いる（$\bar{x}_i$, p_i は，抽出された i 番目の第1次抽出単位における，標本平均，標本比率）［津村・築林，1986 : 199-204］．

(5) 第2次抽出単位数　作業(2)では，1つの第1次抽出単位から抽出する第2次抽出単位の数 k を，あらかじめ20と定めて，抽出すべき第1次抽出単位の数 R を求めた．しかし，場合によっては，R を先に定め，その後に，k （$= n/R$）を求めるという方法もある．何らかの事情によって，調査員の数が先に決まっている場合には，その方がよいこともある．

ただし，このようにして求めた k が20を超えるようであれば，1人の調査員の負担が大変なので，(イ)調査員数を増やす努力をする，(ロ)精度を多少犠牲にして標本規模を小さくする，などの工夫が必要となる．

(6) 抽出作業　実際の抽出のやり方は，いろいろありうるが，本節のように系統抽出的に行うのが簡単である．ただし，等確率ではなく投票区の規模に比例した確率で抽出する点が，2.1節とは異なっている．いま，A投票区とB投票区のいずれかを2：1の確率で選ぶとしたら，A投票区と書いたクジを2本，B投票区と書いたクジを1本，合計3本を用意しておき，1本を引けばよい．作業(4)～(7)の手順は，クジをそれぞれ有権者数と同じだけ用意して，無作為抽

出（系統抽出）を行っていることになる．

なお，実際の作業はかなり煩雑であるし誤りも少なくないので，コンピュータを援用するのがよい［→3.6 コンピュータ・プログラム］．

(7) 電話調査と多段抽出　最近よく行われるようになってきた電話調査における標本抽出も，多段抽出の一形態とみなすことができる．電話調査では，特定の組織のメンバーのように電話番号のわかっている人びとを対象にするのではなく，世論調査のように一般の人びとを対象に実施しようとするとき，調査対象者をどう決定するかが問題になってくる［Groves and Kahn, 1979］［杉山ほか, 2003］．

電話調査における標本抽出台帳としてすぐに思い浮かぶのは，電話番号簿（電話帳）であろう．しかし，かなりの割合の電話所有者が番号簿に記載されていないことは，よく知られている．そこで，現在ではRDD（random digit dialing）という方法を用いることが多い．これは，コンピュータによって電話番号をランダムに発生させて電話をかけ，その電話が個人所有のものであった場合に，その世帯員の1人をランダムに選んで調査対象とするという方法である．この方法であれば，すべての電話所有世帯員を母集団とみなすことができるけれども，厳密にいえば，こうして選ばれた調査対象者は単純に無作為抽出された標本ではない．なぜなら，各世帯の世帯員数は同一ではないから，標本として抽出される確率も全個体が同一ではないのである．つまり，前述した2段抽出の方法3にあたる．

3の方法は単純多段抽出とよばれるが，集計の際には世帯員数に比例したウエイトを掛けて行うことが必要であるし，しかも標本分布の平均（期待値）は不偏推定量ではないという難点をもっている．ただし，標本の規模が大きくなればなるほど期待値は不偏推定量に接近していくという性質（これを一致性とよぶ）をもっているから，標本規模が一般に大きい世論調査などの場合，不偏推定量とみなして統計的推定や検定を行うことは許されるだろう．また，現在では核家族世帯，つまり成人世帯員数でいえば2名の世帯が大きな割合を占めているから，ウエイトを掛けずに平均や比率を求めたとしても，実用上の問題は少ないといえるだろう［津村・築林, 1986：188-194］．

【文献】

［安田，1970］［安田・原，1982］［白倉，1983］［津村・築林，1986］

2.3 統計的検定

【時間】 2時間×1回
【資料】 標準正規分布表［数表 3.1(1)］, カイ二乗分布表［数表 3.1(2)］
【道具】 電卓

【作業】
統計的検定の意味を理解し，さらに，社会調査データの分析過程で用いられる代表的な検定方法に習熟する．

なお，実際に作業を開始する前に，解説および適当な統計学の教科書（例えば，［西平，1985：133-166］［Bohnstedt and Knoke, 1988：訳 109-200］など）を読み，統計的検定の基本的な考え方を理解しておく．

(1) 表2.2（縦横のカテゴリー数により，2×5表とよぶ）は，東京都区内において行った調査［山田・海野ほか，1976］の結果である．

表2.2 年齢層別に見た老後における子や孫との同居希望の有無 （単位：人）

年齢層	同居希望の有無					計
	希望する	どちらかといえば希望する	どちらともいえない	どちらかといえば希望せず	希望せず	
老人層(60歳以上)	119	20	8	15	71	233
非老人層(60歳未満)	275	91	41	35	54	496
計	394	111	49	50	125	729

注：老人層については自分の希望を，非老人層については親に送ってほしい生活をたずねている．
資料：［山田・海野ほか，1976：157］．

まず，この表の同居希望の有無に関して，カテゴリーを以下のように再編し，2×2表（以下，**表ア**とよぶ）を作成する．

① 同居希望（希望＋どちらかといえば希望）
② 同居希望以外（どちらともいえない＋どちらかといえば希望せず＋希望せず）

表アをもとに，老人層と非老人層における同居希望率を求めよ（非老人層に

おける希望率の方が高くなるであろう）．次に，「非老人層の方が老人層よりも同居希望が強い」といえるか，比率の差を検定せよ［→解説(1)～(6)］．

(2) 同じ**表ア**をもとにして，「老人層と非老人層の間には同居希望率に差がある」といえるかどうかを，検定せよ［→解説(5)］．

(3) 表2.2のカテゴリーを，今度は以下のように再編し，2×3表（以下，**表イ**とよぶ）を作成する．

　① 同居希望（希望＋どちらかといえば希望）
　② どちらともいえない
　③ 別居希望（どちらかといえば希望せず＋希望せず）

老人層と非老人層のそれぞれについて，同居希望率と別居希望率を求めよ．次に，各層について，「同居希望率の方が別居希望率よりも高い」といえるかどうかを，検定せよ［→解説(8)］．

(4) **表ア**および**表イ**について，「年齢層（老人層，非老人層）と同居希望の間に関連がある」といえるか否かを，カイ二乗検定せよ［→解説(9)］．

【問題】

(1) 同じデータについて，ある検定法では有意であるが別の検定法では有意でない，という結果の得られる場合がある．このときには，どのような結論を導けばよいか．

(2) 作業で得られた結果を，全国の人びとの同居・別居希望の状態と拡張して考えてもよいか．判断とその根拠を具体的に示すこと．ただし，作業で用いたデータは，東京都区内の20歳以上の男女を母集団としている．

(3) 統計的検定は，標本調査の結果に対してだけではなく，全数調査の結果に対しても，しばしば用いられる．なぜ全数調査の場合にも統計的検定が必要なのか．次の例について，実際に作業を行いつつ考えよ．

表2.3　某大学入試合格状況　　（単位：人）

	合格者	不合格者	計
男　子	996	4,677	5,673
女　子	521	1,641	2,162
計	1,517	6,318	7,835

[例] 表2.3は，某大学某学部の入学試験（1982年度）の結果である．この結果から，①男子学生より女子学生の方が合格率が高いといえるか．また，②性別と合否の間に関連があるか．

(4) 次の場合について，第一種の過誤および第二種の過誤の意味を述べ，実際にこれらの過誤を犯したとき，どのようなことが問題になるかを考えよ．

H_0：その文献には重要な情報が含まれている．
H_1：その文献には重要な情報が含まれていない．

【解説】

(1) 統計的検定　われわれが手にしたデータの中に，何らかの特徴を見出したとき，その特徴が偶然に生じたものなのか，それとも，母集団においても同じ特徴を見出せるかどうか，その判断をしたい（しなければならない）ことはしばしばある．そのための手段が統計的検定である．

例えば，次のような例で考えてみよう．

表2.4は，神奈川県川崎市の川崎区（臨海工業地帯と官庁街）と多摩区（農村地域と新興住宅街）で，1973年に行った調査の結果である［山田・海野ほか，1973］．「公害が発生しているからといって，経済成長をゆるめるわけにはいかない」という意見に賛成する人の割合が，川崎区で32.3％，多摩区では26.1％であった．ここから直ちに，「川崎区の住民の方が経済成長論者が多い」と結論づけられるだろうか．

表2.4　経済成長優先に対する態度（地区別）
(単位：％)

経済成長優先	川崎区	多摩区
賛　成	32.3	26.1
反　対（含その他）	67.7	73.9
計	100.0	100.0
（実数）	(136)	(203)

資料：［山田・海野ほか，1973：103］．

明らかに，それは不可能である．なぜならば，われわれが知っているのは，川崎区と多摩区の住民のごく一部についてであり，その一部が全体（川崎区，多摩区の全住民）の正確な縮図とは限らないからである．2.1節と2.2節で学

んだように,標本調査には標本誤差が伴うのである.

以下では,このような,独立に抽出された2組の標本(ここでは川崎区と多摩区)に関する比率の差の統計的検定について,次の記号を用いて説明する.

	標本1(川崎区)	標本2(多摩区)
母集団の大きさ	N_1	N_2
母集団における比率	P_1	P_2
標本の大きさ	n_1	n_2
標本比率	p_1	p_2

なお,作業(1),(2)では,老人層および非老人層を,それぞれ独立の標本とみなして検定を行う.

(2) 帰無仮説と対立仮説 「川崎区の住民の方が経済成長論者が多い」という命題が正しいか否かを知るには,具体的にどうすればよいのだろうか.

われわれは,まず,「川崎区の住民と多摩区の住民とでは,経済成長論者の比率に差がない」という仮説(帰無仮説 null hypothesis,記号 H_0)を設定する.つまり,川崎区と多摩区の標本比率の差 32.3%−26.1%=6.2% は偶然に生じたのだと,ひとまず考えることにする.これに対して,「川崎区の住民の方が多摩区の住民よりも経済成長論者の比率が大きい」という仮説を,対立仮説(alternative hypothesis)とよび,記号 H_1 で表わす.

また,上記の記号を用いるならば,帰無仮説および対立仮説は,

$$H_0 : P_1 = P_2 \quad \text{すなわち} \quad P_1 - P_2 = 0$$
$$H_1 : P_1 > P_2 \quad \text{すなわち} \quad P_1 - P_2 > 0$$

となる.

(3) 比率の差の標本分布 次に,帰無仮説 H_0($P_1-P_2=0$)が正しいとしたら,2組の標本の標本比率の差 (P_1-P_2) は,どのような標本分布[→2.1 解説(2)]に従うかを考える.

いま,2組の標本比率の差を,

$$d = p_1 - p_2$$

とすれば,d は以下の性質をもつことが知られている.

① d の標本分布は,正規分布に近似する.

② d は不偏推定量であって,標本分布の平均(期待値)は,母比率の差

に一致する．すなわち，
$$E(d) = P_1 - P_2$$

③ d の標本分布の分散は，各標本比率の標本分布の分散 [→2.1 解説 (2)] の和である．すなわち，

$$V_{(d)} = \frac{N_1-n_1}{N_1-1}\frac{P_1(1-P_1)}{n_1} + \frac{N_2-n_2}{N_2-1}\frac{P_2(1-P_2)}{n_2} \qquad (2.7a)$$

ただし，N_1, N_2 が n_1, n_2 に比べて十分に大きければ，

$$\frac{N_1-n_1}{N_1-1} \fallingdotseq 1 \quad \text{および} \quad \frac{N_2-n_2}{N_2-1} \fallingdotseq 1$$

が成立するから，

$$V_{(d)} = \frac{P_1(1-P_1)}{n_1} + \frac{P_2(1-P_2)}{n_2} \qquad (2.7b)$$

したがって，帰無仮説 $H_0 : P_1 - P_2 = 0$ が正しければ，d の標本分布の平均（期待値）は，

$$E(d) = P_1 - P_2 = 0$$

となる．

分散については，母比率 P ($=P_1=P_2$) を知らなければ計算できない．しかし，P は未知であるから，2つの標本比率 p_1, p_2 の荷重平均を求めて，P の推定値とする．すなわち，

$$\hat{P} = \frac{n_1 p_1 + n_2 p_2}{n_1 + n_2}$$

とし，(2.7b) 式を用いて，

$$\begin{aligned} V_{(d)} &= \frac{\hat{P}(1-\hat{P})}{n_1} + \frac{\hat{P}(1-\hat{P})}{n_2} \\ &= \hat{P}(1-\hat{P})\left(\frac{1}{n_1} + \frac{1}{n_2}\right) \end{aligned} \qquad (2.8)$$

川崎市の例では，

$$\hat{P} = \frac{136 \times 0.323 + 203 \times 0.261}{136 + 203} = 0.286$$

そこで，

$$V_{(d)} = 0.286 \times (1-0.286) \times \left(\frac{1}{136} + \frac{1}{203}\right)$$
$$= 0.002507$$

したがって，標本分布の標準偏差 $\sqrt{V_{(d)}}$ は，
$$\sqrt{V_{(d)}} \fallingdotseq 0.050 (5\%)$$
となる．

(4) **正規分布と危険率** 標本比率の差 d の標本分布が正規分布に近似するという性質を用いて，標準正規分布表［数表 3.1(1)A］から，d のとる値の出現確率を知ることができる．

例えば，数表 3.1(1)A の中の $t=1.644$ に対応する α の値をみると，0.05 となっている．これは，正規分布をするある統計量（ここでは d）が，標準偏差の 1.64 倍（すなわち $1.64\sqrt{V_{(d)}}$）以上の値をとる確率は，0.05（5%）以下であることを示している（これをよりわかりやすく示したのが図 2.2(a) である）．この性質を用いて，帰無仮説についての判定を行うことができる．

ある調査の結果，仮に d が $1.64\sqrt{V_{(d)}}$ 以上であったら，われわれは，どう判断を下せばよいだろうか．われわれには，次の2つの可能性が開かれている．

① 出現確率が5%以下という，めったに起らない現象がたまたま発生した．つまり，帰無仮説は正しい．

② $1.64\sqrt{V_{(d)}}$ 以上というような，大きな値が得られたのは偶然ではなく，実は，もともと $P_1 > P_2$ だったからである．つまり，帰無仮説は誤っている．

統計的検定においては，②の判断が採用される．すなわち，帰無仮説が否定（棄却）され，対立仮説の方が一応採択（受容）されるのである．

ただし，この判断では，逆にいえば，本当は帰無仮説が正しいにもかかわらず，それを棄却してしまう確率が最大5%はありうる，ということになる．そこで，この5%という確率を危険率あるいは有意水準（significance level）という．この有意水準は任意の値に設定できるが，社会調査では5%とすることが多い．また，ある有意水準を設定したとき，正規分布上に帰無仮説が棄却されることになる領域（ここでは $1.64\sqrt{V_{(d)}}$ 以上）が決まるが，この領域は棄却域（critical region）とよばれている．

川崎市の例の場合,
$$1.64\sqrt{V_{(d)}} = 1.64 \times 0.050 = 0.082 (8.2\%)$$
であり,他方,標本比率の差は 6.2% であった.したがって,6.2% 程度の差は,仮に母比率に差がなかったとしても,5% 以上の確率で起りうることになる.そこで,この場合は,危険率 5% で帰無仮説を棄却することはできない.つまり,母比率に差があるとはいえない,と結論する.

(5) 片側検定と両側検定　1 つの統計的検定には,普通,片側検定と両側検定とがある.比率の差の検定でいえば,解説(2)のように,2 つの比率の大小関係を前提としたうえで,その大小関係が有意なものかどうかを検定するとき,この検定を片側検定という(作業(1)の場合).これに対して,2 つの比率の大小関係については何も前提せず,どちらが大きい場合も考慮に入れて,その差が有意なものかどうかを検定するとき,この検定を両側検定という(作業(2)の場合).ただし,いずれの場合も,帰無仮説 H_0 は,
$$H_0 : P_1 = P_2$$
である.

図 2.2 に示されているように,片側検定の棄却域は平均の片側だけにあり,両側検定の棄却域は平均の両側になる[数表 3.1(1)].

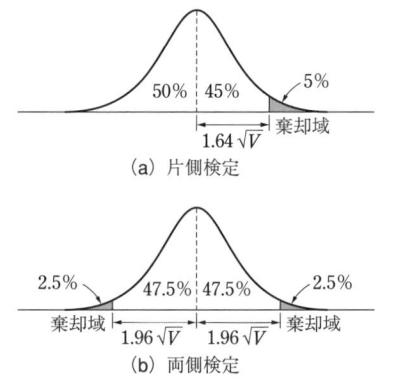

図 2.2　片側検定と両側検定の棄却域(危険率 5%)

(6) 第一種の過誤と第二種の過誤　これまでの説明から明らかなように,統計的検定における判断には,誤りの可能性がつきまとっている(ただし,危険率という形で,判断の確実性の程度を知りうるということが,単なる当て推量

とは異なる点である).第1に,仮説が正しい(真)にもかかわらず,これを棄却することがありうる.これを第一種の過誤(error of the first kind)という.第2に,仮説が誤り(偽)であるにもかかわらず,これを棄却しないことがありうる.これを第二種の過誤(error of the second kind)という[**表2.5**].

表2.5 第一種の過誤と第二種の過誤

真の状態	検定の結論	
	帰無仮説 H_0 の棄却	帰無仮説 H_0 の受容
帰無仮説 H_0	第一種の過誤	正しい判断
対立仮説 H_1	正しい判断	第二種の過誤

有意水準を高くする(危険率を小さくする)と,第一種の過誤の確率は小さくなるが,第二種の過誤の確率は大きくなる.有意水準を低くすれば,逆のことが生じる.したがって,有意水準の設定にあたっては,この2種類の過誤のバランスを考慮しなければならない.

(7) **統計的検定の一般的手順** これまでの説明から,統計的検定を行う一般的な手順を以下のようにまとめることができる.

① 検定しようとする仮説(対立仮説 H_1)と,それを否定する仮説(帰無仮説 H_0)を設定する.

② 検定のための判断基準となる統計量(検定統計量)T を選び,帰無仮説 H_0 が真であるときの,T の標本分布を知る.

③ 有意水準 α を設定し,T がその値を超える確率が α である T の値(T_α)を求める(両側検定の場合には $\pm T_{\alpha/2}$ [→**図 2.2(b)**]).

④ 標本から統計量 T を求める(その値を T_0 とする).

⑤ T_0 と T_α の大小を比較する.(i) $|T_0| > |T_\alpha|$ なら,T_α は棄却域にあるから,有意水準 α で帰無仮説 H_0 を棄却する(対立仮説 H_1 を採択する).
(ii) $|T_0| \leq |T_\alpha|$ なら,帰無仮説 H_0 は棄却できない.

本節でとりあげる以外にも,検定法にはさまざまのものが考案されている.しかし,いずれの方法も,基本的な考え方はここで述べたものと同一である.ただし,その上で,各方法は独自の目的と制約条件をもっているので,状況に適したものを選択することが大切である.

ところで,統計的検定の結果,帰無仮説 H_0 が棄却されたとしても,データに見出された特徴が分析上有意味なものであるとは必ずしもいえない.例えば比率の差に関して,帰無仮説 $P_1-P_2=0$ を否定したとしても,実際の比率の差が 0.0001 であるのか 0.2 であるのかについては,統計的検定は何も述べていない.もし前者(0.0001)であるとしたら,分析にとっては意味のある差とはいえないだろう.

また,比率の差の検定における $V_{(d)}$ の式からも明らかなように,検定統計量の標本分布の分散は標本の大きさ n によって変化し,n が大きくなるほど分散は小さくなる.検定統計量が大きくなれば帰無仮説が棄却されやすくなるのは事実であるが,検定統計量(比率の差の例では d^*)が一定であっても,標本が大きいほど帰無仮説は棄却されやすくなる.つまり,比喩的に表現すれば,

$$\text{検定結果} = \text{検定統計量} \times \text{標本規模}$$

という関係が存在する.

社会調査の報告書や論文の中には,こうした危険を考慮せずに,帰無仮説が棄却されたことと分析上有意味な特徴が認められたこととを混同したものが少なくない.統計的検定は分析の出発点なのであり,統計的推定とも組み合わせながら,慎重に分析を進めることが必要である.

(8) **1組の標本における比率の差の検定** ある標本について集計を行い,**表 2.6**のような分布比率が得られたとき,任意のカテゴリー i と j の比率 p_i, p_j の差に関して,統計的検定を行う(作業(3)では,老人層と非老人層を,それぞれ1組の標本とみなして検定を行う).なお,標本比率 $p_1 \sim p_K$ に対応する母比率を,$P_1 \sim P_K$ とする.

表 2.6 標本の分布比率

カテゴリー	1	2 …… i …… j …… K	計(実数)
比　　率	p_1	p_2 …… p_i …… p_j …… p_K	1 (n)

この検定の特徴は,比率の合計が1となるという条件によって,各比率は相互に独立ではないという点にある.前と同様,

$$d = p_i - p_j$$

とおけば,d は以下の性質をもつことが知られている.

2.3 統計的検定

① d の標本分布は正規分布に近似する.
② d は不偏推定量である.すなわち,d の標本分布の平均(期待値)は,
$$E(d) = P_i - P_j$$
③ d の標本分布の分散は,
$$V_{(d)} = \frac{N-n}{N-1}\frac{1}{n}\{P_i(1-P_i) + P_j(1-P_j) + 2P_iP_j\} \tag{2.9a}$$

ただし,N は母集団の大きさ,n は標本の大きさを示す.ここでも,N が n に比べて十分大きければ,
$$V_{(d)} = \frac{1}{n}\{P_i(1-P_i) + P_j(1-P_j) + 2P_iP_j\} \tag{2.9b}$$
と変形できる.

したがって,帰無仮説 $H_0 : P_i = P_j$ が正しければ,
$$E(d) = P_i - P_j = 0$$
d の標本分布の分散は,
$$V_{(d)} = \frac{2}{n}P_i = \frac{2}{n}P_j$$
となるはずである.ただし,母比率は未知であるから,
$$\hat{P}_i = \hat{P}_j = (p_i + p_j)/2$$
という推定値を用いて $V_{(d)}$ を求める.

[以下の手続きは,2 組の標本における比率の差の検定の場合と,まったく同一である]

表 2.4 の川崎区の場合を例にとってみよう.
$$p_1(賛成) = 0.323, \quad P_2(反対) = 0.677$$
であるが,この結果から $P_1 < P_2$ といえるだろうか.

帰無仮説 $H_0 : P_1 = P_2$ が正しければ,比率の差の標本分布の分散 $V_{(d)}$ は,
$$V_{(d)} = \frac{2}{n}P_1 = \frac{2}{n}P_2 = \frac{2}{n}\frac{p_1+p_2}{2}$$
$$= \frac{0.323 + 0.677}{136}$$

$$= \frac{1}{136}$$
$$= 0.00735$$

したがって標準偏差は,
$$\sqrt{V_{(d)}} = 0.086$$
となるはずである.

調査結果では,
$$d = 0.677 - 0.323 = 0.354$$
$$d = 0.354 > 1.64\sqrt{V_{(d)}} = 0.141$$
であるから,危険率5％以下で帰無仮説は棄却でき,$P_1 < P_2$ といえる.

(9) 項目間の独立性の検定（カイ二乗検定）　ある標本について集計を行い,表2.7のような $I \times J$ 表が得られたとき,A,B 両項目間に関連（例えば,学歴の高い者に革新政党支持者が多い,というような）があるといえるかどうかを検定する［作業(4)］.この検定をカイ二乗検定（χ^2 検定）とよぶ.

表2.7 $I \times J$ 表の一般型

(単位：実数)

A＼B	1	2	……	j	……	J	計
1	n_{11}	n_{12}	……	n_{1j}	……	n_{1J}	$n_{1\cdot}$
2	n_{21}	n_{22}	……	n_{2j}	……	n_{2J}	$n_{2\cdot}$
$\vdots$	$\vdots$	$\vdots$		$\vdots$		$\vdots$	$\vdots$
i	n_{i1}	n_{i2}	……	n_{ij}	……	n_{iJ}	$n_{i\cdot}$
$\vdots$	$\vdots$	$\vdots$		$\vdots$		$\vdots$	$\vdots$
I	n_{I1}	n_{I2}	……	n_{Ij}	……	n_{IJ}	$n_{I\cdot}$
計	$n_{\cdot 1}$	$n_{\cdot 2}$	……	$n_{\cdot j}$	……	$n_{\cdot J}$	n

χ^2 検定においては,帰無仮説 H_0（A,B 両項目間には関連がなく独立）が正しければ得られると期待される分布（期待度数）と,調査の結果,実際に得られた分布（実現度数）とのくいちがいに着目する.そこで,検定統計量として,

$$\chi_o^2 = \sum_{i=1}^{I} \sum_{j=1}^{J} \frac{(n_{ij} - F_{ij})^2}{F_{ij}} \tag{2.10}$$

という量を定義する.ここで F_{ij} は,n_{ij} に対応する期待度数であり,

$$F_{ij} = n_{i\cdot} \, n_{\cdot j} / n$$

によって求められる.

2.3 統計的検定

(2.10) 式から明らかなように，すべての n_{ij} が F_{ij} に一致すれば，χ_o^2 の値は 0 となるが，両者の隔りが大きくなると（A と B の関連が強くなると），χ_o^2 の値も大きくなる．そして，この χ_o^2 の標本分布は，自由度 $(I-1)(J-1)$ の χ^2 分布［数表 3.1(2)］に近似することが知られている*．

* $I \times J$ 表において $n_{1\cdot} \sim n_{I\cdot}$ と $n_{\cdot 1} \sim n_{\cdot J}$（周辺分布）を所与のものとしたとき，$I \times J$ 個の要素 (n_{ij}) のうちの $(I-1)(J-1)$ 個が決まれば，残りは周辺分布からの引き算によって，自動的に決定される．そこで，この $(I-1)(J-1)$ の値を自由度（degree of freedom）という．なお，［原，1983:221-223］に χ^2 検定についての解説がある．

表 2.8 は，表 2.2 の 2×5 表について，χ_o^2 の値を求める手続きを示したものである．

表 2.8 χ_o^2 値の計算

i	j	n_{ij}	$n_{i\cdot}n_{\cdot j}$	$F_{ij}=n_{i\cdot}n_{\cdot j}/n$	$n_{ij}-F_{ij}$	$(n_{ij}-F_{ij})^2$	$(n_{ij}-F_{ij})^2/F_{ij}$
1	1	119	91802	125.9	-6.9	48.01	0.381
1	2	20	25863	35.5	-15.5	239.55	6.752
1	3	8	11417	15.7	-7.7	58.69	3.748
1	4	15	11650	16.0	-1.0	0.96	0.060
1	5	71	29125	40.0	31.0	963.98	24.128
2	1	275	195424	268.1	6.9	48.01	0.179
2	2	91	55056	75.5	15.5	239.55	3.172
2	3	41	24304	33.3	7.7	58.69	1.761
2	4	35	24800	34.0	1.0	0.96	0.028
2	5	54	62000	85.0	-31.0	963.98	11.335
計		$n=729$	—	—	±62.1	—	$\chi_o^2=51.544$

資料：表 2.2 に同じ．

$$\chi_o^2 = 51.544$$
$$自由度 = (2-1) \times (5-1) = 4$$

となるから，有意水準を 5% とすれば，対応する χ^2 の値は，数表 3.1(2) から 9.488 であり，χ_o^2 の方がはるかに大きい．したがって，帰無仮説は棄却され，年齢層と同居希望の有無の間には関連があるといえる．

【文献】

［Siegel, 1956］［安田・原，1982］［西平，1985］［Bohnstedt and Knoke, 1988］［林，2002］

2.4 クロス集計とエラボレイション

【時間】 2時間×1回
【道具】 電卓

【作業】
2変数クロス集計表および3変数クロス集計表の作り方と読み取り方に習熟する*.

* n 変数クロス集計表は，n 重クロス集計表とよばれることも多い．なお，変数（variable）とは個体によって値の異なる特性のことをいう統計用語である．変量（variate）もほぼ同義である．例えば収入は変数であり，値（収入額）は各人で異なっている．ただし，値は収入のように数で示されるものも（量的変数），性別のようにカテゴリー（「男」「女」）で示されるもの（質的変数）もある．

(1) 表2.9は，交通事故経験の有無と性別との関係を見るために，2つの変数（項目）を組合わせて作成した2変数クロス集計表である．この表から，男女別の事故経験の比率（％），ユールの関連係数，四分点相関係数［→解説(2)］を計算せよ．

表2.9 性別と交通（運転）事故経験 (単位：人)

Y. 事故経験	X. 性別		計
	1. 男	2. 女	
1. 経験あり	3,122	2,255	5,377
2. 経験なし	3,958	4,695	8,653
計	7,080	6,950	14,030

資料：[Zeisel, 1968：訳182] による架空例．

(2) 表2.9において見出された関連の理由としては，さまざまのものが考えられる．ここでは，「男は女よりも走行距離が長いから，事故を経験する可能性も大きい」という仮説について検討するために，表2.9のエラボレイション［→解説(3)］を行う．

表2.10は，仮説を検討するために作成された3変数クロス集計表である．

表 2.10 性別，走行距離と交通（運転）事故経験 (単位：人)

Y. 経験 \ Z. 距離 \ X. 性別	1. 距離大			2. 距離小			計
	1. 男	2. 女	計	1. 男	2. 女	計	
1. 経験あり	2,605	996	3,601	517	1,259	1,776	5,377
2. 経験なし	2,405	919	3,324	1,553	3,776	5,329	8,653
計	5,010	1,915	6,925	2,070	5,035	7,105	14,030

資料：表 2.9 に同じ．

表 2.11 エラボレイション表

(a) (単位：実数)

Y \ X	X_1	X_2	計
Y_1			
Y_2			
計			

(b) $Z=Z_1$ (単位：実数)

Y \ X	X_1	X_2	計
Y_1			
Y_2			
計			

(c) $Z=Z_2$ (単位：実数)

Y \ X	X_1	X_2	計
Y_1			
Y_2			
計			

(d) (単位：実数)

Z \ X	X_1	X_2	計
Z_1			
Z_2			
計			

(e) (単位：実数)

Y \ Z	Z_1	Z_2	計
Y_1			
Y_2			
計			

　この表は，もとの**表 2.9** を，走行距離という第3の変数の値（カテゴリー）によって分割した形になっている．そこで，しばしば，「第3変数として走行距離を導入した」という言い方がされる．この表を，**表 2.18** のような分布比率（％）の形に改めよ．また，**表 2.10** から，**表 2.11** の形のエラボレイション表を作成せよ（以下，**表ウ**とよぶ）．

　(3) **表ウ** (a)～(e) の各々について，ユールの関連係数および四分点相関係数を計算せよ［→解説(2)］．

　(4) 求めた5個の係数間には，どのような関係があるか，列挙せよ．その結果，このケースがエラボレイションの諸類型中のいずれに該当するかを考えよ ［→解説(3)］．

　(5) キリアンとグリッグ［Killian and Grigg, 1962 : 661-665］によれば，都市の居住者は田舎の居住者に比べてアノミア（アノミー感覚）の程度が高い，という傾向がみられる［**表 2.12**］．この関係に潜むメカニズムを，さらに探究

するために，彼らは第3変数として人種（黒人／白人）を導入した．

表2.13のデータを用い，作業(2)～(4)にならってエラボレイションを行え．

表2.12 居住地とアノミア傾向　　　　　（単位：人）

Y. アノミア傾向	X. 居住地		計
	1. 田舎	2. 都市	
1. 高	116	257	373
2. 低	184	369	553
計	300	626	926

資料：[Killian and Grigg, 1962]．

表2.13 人種別，居住地別，アノミア傾向別の人数

変　数			人　数
Z（人種）	X（居住地）	Y（アノミア）	
1	1	1	97
1	1	2	114
1	2	1	187
1	2	2	249
2	1	1	19
2	1	2	70
2	2	1	70
2	2	2	120

注：カテゴリーは，
　　Z（人種）：1. 黒人，2. 白人
　　X（居住地）：1. 田舎，2. 都市
　　Y（アノミア）：1. 高，2. 低
資料：表2.12に同じ．

【問題】

(1) 2つの変数のカテゴリー数が2を超えるとき，関連係数としてはどのようなものを用いればよいか．定義式を考察せよ．

(2) 完全関連のときに極値をとる関連係数と，最大関連のときに極値をとる関連係数とは，どのように使い分ければよいか．例をあげて説明せよ．

(3) 表2.9に関しては，以下のような理由も，有力な仮説として考えられる．

　① 男は女に比べて酒を飲む傾向がある．したがって，男の方が酔っ払い運転の頻度が高い．

② 男は女より労働がきびしいので,運転するときに疲れている.
③ 男は女に比べて,危険な運転をしたがる.
④ 女は男よりも注意深いので,交通標識等の見落しが少ない.

以上の仮説の各々について,それを検証するためには,どのような変数を導入し,エラボレイション表間にどのような関係が存在すればよいか.

(4) 以下の各パターンは,エラボレイションの類型のどれに該当するか.理由を付して述べよ [Anderson and Zelditch, 1975 : 196].

パターン	$[XY]$	$[XY:Z_1]$	$[XY:Z_2]$
1	0.40	0.38	0.42
2	0.60	0.30	0.30
3	0.30	0.00	0.00
4	−0.40	0.30	−0.60
5	0.05	0.30	0.30

(5) 表2.14をエラボレイション表に変換せよ.また,どのタイプのエラボレイションかを判定せよ.

表2.14 自己評価に対する社会経済的地位と性別の影響
(自己評価の高い者の比率) (単位:%(人))

X. 社会経済的地位	Z. 性別	
	1. 男	2. 女
1. 高	55% (89)	47% (106)
2. 中	47% (1,383)	46% (1,311)
3. 低	36% (168)	41% (172)

注:比率は,例えば,89人のうち55%の者が自己評価が高く,45%(=100%−55%)の者が自己評価が低かったことを示している.
資料:[Rosenberg, 1968 : 108].

【解説】

(1) **クロス集計と分布比率** 2変数クロス集計(cross-tabulation)は,分析の出発点である.

例えば,ある製菓会社が,4,542人の女性に対してキャンデーの消費に関する調査を行い,キャンデーをよく食べる人が約67%(3,023人),あまり食べない人が約33%(1,519人),という結果を得たとしよう.このとき調査者には,「どのような人がよく食べ,どのような人があまり食べないのか」という

疑問が起るに違いない．そこで，もしその調査者が，「女の人は，結婚するとキャンデーを食べなくなるのではないだろうか」と考えたなら，彼（女）は，**表2.15**(a)のようなクロス集計を行うだろう．

表2.15 配偶関係とキャンデーに対する好み

(a) 実　数
(単位：人)

Y. 好み	X. 配偶関係		計
	1. 未婚	2. 既婚	
1. よく食べる	1,004	2,019	3,023
2. あまり食べない	333	1,186	1,519
計	1,337	3,205	4,542

(b) 比　率
(単位：％)

Y. 好み	X. 配偶関係		計
	1. 未婚	2. 既婚	
1. よく食べる	75.1	63.0	66.6
2. あまり食べない	24.9	37.0	33.4
計	100.0	100.0	100.0
（実数）	(1,337)	(3,205)	(4,542)

資料：[Zeisel, 1968：訳186-188] による架空例．

しかし，**表2.15**(a)を見て，結婚がキャンデーに対する好みに影響を及ぼしているか否かを検討するのは，不可能ではないが難しい．キャンデーをよく食べる人は既婚者の方に多いが，既婚者全体の数もまた未婚者よりも多いからである．このようなとき，比較を容易にするために，われわれは分布の比率（ないし％）をとる．

いまの例の場合，結婚→キャンデーという因果関係はありうるが，その反対の因果関係は考えられない．そこで，**表2.15**(b)のように，配偶関係別のパーセンテイジをとる（このように，比率や％は，原因を示す変数のカテゴリー別に計算するのが原則である）．すると，既婚者よりも未婚者の方がキャンデーをよく食べる人の比率が大きい（75％ 対 63％），ということが一目瞭然となる．

ただし，この差が有意なものか否かは，統計的検定［→2.3］の問題である．また，「配偶関係とキャンデーに対する好みとの間に因果関係がある」，あるいは「配偶関係はキャンデーに対する好みの規定要因である」という主張は，常

識的に考えてもきわめて怪しいものである*.いいかえれば,表2.15(b)が直接的因果関係を示すものであるかどうか,確かめることが必要である[→解説(3)(5)].

* ここではザイゼル[Zeisel, 1968]による架空例をデータとして用いているが,分かりやすくするために原著よりも議論を単純化している.

(2) 関連の測度　クロス集計表でみられた変数間の関連の程度を,量的に表現することができれば便利である.ここでは,2×2表[表2.16]に関する,3つの関連の測度(measure)を紹介しておく.

表2.16　2×2表の一般型 (単位:実数)

X \ Y	Y_1	Y_2	計
X_1	n_{11}	n_{12}	$n_{1.}$
X_2	n_{21}	n_{22}	$n_{2.}$
計	$n_{.1}$	$n_{.2}$	n

比率の差 d

$$d = p_{11} - p_{21} = \frac{n_{11}}{n_{1.}} - \frac{n_{21}}{n_{2.}} \tag{2.11}$$

ユールの関連係数 Q

$$Q = \frac{n_{11}n_{22} - n_{12}n_{21}}{n_{11}n_{22} + n_{12}n_{21}} \tag{2.12}$$

四分点相関係数 r

$$r = \frac{n_{11}n_{22} - n_{12}n_{21}}{\sqrt{n_{1.}n_{2.}n_{.1}n_{.2}}} \tag{2.13}$$

このうち,Q と r は,特によく用いられる.定義式から分かるように,両者は類似しており,ともに,

$$\frac{n_{11}}{n_{12}} = \frac{n_{21}}{n_{22}} \quad \text{すなわち} \quad \frac{n_{11}}{n_{21}} = \frac{n_{12}}{n_{22}}$$

のとき0(無関連)となる*.しかし,Q は最大関連[表2.17(a)]のとき極大(小)値±1をとるのに対して,r は完全関連[表2.17(b)]のとき極大(小)値±1をとる,という違いがある[安田・海野,1977:21-24].

表2.17 最大関連と完全関連

(a) 最大関連状態

	Y_1	Y_2
X_1	n_{11}	0
X_2	n_{21}	n_{22}

(b) 完全関連状態

	Y_1	Y_2
X_1	n_{11}	0
X_2	0	n_{22}

＊ 比率の差 d についても，(2.11) 式を変形すれば，
$$d = \frac{n_{11}n_{22} - n_{12}n_{21}}{n_1. n_2.}$$
となり，分子の部分は Q や r と共通である．つまり，表の数値を斜めに掛け合わせたもの同士の差が，2×2表における関連の共通の測度なのである．これをクロス積の差とよぶ．

試みに，表2.15(a)について Q と r を計算してみると，$Q=0.278$，$r=0.117$ となる．キャンデーの好みと配偶関係の間には，それほど大きくはないが，相関関係が認められる．

なお，2×2表以外のクロス集計表についても，さまざまな関連の測度が提唱されている［安田・海野，1977；Upton, 1978］．

(3) エラボレイション　解説(1)において，表2.15(b) が直接的因果関係を示すものであるかどうか，確かめる必要があると述べた．そこで，最初の2変数クロス集計表に，さらに第3変数を導入して，変数間の関係を明らかにしていく方法を，一般にクロス集計表のエラボレイション（elaboration）とよんでいる．

いま，Y を結果（被説明変数，従属変数），X をその原因（説明変数，独立変数）と考えられる変数とし，Y に影響を及ぼしていると予想して導入される第3変数を Z とする．このとき，ラザーズフェルド［Kendall and Lazarsfeld, 1950］はエラボレイションの考え方を，次のように定式化している．

$$[XY] = [XY:Z_1] \oplus [XY:Z_2] \oplus [XZ][ZY] \quad (2.14)$$

ここで，

$[XY]$：X と Y との関連（原相関）

$[XY:Z_1]$：第3変数 $Z=Z_1$ であるときの X と Y との関連（分割相関）

$[XY:Z_2]$：第3変数 $Z=Z_2$ であるときの X と Y との関連（分割相関）

$[XZ]$：X と Z との関連（周辺相関）

[ZY]：Z と Y との関連（周辺相関）

であり，それぞれ，**表2.11**(a)〜(e)に対して定義される（実際には，Q や r など，適当な関連係数を用いる）．また，⊕は，ウエイトづきの和であることを示している．

この5種類の相関の大きさ，特に $[XY]$，$[XY:Z_1]$，$[XY:Z_2]$ に着目すると，エラボレイションは，第3変数 Z の働きによっていくつかの型に分けられる（ただし，$[XY]≧0$ と仮定する）．

タイプ I：無効果（no effect）

$$[XY:Z_1] ≒ [XY:Z_2] ≒ [XY] \tag{2.15}$$

が成立する場合である．Z がどのような値をとろうとも，X と Y との関係に変化がみられない．つまり，Z は，X と Y との関係に影響を及ぼしていない［**図2.3**(a)］．

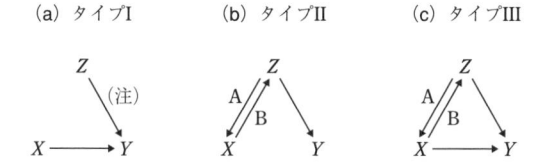

(a) タイプ I　　　(b) タイプ II　　　(c) タイプ III

図2.3 $[XY:Z_1] ≒ [XY:Z_2]$ の場合の因果関係のタイプ

注：$[ZY]=0$ の場合もありうる．

この場合，Z の導入は一見無駄だったように思われる．しかし，種々の Z について（2.15）式が成立することが確認されれば，$X→Y$ の直接的因果関係の存在が，それだけ確実性を増したことになる．

タイプ II：エクスプラネイションとインタープリテイション

$$[XY:Z_1] ≒ [XY:Z_2] ≒ 0 \tag{2.16}$$

が成立する場合である．このとき，(2.14)式は，

$$[XY] = [XZ][ZY]$$

となる．つまり，X と Y との間にみられた関連は，X と Z，Z と Y の関連によってすべて説明される［**図2.3**(b)］．

このタイプ II は，第3変数 Z の性質によって，さらに2つのタイプ（IIA, IIB）に分けられる．

タイプ IIA は，第3変数が，X，Y の両変数に対して因果的に先行する（X,

Y両変数に共通の原因が存在する）場合である．

例えば，表 2.15 (a) に対して，年齢という第 3 変数を導入して，3 変数クロス集計表を作成すると，表 2.18 のようになる．

表 2.18 配偶関係，年齢とキャンデーに対する好み (単位：%)

Y. 好み	Z. 年齢 X. 配偶	1. 低年齢			2. 高年齢			計
		1. 未婚	2. 既婚	計	1. 未婚	2. 既婚	計	
1. よく食べる		79.0	81.1	80.4	60.1	58.0	58.2	66.6
2. あまり食べない		21.0	18.9	19.6	39.9	42.0	41.8	33.4
計		100.0	100.0	100.0	100.0	100.0	100.0	100.0
(実数)		(1,006)	(618)	(1,624)	(331)	(2,587)	(2,918)	(4,542)

資料：表 2.15 に同じ．

そこで，r を計算してみると，

$$r_{[XY]} = 0.117$$
$$r_{[XY:Z_1]} = -0.025, \quad r_{[XY:Z_2]} = 0.014$$
$$r_{[XZ]} = 0.552, \quad r_{[ZY]} = 0.218$$

となり，(2.16) 式が近似的に成立する．

これは，3 変数間に $X \leftarrow Z \rightarrow Y$ という関係が存在することを示している．つまり，女性が結婚するとキャンデーを食べなくなるようにみえたのは，女性は年齢が高くなるとキャンデーを食べなくなる傾向があり（$Z \rightarrow Y$），かつ，年齢の高い者には既婚者が多い（$Z \rightarrow X$），という関係によって作り出された，見せかけの相関（疑似相関 spurious correlation）だったのである [Zeisel, 1968]．

このタイプのエラボレイションを，ラザーズフェルドはエクスプラネイション（explanation 説明）とよんでいる．

タイプ IIB は，第 3 変数が，$X \rightarrow Y$ という因果連鎖の中間に位置する場合（$X \rightarrow Z \rightarrow Y$）である．作業(2)で扱った交通事故の例は，このタイプである．

このタイプのエラボレイションを，ラザーズフェルドはインタープリテイション（interpretation 媒介）とよんでいる*．

* なお，変数の因果的な前後関係の推定は，常識や学問的蓄積を動員し，思考実験によって行う以外にない．例えば，キャンデーの問題において，$X \rightarrow Z$，$Y \rightarrow Z$ はありうるか．

タイプ III：付加効果（additional effect）

$$[XY:Z_1] \fallingdotseq [XY:Z_2] \not\fallingdotseq [XY]$$

かつ

$$[XY:Z_1] \fallingdotseq [XY:Z_2] \not\fallingdotseq 0 \qquad (2.17)$$

が成立する場合である．その結果，(2.14) 式の $[XY:Z_1] \oplus [XY:Z_2]$，$[XZ][ZY]$ のいずれもが 0 とはならない．

ところで，タイプ II からも明らかなように，(2.14) 式の $[XY:Z_1] \oplus [XY:Z_2]$ は，Z の影響を除去した後の，純粋な X と Y との関係の大きさ（偏相関）を示している．したがって，タイプ III では，$X \to Y$ という直接的因果関係が存在すると同時に，$X-Z-Y$ という関係が，X と Y との関係の大きさに影響を及ぼしているのである [図 2.3(c)]．

予想されるように，タイプ I〜III の中では，現実に最もよく現われるのがタイプ III である．また，タイプ II と同様，このタイプについても，第 3 変数 Z の性質によって，IIIA および IIIB という区別を行うことができる．

タイプ IV：スペシフィケイション

$$[XY:Z_1] > [XY] > [XY:Z_2]$$

あるいは

$$[XY:Z_1] < [XY] < [XY:Z_2] \qquad (2.18)$$

が成立する場合である．$[XY]$ が $[XY:Z_1]$ と $[XY:Z_2]$ のちょうど平均のような形になっているので，(2.14) 式の $[XZ][ZY]$ には，あまり考慮を払う必要がない．

例えば，これもザイゼル [Zeisel, 1968] が作った架空例をみてみよう [**表 2.19**]．

表 2.19 年齢，性別と某食品の使用状況

(単位：%)

Y. 使用	Z. 性別 X. 年齢	1. 男			2. 女			計
		1. 40歳未満	2. 40歳以上	計	1. 40歳未満	2. 40歳以上	計	
1. 使 用		36.0	22.9	30.3	20.0	16.9	18.7	24.5
2. 不使用		64.0	77.1	69.7	80.0	83.1	81.3	75.5
計		100.0	100.0	100.0	100.0	100.0	100.0	100.0
(実数)		(619)	(480)	(1,099)	(605)	(472)	(1,077)	(2,176)

資料：[Zeisel, 1968：訳 171] による架空例．

ここで,
$$r_{[XY]} = 0.094$$
$$r_{[XY:Z_1]} = 0.141, \quad r_{[XY:Z_2]} = 0.039$$
$$r_{[XZ]} = 0.002, \quad r_{[ZY]} = 0.135$$

タイプ IV の特徴は, $r_{[XY:Z_1]} \not= r_{[XY:Z_2]}$ で示されるように, Z のカテゴリーによって, X と Y との関係の状況が異なっていることである. 表2.19 では, 男の場合は年齢と使用状況に関連があるが, 女の場合は無関係に近い. すなわち, X と Z とは, タイプ III のようにそれぞれ単独にではなく, 結合して Y に影響を与えている. この関係を交互作用 (interaction) という. なお, このタイプの場合, 一般に $[XZ] \fallingdotseq 0$ であるから, $[XZ][ZY] = 0$ となる.

このタイプの特殊な場合として, 疑似無相関 (spurious non-correlation) がある. 作業(5)のアノミアの例は, これにかなり近い. つまり, $[XY:Z_1]$ と $[XY:Z_2]$ の符号が異なることによって, $[XY] \fallingdotseq 0$ となり, みかけ上の無相関が現われるのである.

このタイプのエラボレイションを, ラザーズフェルドはスペシフィケイション (specification 特定) とよんでいる.

タイプ V：混合型 (compound effects)

$$([XY:Z_1] \not= [XY:Z_2]) > [XY]$$

あるいは

$$([XY:Z_1] \not= [XY:Z_2]) < [XY] \qquad (2.19)$$

が成立する場合である. このことから, (2.14) 式に関して,

$$[XY:Z_1] \oplus [XY:Z_2] > [XY] > [XZ][ZY]$$

あるいは,

$$[XY:Z_1] \oplus [XY:Z_2] < [XY] < [XZ][ZY] \qquad (2.20)$$

が成立する.

すなわち, X と Z は結合して Y に影響を及ぼす (交互作用) と同時に, それとは別に, その影響を打ち消す形で, $X-Z-Y$ という関係が存在している, と解釈しなければならない [→表2.20]. また, (2.20) 式から明らかなように, このタイプ V でも, $[XY]$ が疑似無相関となる場合がある.

(4) **エラボレイションの手順と意義** エラボレイションの一般的な手順は,

表2.20　職業, 性別と年収　　　　　　　　　　　(単位：%)

Z. 性別		1. 男			2. 女			計
	X. 職業	1. ホワイトカラー	2. ブルーカラー, 農業	計	1. ホワイトカラー	2. ブルーカラー, 農業	計	
Y. 年収								
1. 4000ドル以上		61.6	35.7	44.9	12.3	2.4	7.9	33.4
2. 4000ドル未満		38.4	64.3	55.1	87.7	97.6	92.1	66.6
計		100.0	100.0	100.0	100.0	100.0	100.0	100.0
(実数)		(151)	(272)	(423)	(108)	(83)	(191)	(614)

注：$Q_{[XY]}=0.283$, $Q_{[XY:Z_1]}=0.486$, $Q_{[XY:Z_2]}=0.694$, $Q_{[XZ]}=-0.402$, $Q_{[ZY]}=0.810$.
資料：[Davis, 1971：95].

以下の3段階にまとめられる.

① 準備　2変数クロス集計の結果, 相関が見出されたならば, それがなぜ生じたかを考え, その相関に影響を及ぼしていると思われる第3変数を導入して, 3変数クロス集計を行う（ただし, はじめに相関が無かったからといって, そこであきらめてはいけない. 疑似無相関の可能性もあるからである）.

次に, 集計結果をエラボレイション表[→表2.11]に分解し, 適当な関連係数を算出する.

② 判定　関連係数間の関係にもとづいて, エラボレイションのタイプを判定する. 図2.4のフローチャート（流れ図）を用いると便利である.

③ 解釈　タイプが決まったならば, 再びエラボレイション表および3変数クロス集計表に戻り, 比率の計算などの補助的作業を行いつつ, 変数間の因果関係を解釈する.

ところで, 実際にエラボレイションを行ってみると, タイプIIやタイプIIIのように, ある意味ですっきりした結果の得られることは, それほど多くはないことがわかる. それでは, エラボレイションは実用的な価値がないのかといえば, そうではない.「社会現象にはさまざまな要因が複雑にからまりあっている」という常識的な結論に落ち込む前に, まずタイプIIやタイプIIIではないかと疑い, それを明確に否定しておくことが重要なのである.

(5) 統計的説明　エラボレイションについての考察は, また, ある事象を「統計的に説明する」ということの意味を明らかにする.

前出のキャンデーについての調査を例に,「なぜ, ある人びとはキャンデー

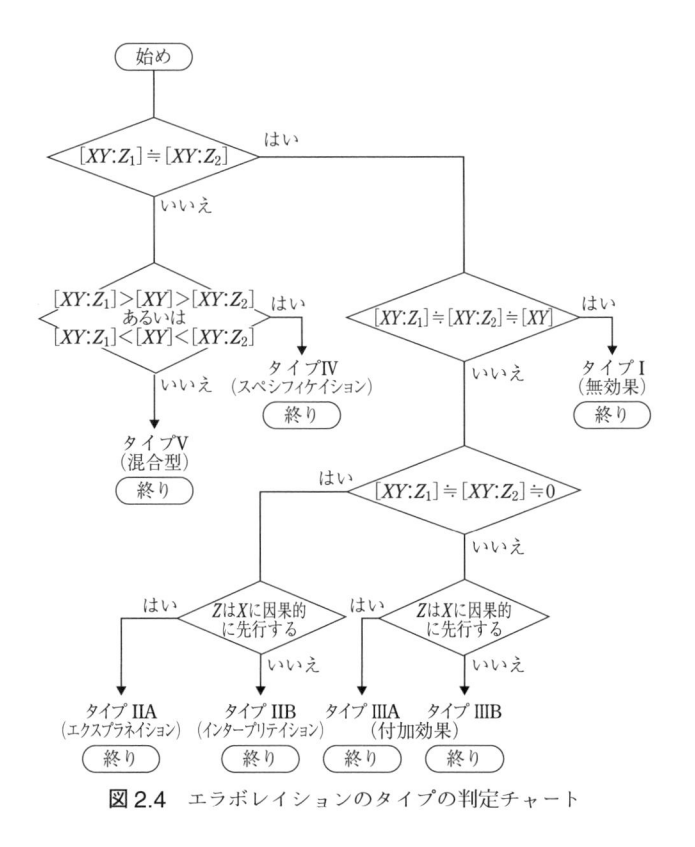

図 2.4 エラボレイションのタイプの判定チャート

をよく食べ，ある人びとはあまり食べないのか」を統計的に説明するという問題を考えてみよう．

ここで，まず重要なことは，この問題に答えるためには，キャンデーをよく食べる人と，あまり食べない人がいなくてはならない，ということである．いいかえれば，統計的説明の対象となり得るのは，個体のとる値に，「よく食べる」─「あまり食べない」というように，バラツキ（これを，量的変数の場合にあわせて，以下，変動 variation とよぶ）のある事象（変数）なのである．逆に，変動の無い事象は統計的説明の対象になり得ない．例えば，個体数が1の場合がそうである（統計学が大量現象を扱うといわれるのは，この意味においてである）．また，キャンデーの調査の結果，仮にすべての回答者が「よく食べる」と答えたとしたら，変動がないのだから，「なぜ女性はキャンデーを

よく食べるのか」を統計的には説明できない．この場合には，男性とかキャンデーをあまり食べない女性とかを標本に加えて，変動を作り出さねばならない．

それでは，変動が統計的に説明されるとは，どういうことか．2つの極端なタイプを考えてみよう．

いま，キャンデーの問題の説明のために配偶関係という変数を導入し，クロス集計を行ったところ，仮にすべての未婚者が「よく食べる」，すべての既婚者が「あまり食べない」と答え，ちょうど**表2.17(b)**のような集計表ができ上ったものとしよう．これが統計的に完全に説明された状態である．すなわち，被説明変数に関する情報が説明変数によって完全に与えられている．説明変数のカテゴリー別に被説明変数の変動をみてみると，いずれも一方のカテゴリー（よく食べる，または，あまり食べない）に集中して，最初の変動は消滅したことになる．変数 Y の変動の大きさ*を (2.14) 式にならって $S_{[Y]}$ と表現するならば，

$$S_{[Y:X_1]} = S_{[Y:X_2]} = 0$$

したがって，$S_{[Y:X_1]}$ と $S_{[Y:X_2]}$ の和（これを級内変動とよぶ）も，

$$S_{[Y:X_1]} \oplus S_{[Y:X_2]} = 0$$

である．変動が完全に消滅したのだから，これ以上は統計的説明の対象になり得ず，説明は完全だということになる．

* 変動の大きさは，量的変数の場合には，
$$S = \sum_{i=1}^{N}(X_i - \bar{X})^2$$
と定義される．これを個体数 N で割ったものが分散である．質的変数（比率）の場合には，
$$S = P(1-P)$$
という測度を考えることができる．$P=0.5$ のとき S は最大値 0.25 をとり，$P=1$ または 0 のとき最小値 0 をとる．

逆に，説明がまったくできないという状態も考えることができる．これは，説明変数を導入してカテゴリー別にみても，被説明変数の変動が変化しないという場合である．このときには，説明変数は，被説明変数に関する情報をまったく与えてくれない．すなわち，

$$S_{[Y:X_1]} = S_{[Y:X_2]} = S_{[Y]}$$

この場合には,
$$S_{[Y:X_1]} \oplus S_{[Y:X_2]} = S_{[Y]}$$
となる. 例えば, **表2.18**において, 年齢が一定(低年齢または高年齢)という条件の下では, 配偶関係 (X) のカテゴリーによるキャンデーに対する好み (Y) の変動には, ほとんど差がみられない.

現実には, これら両タイプの中間, つまり,
$$S_{[Y]} > S_{[Y:X_1]} \oplus S_{[Y:X_2]} > 0$$
となることが多い. このとき, 減少した変動の大きさを, 説明変数の説明力ということができる.

ところで, 説明変数, 被説明変数間の関連の大きさが説明力と関係をもっていることは, 明らかである [→解説(2)]. 統計的説明が完全に行われる場合には, 関連(相関)係数は最大(小)値をとり, 説明がまったく行われない場合には, 無関連 (0) となる. なお, 積率相関係数 [→2.6 解説(6)] の二乗 r^2 は, 変動の減少率に一致することが知られている.

以上の解説から明らかなように, 統計的説明と日常的な意味での説明とは, 決して同じものではない. 例えば, 上の例において, キャンデーに対する好みが配偶関係によって統計的には完全に説明されたとしても, それを, 最初の「なぜ, ある人びとはキャンデーをよく食べ, ある人びとはあまり食べないのか」という問題についての説明として, 納得する人はいないだろう.「それでは, なぜ, 未婚者はキャンデーをよく食べ, 既婚者はあまり食べないのか」という, 新たな問題が生じてくる.

このように, 極端な場合には, 前の説明変数を別の説明変数で説明するということを繰り返して, 無限の遡及が必要になる. われわれは, どのような状態になったときに, 実質的な説明ができたものとして, 遡及を止めることが許されるだろうか. いいかえれば, 統計的説明と実質的説明とは, どう結びつくのだろうか. これには, 2つの条件が考えられる.

第1は, 統計的説明が既存の確立された理論に一致ないし包摂される場合である. 例えば, キャンデーの問題に関して,「結婚生活は女性のホルモン分泌に変化を及ぼし, 味覚を変化させるホルモンが生成されるようになる」という理論が仮に確立されているとすれば, 配偶関係による統計的説明は, 同時に実

質的な説明になり得る.

第2は,一般に受け容れられている日常的あるいは学問的常識によって,統計的説明が諒解できる場合である.例えば,キャンデーの問題についてのエラボレイションの結果,$X \leftarrow Z \rightarrow Y$という因果的説明が統計的説明にもとづいて採用された.ここでの$Z \rightarrow Y$という関係,すなわち,年齢とキャンデーに対する好みの関係が受け容れられたのは,年齢とともに嗜好が変化するという経験的事実が存在し,しかもそれを当然のこととみなす常識が存在するがゆえに,「なぜ変化するのか」という問題が生じなかったからにほかならない.第1の条件に比べて恣意性は高いが,現実の調査結果の分析においては,この第2の条件によって統計的説明と実質的説明とが結びつけられる場合の方が,ずっと多い.

いずれにしても,統計的説明は実質的説明の前提となるものである.

(6) 因果分析の諸方法　変数間の因果関係を探る方法は,エラボレイションだけではない.サイモン（H. A. Simon）＝ブレイラック（H. M. Blalock）の因果推論法［安田・海野,1977］,パス解析（path analysis）［盛山,1983］,対数線型モデル（log-linear model）［Upton, 1978］など,研究の現場で盛んに使われている方法もある.また,［Davis, 1971］［Boudon, 1971］［原,1983］が,共に統一的視点から,クロス集計表分析の方法を扱っている.

ただし,これらの方法も,基本的な考え方はエラボレイションの場合と同一であって,変数間の何らかの関連の測度が,分析のためのデータとなる.また,分析の結果が因果関係の大きさについての情報は与えてくれても,因果関係の方向についての情報は与えてくれない点も,同様である.

これに対して,エラボレイションがこれらの方法,特にパス解析などと異なっているのは,同時に扱い得る変数の数がせいぜい3変数程度と,限られている点である.これ以上になると,クロス集計表は大変見にくいものになってしまう.エクスプラネイション（タイプIIA）の例で明らかなように,従属変数に関係していると考えられる変数は,すべて同時に集計しないとしばしば誤った結論を導いてしまうから,これはエラボレイションの大きな欠点である.

しかし,エラボレイションあるいはクロス集計表の分析が,他の方法によって完全に代替できるわけではない.

第1に，上にあげた方法のなかには，交互作用を扱えないものが多い．クロス集計表では，交互作用をはじめとして，変数間の細かい関係を読み取ることが容易である．

　第2に，クロス集計表による表示は，多くの人びとにとって見なれた形式であるため，それにもとづく分析は，説得力が高い．

　そこで，多変数の処理が可能な多変量解析法による全体的な見取図を得て，次に，被説明変数との関連が特に大きい変数を選び出し，エラボレイションなりクロス集計表の分析を行うというように，組合わせて用いることにすれば，より的確で有効な分析が可能となろう．

【文献】

［Rosenberg, 1968］［Zeisel, 1968］［Davis, 1971］［Boudon, 1971］［安田・海野, 1977］［Upton, 1978］［盛山, 1983］［原, 1983］［Bohnstedt and Knoke, 1988］

2.5 コウディング（職業分類）

【時間】 2時間×1回

【資料】 第5回SSM調査（1995年）結果［資料3.4］

【道具】 総務省統計局統計基準部編（1998）『日本標準職業分類』全国統計協会連合会（［安田・原，1982：95-110］に要約が再録されている．ただし，これは旧い版によっており，分類が多少異なる．大分類に関しては，E.農林業作業者とF.漁業作業者を，I.技能工，生産工程作業者とG.採鉱・採石作業者およびJ.単純労働者を，それぞれ統合すれば，1998年の版にほぼ一致する）

【作業】

職業分類について知り，コウディングの練習をする．

(1) 解説(4)をよく読んで，日本標準職業分類の原則を把握する．

(2) 資料3.4の各回答者の現職について，〈仕事の内容〉欄の記述にもとづき，日本標準職業分類の大分類A～Jへのコウディングを行う（無職のコウドはXとする）．結果は，表2.21にならって記録せよ．

表2.21 コウディング結果記入表

番号	従業先の名称	従業先の事業内容	本人の仕事の内容	コウド	特記事項（注釈・疑問）
001	○○市スポーツ振興事業団	学校施設使用サポート	管理指導員	?	
002	○○魚市場		魚市場のせり	?	
003	(有) ○○薬局		事　務	?	

︙

コウディングの際には，「日本標準職業分類」の例示職業名をたんねんに検索するとともに，調査結果のうちの〈従業上の地位・役職〉〈従業先の事業内容〉〈従業先の雇用者数〉，さらに〈年齢〉〈最終学歴〉〈個人収入〉等の欄も参考にして，なるべく正しく本人の職業を把握するように努める．

また，職業は，あくまでも個人の仕事に対して定義されることにも，注意せねばならない．例えば，仮に学校に勤務していても，事務に専念しているのであれば，A. 専門的・技術的職業従事者（教員）ではなくて，C. 事務従事者（事務員）である．

なお，コウディングを分担してはいけない．各自が100人分の作業を経験すること．

(3) 解説(5)の正解と比較する．

【問題】

(1) 正解と比較したときの自分の誤りについて，1つひとつ，その理由を考えよ．また，全体的な誤りの傾向についても考察せよ．

(2) 日本標準職業分類の大分類について，自分の専門領域（例えば，社会学とか社会心理学）の分析の用具という点からみた，欠点を指摘せよ．

(3) 調査対象によっては，日本標準職業分類をそのままあてはめても無意味な場合がある．①米作地の農村調査，②自分の大学（ないし学部）の卒業生の調査，の場合の職業（大）分類体系を考えよ．一般論ではなく，具体的な分類基準と分類カテゴリーを示すこと．

(4) 調査員が面接調査で職業をたずねる場合，特にどんな点に注意しなければならないか．

【解説】

(1) コウディングと質問形式　コウディング（coding）とは，①調査対象者の回答をいくつかのカテゴリーに分類し，②それらのカテゴリーに対して一定の記号（コウド code）を定め，③個々の回答を所定のコウドで記号化する（狭義のコウディング），という作業の総称である．

コウディングのやり方には，プリコウディング（pre-coding）とアフターコウディング（after-coding）とがあり，質問（回答）形式における選択回答法と自由回答法に，それぞれ対応している［→2.9 調査票の作成］．プリコウディングとは，あらかじめ分類と記号とが定められていて，調査票に選択肢という形で印刷されており，回答者にそれらのうちから選択してもらえば，事実

2.5 コウディング（職業分類）

上コウディングは終了してしまうものである．

アフターコウディングとは，調査の際には回答者に自由に話して（回答して）もらって，それをそのまま記録しておき，調査終了後，調査票をながめながら，上記の①～③の作業を行うという方法である．なお，中間的な形態として，回答者には自由に回答してもらい，それを調査員が判断して，あらかじめ定められたカテゴリーのいずれかに分類する，というやり方もある．

この2つのコウディングのやり方の前提となっている質問（回答）形式を比較すると，第1に，選択回答法（プリコウディング）では，①調査および調査後の処理が簡単であるのに対して，自由回答法（アフターコウディング）では，①′調査の際には，回答を的確に記録するための調査員の高い能力が要求され，調査後の処理も煩雑である．

しかし，第2に，選択回答法では，②回答者は，選択肢のどれもが自分の回答とは微妙にくい違っていたり，実はその質問について何の回答（意見・意識）も持っていない場合であっても，選択肢が提示されているので，むりやりどれかのカテゴリーを選んでしまう恐れがある．これに対して，自由回答法の場合には，②′記録がうまく行われていれば，回答の微妙なニュアンスを知ることができる．ただし，分析という作業には，回答のカテゴリー化（categorization）による集約という過程が必ず含まれるのであって，アフターコウディングの結果，回答の細かいニュアンスが捨象されざるを得ない場合も，決して少なくない．また，自由回答法では，調査者が期待したのとはまったく異なった次元で回答がなされることがあったり，回答の差異が，意見・意識の差異ではなくて，回答を文章の形にまとめる能力の差異であって，慣れていない人は，つい「わからない」と答えてしまいがちである，という欠点がある．

結局，社会調査においては，可能な限り選択回答法（プリコウディング）を採用すべきである．②の欠点については，回答者に対して，選択肢以外の回答（「その他」）が可能であることをはっきりと知らせるとともに，調査員には，「その他」の回答の内容を詳しく記録させ，アフターコウディングによって，既存のカテゴリーのいずれかに含めるか，あるいは，新しいカテゴリーを追加することによって，ある程度防止することができるだろう．

これに対して，自由回答法（アフターコウディング）の方は，本調査におけるプリコウディングのカテゴリーを設定するために，予備調査の段階で用いるのに適している．そして，本調査におけるアフターコウディングの使用は，①どのような回答が現われるか見当がつかない場合，②回答がきわめて多様であって，どのカテゴリーにあてはまるか，回答者が判断することが困難な場合（例えば職業），などに限定すべきである．

(2) コウディングの留意点　コウディングの際に特に留意すべき点について，以下に述べておく．

分類カテゴリーの設定

① すべての回答がいずれか1つのカテゴリーに分類できるよう，カテゴリーの全体が回答の全範囲をカバーし，かつ各カテゴリーは，たがいに排反的でなければならない．

② 各カテゴリーの区別は，合理的で明快でなくてはならない（特に，選択回答法の場合，回答者が選択に迷うようであってはならない）．

③ 分類カテゴリーの数は，少なすぎると異質の回答が混在することになる．逆に多すぎると全体的把握が困難になるので，適当な数（せいぜい10個以内）におさえておく必要がある（選択回答法の場合に，回答者が選択肢の全体を見渡して比較することが可能な程度）．

ただし，コンピュータを用いれば，集計・分析の際にカテゴリーを統合することは容易である．したがって，アフターコウディングの場合には，なるべくカテゴリーを細かくしておいた方が，後での利用価値は高い．例えば，職業分類は大分類よりも小分類の方が，また，収入のように実数値（円）で得られるものは，その値をそのままコウド記号としておくのがよい．

④ 他の同種のデータとの比較が可能になるように，なるべく過去のすぐれた調査と類似の分類カテゴリーを採用すべきである．職業のように標準的な分類があるならば，それに従うのがよい．

コウドの決定

① コウドは，普通，数字（0～9）あるいはアルファベット（A～Z）の用いられることが多い．ただし，手集計の場合には，各カテゴリーの内容を要約した熟語などで表現する方が，使いやすいだろう．

② コウドは1桁である必要はなく，2桁以上が必要な場合も多い．そして，例えば地域を分類するとき，3桁をとり，最初の1桁で地方（北海道，東北，……）を，後の2桁で都道府県［→③のJISコウドを参照］を表わすというように，階層的なコウドの構造にしておくと，使いやすいことが多い．

③ コウドもなるべく標準的な使用法に従うのがよい．例えば，

「わからない」「不明」9または99

性別　男性1, 女性2（JISコウド）

都道府県　北海道01, 青森02, ……, 沖縄47（JISコウド）

職業　日本標準職業分類コウド

産業　日本標準産業分類コウド

などである．特にコンピュータを使う場合には，共通の処理プログラムを利用することができて，手間がはぶける．

回答のコウド化

① プリコウディングの場合には，回答者に選択肢の中から，自分の回答に合致するものを選んでもらうことが，コウディングになる．したがって，まず，提示される選択肢が単純明快なものでなくてはならない．また，調査員に対しては，中間的な回答やあいまいな回答などを，どのように処理するかということに関する，細かい指示を与えておかなければならない［→資料3.5B調査員の手引］．

② アフターコウディングの場合にも，常に同一の基準でコウディングが行われるよう，調査員の手引と同様の，コウディングの手引（コウド・ガイド）を作成しておかなければならない．

③ コウディングの結果にもとづいて，コンピュータで処理するための磁気ファイル，あるいは手集計カードなどが作成される．コンピュータによる処理の場合，コウディングの結果をいったん別の用紙（コウディングシート）に転記してから，仕事を進めることもあるが，むしろ，資料3.5Aの調査票の例に示したように，各ページの右側等に記入欄を作っておいて，これを見て直接入力するやりかたの方が，転記のミスも防止できてよいだろう（手集計カードについては，[福武，1984：227-231] を見よ）．

(3) **職業分類**　職業は，性，年齢などとともに，社会調査における基礎的な

調査項目の1つである．なぜなら，現代社会において，職業は，人びとの基本的な社会的役割と社会的地位の，重要な決定要因だからである．また，そのことによって，生活様式，社会関係，社会的態度，パーソナリティなどに，大きな影響を与えると考えられるからである［安田・原，1982：87］．

職業は，社会調査の実施の際，アフターコウディングが必要な項目の代表的なものである．多種多様な仕事の内容（あるいは職業名）に関して，作業(2)で注意したように，それ以外の要素も勘案した総合的な判断を，回答者ないし調査員に求めることは危険である．

例えば，表2.22は，同一の母集団から抽出した標本に対して，選択回答法（プリコウディング）と自由回答法（アフターコウディング）で，父親の職業をたずねた結果を比べたものである．両者の分布は比較的よく似ているけれども，プリコウディングの方に，業主・専門・管理・サラリーマンという，相対的に地位の高い職業の比率が高くなる，という傾向のあるのがみてとれる．

表2.22 質問（回答）形式と父職の分布

(単位：％)

質問（回答）形式	自営業主・中小企業主	専門的・技術的職業	管理的職業	大企業のサラリーマン（従業員1000人以上）	中小企業のサラリーマン（従業員1000人未満）	大企業の工員	中小企業の工員，販売店員	農林漁業	計（実数）
選択回答法	32.9	6.0	12.1	14.1	9.4	1.3	9.4	14.8	100.0 (149)
自由回答法	30.6	5.0	11.0	8.7	5.8	7.1	12.3	19.5	100.0 (481)

注：表中の職業名は，選択回答法の選択肢と同一である．
資料：自由回答法はYAS I 調査（1978年）［→資料3.5］．選択回答法は比較のための補充調査．

時間やスペースの都合で，プリコウディングを採用する場合には，よほど簡単でわかりやすい分類でなくてはならない．

現在，わが国で用いられている，最も細かくて詳しい職業分類は，行政管理庁の「日本標準職業分類」［→解説(4)］である（364職種）．これは，個人が職業活動として行っている分業が，社会的にどの程度仕事の種類として確立しているかを考慮して，次のような点を基準に分類カテゴリーが設定されている．

　① 個人が従事する仕事の形態．
　② 必要とされる知識または技能．
　③ 生産される財貨または提供されるサービスの種類．

④ 使用する原材料・道具・機械器具・設備の種類.
⑤ 作業に従事する場所および環境.
⑥ 事業所またはその他の組織の中で果す役割.
⑦ その仕事に従事する人数.

ところで，社会調査結果の分析では，この分類がそのまま用いられることもあるが［→2.7 解説(1)］，10 カテゴリー程度に大分類して用いられることが多い．ただし，日本標準職業分類の大分類は，必ずしもあらゆる分析にとって最適というわけではない．そこで，分析目的にそった形で，独自に分類し直して用いることが必要である［安田・原，1982：87-89］．

なお，職業についての質問のしかたの一例が，資料3.5A の調査票（問14〜16）に示されている．

(4) 日本標準職業分類　日本標準職業分類は，表2.23 に示したように，3段階の分類から構成されている．

表2.23　日本標準職業分類の分類体系

	大分類	中分類	小分類
A	専門的・技術的職業従事者	20	75
B	管理的職業従事者	4	10
C	事務従事者	7	21
D	販売従事者	2	13
E	サービス職業従事者	6	27
F	保安職業従事者	3	11
G	農林漁業作業者	3	14
H	運輸・通信従事者	5	21
I	生産工程・労務作業者*	30	171
J	分類不能の職業	1	1
(計)	10	81	364

*亜大分類3が設けられている.

以下，職業の定義，職業の決定方法，大分類，に関する原則だけを紹介する．

職業の定義

職業とは，個人が継続的に行っており，かつ，収入を伴う仕事をいう．

仕事の継続性とは，仕事が一時的ではなく，下記のいずれかに該当することを意味する．

① 毎日・毎週・毎月等の周期をもって行われている．

② 季節的に行われている．
③ 明瞭な周期をもたないが続けて行われている．
④ 現に持っている仕事を引き続きそのまま行う意志と可能性がある．

収入を伴う仕事とは，現金，現物，また名目のいかんを問わず，賃金・給料・利潤（個人業主）・その他の報酬を伴う，社会的に有用な仕事である．この際，仕事の結果得られる収入は断続的であってもよい．なお，自分の属する世帯の家業に従事している家族従業者の仕事は，賃金・給料などの報酬を受けているかどうかは，必ずしも明瞭ではないけれども，継続的に一定時間（例えば，1日平均2時間，あるいは通常の就業者の就業時間の3分の1以上など）就業していれば，その仕事を職業とみなす．

仕事をしないでも収入がある場合は，職業に従事していることにはならず，また仕事をしていても収入を伴わない場合は，その仕事は職業とはならない．

仕事をしないでも収入があるというのは，以下のような場合をいう．
① 利子・株式配当・家賃・間代・小作料・権利金などの財産収入を得ている場合（ただし，アパート経営・貸金などを業として営んでいると判断される場合は職業とみなす）．
② 恩給法・生活保護法・厚生年金法・雇用保険法などの社会保障による収入を得ている場合．
③ 小遣い・仕送り金などの贈与を受けている場合．
④ 競馬・競輪・パチンコなどの配当または賞品を得ている場合．
⑤ 預貯金引出，保険金受取，借入，土地・株券などの売却により収入を得ている場合．
⑥ 自己所有の株券などの売買差益により収入を得ている場合．
⑦ 学生・生徒が奨学金などを得ている場合．
⑧ 職業訓練施設において，職業訓練生が訓練手当・褒奨金を得ている場合．

仕事をしていても収入を伴わないというのは，以下のような場合をいう．
① 自分の属する世帯のための家事・家庭菜園の作業，または小遣い程度の収入を得て，子守・留守番などに従事している場合．
② PTAの役員などのように無給の奉仕的活動に従事している場合．

また，法律違反行為，すなわち，窃盗・恐喝・賭博・売春・密輸など，および受刑者の仕事は職業とはみなさない．

職業の決定方法

職業は，個人が単一の分類項目に該当する仕事に従事している場合は，その仕事により決定するが，特に，複数の分類項目に該当する仕事に従事している場合は，次の原則によって1つの分類項目に決定する．ただし調査の目的によっては，職業の決定方法はこの原則によらないでもよい．

[1] 2つ以上の勤務先で異なる職業に従事している場合

ア．就業時間*の最も長い職業をとる．

イ．アにより難い場合は，収入*の最も多い職業をとる．

ウ．アおよびイにより難い場合は，調査時最近に従事した職業をとる．

[2] 1つの勤務先で各種の仕事に従事しており，仕事の種類が複数の分類項目にわたり，容易に分類項目を決め難い場合

ア．就業時間*の最も長い仕事による

イ．アにより難い場合は，技能の種類および程度などに着目し，次にあげる大分類の順位に従い，優先度の高いグループに属する仕事による．

(ア) 農林漁業作業者

(イ) 生産工程・労務作業者

(ウ) 運輸・通信従事者

(エ) 保安職業従事者

(オ) サービス職業従事者

(カ) 専門的・技術的職業従事者

(キ) 販売従事者

(ク) 管理的職業従事者

(ケ) 事務従事者

ウ．アおよびイのいずれにもより難い場合は，主要過程または最終過程の仕事による．

[3] 特に，自衛官・警察官・海上保安官・消防員の身分を持つものは，仕事の内容のいかんにかかわらず，それぞれ自衛官・警察官・海上保安官・消防員を職業とする．

* 期間について，特に定めのない場合は通常の状態の，定めのある場合はその期間の就業時間または収入により判定する．

職業大分類

(A) 専門的・技術的職業従事者

高度の専門的水準において，科学的知識を応用した技術的な仕事に従事するもの，および医療・法律・教育・宗教・芸術・その他の専門的性質の仕事に従事するものをいう．

この仕事を遂行するには，通例，大学（短期大学を除く）の課程を修了するか，またはこれと同程度以上の専門的知識を必要とする．

(B) 管理的職業従事者

事業経営方針の決定・経営方針に基づく執行計画の樹立・作業の監督・統制など，もっぱら経営体の全般または課（課相当を含む）以上の内部組織の経営管理に従事するものをいう．国・地方公共団体の各機関の公選された公務員も含まれる．

ただし，次の業務に従事するものは含まれない．

① 経営管理以外の仕事に直接従事する事業主・支配人・管理職員は［C 事務従事者］以外のそれぞれ該当する項目に分類される．

② 校長・病院長・診療所長・歯科病院長・歯科診療所長・研究所長・裁判長・検事総長・検事長・検事正・公正取引委員会審査長・特許庁審判長・海難審判庁審判長は［A 専門的・技術的職業従事者］に分類される．

③ 自衛官・警察官・海上保安官・消防員は［F 保安職業従事者］に分類される．

(C) 事務従事者

一般に課長（課長相当職を含む）以上の職務にあるものの監督を受けて，庶務・文書・人事・会計・調査・企画などの仕事，ならびに生産関連・営業販売・外勤・運輸・通信に関する事務および事務用機械の操作の仕事に従事するものをいう．

ただし，課長（課長相当職を含む）以上の職務にあるものは［B 管理的職業従事者］に分類される．

2.5 コウディング（職業分類）

(D) 販売従事者

有体的商品・不動産・有価証券などの売買，売買の仲立・取次・代理などの仕事，保険の代理・募集の仕事，商品の売買・製造・サービスなどに関する取引上の勧誘・交渉・受注の仕事など，売買・売買類似の仕事に従事するものをいう．

ただし，販売に伴う接客サービスに従事するものは［E サービス職業従事者］に，もっぱら事業の経営および管理的な仕事に従事するものは［B 管理的職業従事者］に分類される．

(E) サービス職業従事者

個人の家庭における家事・介護サービス，身の回り用務・調理・接客・娯楽など個人に対するサービス，および他に分類されないサービスの仕事に従事するものをいう．

(F) 保安職業従事者

国家の防衛，社会・個人・財産の保護，法と秩序の維持などの仕事に従事するものをいう．自衛官・警察官・海上保安官・消防員として任用されていて，医療・教育・事務などのように，他の分類項目に該当する仕事に従事するものも含まれる．

(G) 農林漁業作業者

農作物の栽培・収穫，養蚕・家畜・家きん・その他の動物の飼育，材木の育成・伐採・搬出，水産動植物（両棲類を含む）を捕獲・採取・養殖する仕事，およびその他の農林漁業類似の仕事，ならびにこれらに関連する仕事に従事するものをいう．

(H) 運輸・通信従事者

機関車・電車・自動車・船舶・航空機の運転・操縦の仕事，通信機の操作，およびその他の関連作業に従事するものをいう．

(I) 生産工程・労務作業者

機械・器具・手道具などを用いて原料・材料を加工する仕事，各種の機械器具を組立・調整・修理する仕事，製版・印刷・製本の仕事，その他の製造・制作工程の仕事，定置機関・機械および建設機械を操作する仕事，鉱物の探査・試掘・採掘・採取・選鉱，ダム・トンネルの掘削などの仕事およびこれらに関

連する仕事，建設の仕事ならびに他に分類されない運搬・清掃などの労務的作業に従事するものをいう．

〔J〕 分類不能の職業

いずれの項目にも含まれない職業が分類される．これは主に調査票の記入が不備であって，いずれの項目に分類するべきか不明の場合，または記入不詳で分類しえないものである．

(5) 正解

番号	001	002	003	004	005	006	007	008	009	010	011	012	013
コウド	E	D	C	C	I	A	I	H	G	A	B	I	

番号	014	015	016	017	018	019	020	021	022	023	024	025	026
コウド	I	E	I	B	I	D	A	D	I	B	D	A	I

番号	027	028	029	030	031	032	033	034	035	036	037	038	039
コウド	C	C	C	B	B	D	E	D	E	C	A	F	A

番号	040	041	042	043	044	045	046	047	048	049	050	051	052
コウド	H	G	I	B	B	B	I	I	I	I	A	B	E

番号	053	054	055	056	057	058	059	060	061	062	063	064	065
コウド	I	D	A	I	D	I	I	I	B	D	I	E	A

番号	066	067	068	069	070	071	072	073	074	075	076	077	078
コウド	G	C	C	I	D	I	I	E	A	E	A	I	I

番号	079	080	081	082	083	084	085	086	087	088	089	090	091
コウド	I	C	B	I	C	D	A	F	I	C	A	D	H

番号	092	093	094	095	096	097	098	099	100
コウド	C	E	D	H	B	I	A	D	D

この正解は，厳密には正解例の1つとみなすべきものである．現実には，専門の研究者でも意見の一致しない場合が少なくない．

【文献】

［続・村上，1975a］［雇用促進事業団職業研究所，1979］［安田・原，1982］

2.6 尺度構成法（項目分析）

【時間】 2時間×1回

【資料】 第5回SSM調査（1995年）結果［資料3.4］，標準正規分布表［数表3.1(1)B］

【道具】 電卓

【作業】

財産尺度（財産の保有状態の尺度）を作成するための項目分析を行う．

(1) 資料3.4に示した100人について，15個の財産項目のうちの所有個数を各人の仮のスコアとして，スコアの分布を調べる．

(2) 仮スコアのうえで，上位25%（25人）と下位25%（25人）を抜き出し，上位群，下位群とする*．この50人に対して，各財産項目に関するグッド・プア（good-poor）分析（項目分析）を，以下の手順で行う．

  * 最下位者（上位群），最上位者（下位群）が多すぎるときには，ランダムに選び出して25人ずつにする．

(2-1) 15個の財産項目のそれぞれについて，上位群，下位群別の所有率を計算する．項目 i の所有率を，上位群 $p_{(i)1}$，下位群 $p_{(i)2}$，それに対応する母集団における所有率を $P_{(i)1}$，$P_{(i)2}$ とする（以下では，(i) は省略する）．

(2-2) 各財産項目ごとに，$P_1 > P_2$ という仮説（財産の所有個数の多い上位群は，下位群に比べて個々の財産項目の所有率も高い，という仮説）に関して，2.3節の解説(3)にならって，比率の差の統計的検定を行う．なお，有意水準は5%とする．

ただし，ここでは標本数が小さいので，標本比率の差 $d = p_1 - p_2$ の標本分布は，平均（期待値）が母比率の差とは一致しない．すなわち，

$$E(d) = P_1 - P_2$$

とはならない（$V_{(d)}$ は変らず）．そこで，$d = p_1 - p_2$ とではなく，

$$d' = d - \frac{1}{2}\left(\frac{1}{n_1} + \frac{1}{n_2}\right)$$

と $1.64\sqrt{V_{(d)}}$ の大きさとを比較する*．これを，連続性あるいはイェーツの補正を施した比率の差の検定という［Snedecor and Cochran, 1967：訳 200-201］．ただし，n_1, n_2 は上位群および下位群の標本数である．

* 両側検定の場合は，$d' = |d| - \frac{1}{2}\left(\frac{1}{n_1} + \frac{1}{n_2}\right)$

(2-3) 検定によって帰無仮説の棄却された（群別と所有率の間に正の関連の認められた）財産項目を，財産尺度を構成するための項目として採用する．

(3) 採用された項目のうちでの所有個数，いいかえれば，各項目に所有 1，非所有 0 という得点を与え，その合計点を各人のスコア（測定値）とする（この方法をリッカートの簡便法という）．全員（100 人）について財産スコアの分布を調べ，度数分布表を作れ．

(4) 財産スコアと世帯収入の間の積率相関係数を求める．変数 x, y 間の積率相関係数 r_{xy} は，

$$r_{xy} = \frac{\frac{1}{N}\sum_{i=1}^{N}(x_i - \bar{x})(y_i - \bar{y})}{\sigma_x \sigma_y} \quad (2.21)$$

で定義される．ここで，N：個体数（人数），x_i, y_i：各人の財産スコアおよび世帯収入，$\bar{x}$, $\bar{y}$：財産スコアおよび世帯収入の平均，σ_x, σ_y：財産スコアおよび世帯収入の標準偏差．なお，定義式のままでは計算が煩雑であり，誤差も大きいので，適当な変形を行ったのちに計算するのがよい［→解説(6)］．

【問題】

(1) この財産尺度の妥当性と信頼性を検討せよ［→解説(2)(3)］
(2) 項目分折は，尺度構成法としては重大な欠点をもっている．それは何か．
(3) 不採用となった項目の財産としての性質を，必需性，普及度などの観点から検討せよ．
(4) 財産保持と世帯収入の関連について論ぜよ．
(5) 人びとの「生活の豊かさ」を測る尺度を工夫せよ．

【解説】

(1) **測定と尺度**　測定 (measurement) とは, 対象のもっている特性 (主として量的特性) に対して, 比較可能な数値を与えることをいう. 尺度 (scale) とは, 数値を与えるための, いわば物差である. 測定値によって, 対象の特徴と差異を明瞭に表わすことができる.

また, 測定値に対して種々の演算を施すことによって, さまざまの統計量を導くことができる. ただし, どのような測定値にも, あらゆる演算が許されるわけではない. これに関して, スティーヴンス [Stevens, 1951] は, 測定値を, いいかえればそれを導く尺度を, 以下の4つの水準に分けている (上位の水準の測定値には, 下位の水準の測定値の意味および可能な演算が包含される).

水準1：名義尺度 (nominal scale)

　例えば, 男性1, 女性2, というような数値を与える. 測定値は単に対象の異同を示している. 計数 (1個, 2個, ……と数えること) にもとづく統計量が導かれる.

水準2：順位尺度 (ordinal scale)

　例えば, 中学卒1, 高校卒2, 大学卒3, というような数値を与える. 測定値は対象間の順序づけを示している. 順位相関係数のように, 順位尺度値に関する統計量が存在する.

水準3：間隔尺度 (interval scale)

　例えば, IQ (知能指数) 得点のように, 測定値は任意の単位の何倍という形で示される. ただし, その際の原点 (0点) は任意に定めたものであり, IQが0であるといっても, 知能が無いという意味ではない. したがって, 測定値間の関係は差 (間隔) の形で示すことができる. 間隔尺度値からは, 和・差をもとにした統計量を導くことができる.

水準4：比率尺度 (ratio scale)

　間隔尺度と同様, 測定値は任意の単位の何倍という形で示されるが, 原点は絶対的な意味をもっている. 例えば, 収入金額が0ということは, 収入が無いということを意味している. したがって, 測定値間の関係を, 比 (一方は他方の何倍) の形で示すことができる. 比率尺度値からは, 加減

2.6 尺度構成法(項目分析)

乗除をもとにした統計量が導かれる.

自然現象に関しては,高水準の確立された尺度の存在していることが多いけれども(例えば長さや重さ),社会現象に関しては,そのような尺度は少なく,測定の水準も,通常は,せいぜい順位尺度ぐらいである.

また,社会調査では,被調査者本人あるいは被調査者が所属している集団の特性が主な測定の対象になるが,測定の方法が間接測定であることが多いということも,特徴の1つである.心理学では,心理的緊張の程度を知るために脈搏数や血圧を測定することがあるが,これは典型的な間接測定である.社会学においても,例えば,個人の年間所得額の調査は,所得の直接測定ともいえるが,むしろ,その人の「豊かさ」という特性の間接測定として用いられることが多い.

(2) 尺度の妥当性 尺度を作成する場合の重要なポイントの1つは,その尺度が,測定しようとしている特性を的確に測定しているということである.これを尺度の妥当性(validity)という.この妥当性に関して,尺度は,外的基準(external criterion)をもつものと,もたないものとに分けて考えることができる.

外的基準をもつ尺度とは,測定の妥当性を判定するための数値が,外部に既に存在しているもので,測定値と基準値との相関がなるべく高くなるように,尺度を構成すればよい.例えば,ウォーナー [Warner et al., 1949] の作成した地位尺度である ISC (Index of Status Characteristics) は,もう1つの地位尺度である EP (Evaluated Participation) を外的基準にしている.

これに対して,外的基準をもたない尺度の場合には,研究者(調査者)自身,あるいは,測定しようとしている事象に関する専門家などに,妥当性の判断を委ねるほかない.その際,①既存の知識に照らした尺度構造の論理性および合理性,②他の同様の尺度との測定値の関連,③専門家の直感的判定と測定値の関連,④明らかに極端な事例に対する測定結果,などが判断の手掛りになろう [Lundberg, 1942 : 訳 276-277].

(3) 尺度の信頼性 尺度を作成するうえでの,もう1つの重要なポイントは,同一の対象について測定が行われたならば,常に同一の測定値が得られなければならない,ということである.これを尺度の信頼性(reliability)という.

尺度の信頼性は，同一の対象群についての複数回の測定結果の相関係数（これを信頼性係数という）によって測られる．すなわち，相関係数が1に近いほど，信頼性が高いといえる．ただし，測定の繰り返しが困難であったり，被調査者に学習効果が生じたりすることが多いので，信頼性係数を推定するための，いくつかの方法が工夫されている．このうち，最もよく用いられるのが，折半法（split-half method）とよばれる方法である．

折半法では，まず，尺度を構成する項目を，奇数番目のものと偶数番目のものの2群に分け，両者のスコア間の相関係数 r_s を計算する．次に，項目数の半減を（2.22）式のスピアマン＝ブラウンの公式によって補正して，推定値 $\hat{\rho}$ を得るのである*．

$$\hat{\rho} = 2r_s/(1+r_s) \qquad (2.22)$$

＊　こうして求められた $\hat{\rho}$ は，クロンバックの α 係数とよばれる値に一致する．

なお，尺度の信頼性を高めるためには，種々の対策が必要であるが，社会調査で用いる場合には，特に，①質問（項目）数が疲労や飽きのこない範囲でなるべく多いこと，②質問の内容・形式および回答の形式が単純明快であること［→2.9 調査票の作成］，が重要である．

(4) 項目分析　項目分析（item analysis）は，外的基準をもたない場合の間隔尺度構成法で，項目の一次元性という基準をもっている．

一次元性とは，1つの尺度を構成する各項目は，すべて同一の特性を測定する（同一次元上に存在する）ものになっていなくてはならない，ということである．そのとき，各項目に対する対象の反応は，その対象と各項目の尺度上の位置関係によって決まってくる．例えば知能測定において，ある対象の尺度上の位置および各問題（項目）の難易度が図 2.5 のようであったとすれば，その人は，問 1〜3 には正答するけれども，問 4，5 には誤答すると考えられるのである．

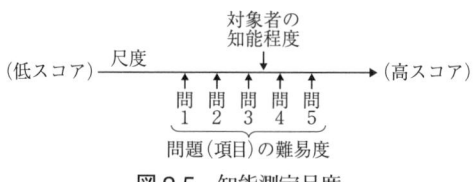

図 2.5　知能測定尺度

2.6 尺度構成法（項目分析）

　この一次元性を基準とする最も有名な尺度構成法は，ガットマン（L. Guttman）の尺度分析（scale analysis）である．しかし，この方法は，一次元性を判定する条件が厳しすぎるので，もう少しゆるい条件で判定しようとする方法が項目分析であり，広く用いられている［Likert, 1932；福武, 1984］．

　項目分析における各項目は，一応，それぞれ妥当性をもっていると考えて設定されたものであるから，それらの総計である仮スコア［→作業(1)］も，少なくとも近似的には妥当性をもつものと仮定される．次に，逆に各項目が一次元性をもつならば，各項目に対する反応と仮スコアの間には，正の相関が存在するはずであると考えて，これにあてはまらない項目を除いていくのである．グッド・プア分析は，この相関を検討するための1つの（簡便で，最もよく用いられる）方法である．

　こうして選ばれた各項目に得点を与え，その合計点を測定値とするが，この得点の与え方にもいくつかの方法がある［安田，1970：134-136］．ただし，測定値相互の相関は，一般に極めて高いので，最も単純なリッカートの簡便法が用いられることが多い（各項目の反応が，「賛成」「どちらともいえない」「反対」というような，3つ以上のカテゴリーから成る場合には，カテゴリーを2つに統合して項目分析を行った後に，賛成1，どちらともいえない0，反対-1，というように単純な整数値を与える）．

　実際の調査において項目分析は，予備調査の結果から尺度を構成する（項目を選択する）ために用いるのが原則である．しかし，本調査の結果についてもあらためて項目分析を実施し，測定値を決定することが必要である．

　(5)　多次元尺度　われわれが着目するさまざまの現象は，必ずしも1個の測定値だけではその特性を表現しきれない．例えば，「生活の豊かさ」という概念は，もちろん財産の保有状態もそれに含まれていようが，所得状態あるいは文化的享受の状態までも含んだ総合的概念である．そして，これらの要素のうちのどれか1つによって代表させることは困難である．この場合には，それぞれの要素（次元）に対応した複数の測定値によって表現した方が，より的確に特性を把握することができるだろう．

　このように．1つの特性について，複数の次元から測定を行うための尺度を多次元尺度（multi-dimensional scale）という．ただし，その場合，①扱い

を簡単にするために，次元の数が必要最小限であること，②各次元（測定値）は，数学的に明快な関係をもっていること，という性質を備えていなければならない．さまざまな多次元尺度構成法のうちでも，とくに主成分分析法（principal component analysis）は代表的な方法として知られており，コンピュータの普及とともに，利用が広がってきている［芝，1975］．

(6) 積率相関係数　積率相関係数（product-moment correlation coefficient）は，水準3以上の測定値間の相関を求めるための統計量であり，完全相関のときに＋1，完全逆相関のときに－1，無相関の場合には0をとる*．

 * 散布図を描いてみると，各個体は，完全相関のときには傾きが正である一直線上に，完全逆相関のときには傾きが負である一直線上に位置づけられる．また，2×2表に関する四分点相関係数［→2.4 解説(2)］は，形式的には，2つのカテゴリーに1と0という数値を与え，積率相関係数を求めたものに等しい．

ところで，(2.21) 式の定義式は，以下のように変形できる．

$$\text{分子} = \frac{1}{N}\sum(x_i y_i - x_i \bar{y} - \bar{x} y_i + \bar{x}\bar{y})$$

$$= \frac{1}{N}\sum x_i y_i - \left(\frac{1}{N}\sum x_i\right)\bar{y} - \bar{x}\left(\frac{1}{N}\sum y_i\right) + \frac{1}{N}\sum \bar{x}\bar{y}$$

$$= \frac{1}{N}\sum x_i y_i - \bar{x}\bar{y} - \bar{x}\bar{y} + \bar{x}\bar{y}$$

$$= \frac{1}{N}\sum x_i y_i - \bar{x}\bar{y}$$

$$= \frac{1}{N}\sum x_i y_i - \frac{1}{N^2}(\sum x_i)(\sum y_i)$$

$$\text{分母} = \sqrt{\sigma_x^2 \sigma_y^2}$$

ここで，x の分散 σ_x^2 は，

$$\sigma_x^2 = \frac{1}{N}\sum(x_i - \bar{x})^2$$

$$= \frac{1}{N}\sum(x_i^2 - 2\bar{x}x_i + \bar{x}^2)$$

$$= \frac{1}{N}\sum x_i^2 - 2\bar{x}\left(\frac{1}{N}\sum x_i\right) + \frac{1}{N}\sum \bar{x}^2$$

$$= \frac{1}{N}\sum x_i^2 - 2\bar{x}^2 + \bar{x}^2$$

$$= \frac{1}{N}\sum x_i^2 - \bar{x}^2$$

$$= \frac{1}{N}\sum x_i^2 - \frac{1}{N^2}(\sum x_i)^2$$

同様に,

$$\sigma_y^2 = \frac{1}{N}\sum y_i^2 - \frac{1}{N^2}(\sum y_i)^2$$

したがって,

$$\text{分母} = \sqrt{\left\{\frac{1}{N}\sum x_i^2 - \frac{1}{N^2}(\sum x_i)^2\right\}\left\{\frac{1}{N}\sum y_i^2 - \frac{1}{N^2}(\sum y_i)^2\right\}}$$

結局, 積率相関係数 r_{xy} は,

$$r_{xy} = \frac{\dfrac{1}{N}\sum x_i y_i - \dfrac{1}{N^2}(\sum x_i)(\sum y_i)}{\sqrt{\left\{\dfrac{1}{N}\sum x_i^2 - \dfrac{1}{N^2}(\sum x_i)^2\right\}\left\{\dfrac{1}{N}\sum y_i^2 - \dfrac{1}{N^2}(\sum y_i)^2\right\}}}$$

右辺の分子, 分母に N^2 をかければ,

$$= \frac{N\sum_{i=1}^{N} x_i y_i - \left(\sum_{i=1}^{N} x_i\right)\left(\sum_{i=1}^{N} y_i\right)}{\sqrt{\left\{N\sum_{i=1}^{N} x_i^2 - \left(\sum_{i=1}^{N} x_i\right)^2\right\}\left\{N\sum_{i=1}^{N} y_i^2 - \left(\sum_{i=1}^{N} y_i\right)^2\right\}}}$$

なお, パソコンを用いて積率相関係数を求めるためのプログラムや関数が, 統計計算ソフトや表計算ソフトには, 例外なしに備わっている.

【文献】

[Guilford, 1954] [安田, 1970] [田中, 1973] [暉峻, 1989]

2.7 評定法・序列法・一対比較法

【時間】 2時間×1回

【道具】 職業名カード,電卓,ストップウォッチ

職業名カードは,名刺大の厚紙を20枚用意し,それぞれに以下の職業名を記入して作る(カードは,1グループに1組か2組あればよいだろう).

①旋盤工.②大企業の営業担当社員.③医師.④大工.⑤中小企業の経営者.⑥セールスマン.⑦レストランのコック.⑧自動車修理工.⑨工場や現場の監督者.⑩デザイナー.⑪警察官.⑫高級官僚.⑬小学校教諭(先生).⑭理容師.⑮農民(米作農家).⑯印刷工.⑰自動車運転手.⑱小売店主.⑲機械工業技術者.⑳新聞記者.

なお,カードの隅に,番号も小さく記入しておくこと.

【作業】

第二種測定法としての評定法,序列法,一対比較法の長短,優劣を検討する.

(1) 自分が回答者になったと仮定し,以下の3つの質問に対して答える(各人が別々に作業を行い,所要時間を秒まで測る.競争をして急いではならない).

(2) 評定法(職業魅力の測定)

質問文:ここにいろいろの職業名を書いたカードがあります.今かりに,小学校6年生ぐらいの男の子が,それぞれの職業につきたいといったら,その子の親は普通どう答えるでしょうか.次の5段階に分けて下さい.なお,一応,親の職業は子供がつきたいといった職業とは異なっていると考えて下さい.

1.「ぜひつけ」とすすめるもの.

2.「つけ」とすすめるもの.

3.「つけ」とも「つくな」ともいえないもの.

4.「あまりつかない方がよい」というもの.

5.「絶対につくな」というもの.

(2-1) カードをよくきってから作業に移る.また,一応5つの山に分けたのち,点検をして分け直してもかまわない.

(2-2) 各職業について.「ぜひつけ」4点~「絶対につくな」0点というスコアを与え,表2.24にならって記録する.

表2.24 評定法の結果の集計

職業名	評定スコア						最終スコア	順位
	A君	B君	C君	……	合計	平均	(平均×25)	
1. 旋 盤 工	0	2	1		6	1.0	25.0	19
2. 大企業社員	4	3	2		15	2.5	62.5	10.5
3. 医 師	4	4	4	……	20	3.3	82.5	1.5
4. 大 工	1	4	3		17	2.8	70.0	7
5. 中小企業経営者	2	2	3		15	2.5	62.5	10.5
⋮	⋮	⋮	⋮		⋮	⋮	⋮	⋮
所要時間					—		—	—

注:同順位については,例えば,10位にあたる職業が2つある場合には,9位,10.5位,10.5位,12位,……というようにつける.

(3) 序列法(職業威信の測定)

質問文:ここにいろいろの職業名を書いたカードがあります.世間では一般に,これらの職業を高いとか低いとか区別するようです.世間一般の標準にてらして,高いものから低いものへ,順に並べて下さい.もちろん,同順位のものを作ってもかまいません.

表2.25 序列法の結果の集計

職業名	順位評価						新順位
	A君	B君	C君	……	合計	平均	
1. 旋 盤 工	18	13.5	16		88.5	14.8	16
2. 大企業社員	3	10	6		33	5.5	4
3. 医 師	1	2	2	……	10.5	1.8	2
4. 大 工	15	17	17		84	14.0	15
5. 中小企業経営者	5	7	4		29	4.8	3
⋮	⋮	⋮	⋮		⋮	⋮	⋮
所要時間					—		—

注:同順位の扱いについては,表2.24の注をみよ.

(3-1) (2-1)の注意がここでもあてはまる．ただし，評定法の作業をなるべく思い出さないようにして行う．

(3-2) **表2.25**にならって結果を記録する．

(4) 一対比較法（職業勢力の測定）

質問文：あなたはこの2つの職業のうち，一般的にいってどちらの方が人を動かす力が強いと思いますか．

(4-1) 2人が1組になって行う．カードを数字の順に重ね，1と2，1と3，……，1と20，2と3，2と4，……，2と20，3と4，……という具合に，2枚ずつのカードを調査員（役の学生）が示す．あらかじめ，**表2.26**のような回答記入用紙を用意しておき，調査員が回答を記録する．

表2.26 一対比較法の回答記入用紙

職業名	職業番号											得点
	1	2	3	4	5	6	7	8	9	10	……	
1. 旋　盤　工		×	×	×	×	×	×	×	○	×	……	2
2. 大企業社員			×	○	×	○	○	○	○	×	……	12
3. 医　　　師				○	○	○	○	○	○	○	……	18
4. 大　　　工					×	○	○	○	○	×	……	8
5. 中小企業経営者						○	○	○	○	○	……	14
⋮					⋮					⋮		

注：1 ○印は表側の職業が表頭の職業よりも人を動かす力が強いことを，×印は逆を意味している．
　2 得点とは，表側の職業の○の数である．例えば，大工の得点とは，横長の黒枠で囲まれた部分の○印の数と，縦長の黒枠で囲まれた部分の×印の数の和である．

(4-2) **表2.27**にならって結果を記録する．

(5) 3種類の職業の社会的評価（魅力，威信，勢力）の間の順位相関係数（スピアマンの）を，(2.23) 式によって計算する．

$$\rho = 1 - \frac{6\sum_{i=1}^{K} d_i^2}{K(K^2-1)} \quad (2.23)$$

ただし，K：個体数，d_i：i番目の個体における2つの順位の差（同順位の小数点以下の数字も，そのまま計算する）．

表2.27 一対比較法の結果の集計

職業名	評価得点						順位
	A君	B君	C君	……	合計	平均	
1. 旋　盤　工	2	0	0		5	0.8	20
2. 大企業社員	12	16	16		82	13.7	8
3. 医　　　師	18	18	13	……	104	17.3	2
4. 大　　　工	8	6	9		44	7.3	11
5. 中小企業経営者	14	12	15		84	14.0	6.5
⋮	⋮	⋮	⋮		⋮	⋮	⋮
所要時間					－		－

注：同順位の扱いについては，**表2.24**の注をみよ．

【問題】

(1) 評定法，序列法，一対比較法の長所と短所を，作業経験にてらして論評せよ．

(2) 特に評定法の場合，調査員が職業名を1番から順に読みあげ，回答を記録する方法もあり，広く用いられている．この方法とカードを用いる方法を比較して，その優劣を考察せよ．

(3) 魅力，威信，勢力の，3種類の職業の社会的評価の間の関連について考察せよ．

(4) 3種類の職業の社会的評価のそれぞれの測定には，どの測定法が一番適しているだろうか．また．その理由は何か．

【解説】

(1) **第二種測定法**　社会調査では，被調査者のもつ特性を測定するだけでなく，被調査者を媒介にして，他の事物のもつ特性を測定するということを，しばしば行う．

例えば，第3回SSM調査（1975年）では，職業威信の測定を，以下のような手順で行っている．

SSM調査で用いられた，昭和45年国勢調査職業分類は，約300の職業カテゴリーから構成されている．これを，まず，仕事の性質が似ており威信も同程度と考えられる同士で，約150ほどのグループにまとめる．次に，各グループ

から，最も代表的な職業と思われるものを選び出し，予備調査として，これらの職業の威信評定を実施する．

予備調査では，これら約 150 の各職業について，威信の程度を，「最も高い」「やや高い」「普通」「やや低い」「最も低い」の 5 段階に分類してもらう［→作業(3)の質問文を参照］．その結果から，評定の度数分布が類似しており，しかも仕事の内容も似ていると考えられる同士をまとめ，約 80 のグループを作る．

次に，本調査では，これら約 80 の各グループから，最も代表的な職業と思われるものを選び出し，予備調査と同様に評定を行ってもらう．回答には，「最も高い」100 点，「やや高い」75 点，「普通」50 点，「やや低い」25 点，「最も低い」0 点，というスコアを与え，全回答者の平均を求めて，その職業の威信スコアとする．さらに，同一グループ内の各職業にも同じ威信スコアを与えれば，全職業の威信スコアが決定されることになる［直井・鈴木，1977］．

このように，被調査者を媒介にして行う測定を，被調査者自身の特性の測定と区別して，福武［1984 : 179-180］は第二種の測定，そのための尺度を第二種尺度とよんでいる（もちろん，第二種測定の結果は，各回答者がその事象をどうとらえているかという観点から，被調査者自身の特性としても分折の対象にしうることは，いうまでもない）．この第二種の測定は，社会学における重要な概念である社会意識（集合意識），社会的規範，文化などの内容を具体的にとらえようとするときに，しばしば用いられる．

(2) 評定法・序列法・一対比較法　これらは最もよく用いられる第二種測定法であるが，実際に，どのような対象に関して，どの方法を適用すべきであろうか．

この場合，第 1 に考慮すべき点は，3 つの方法は，人びとが日常生活において，何らかの事象について評価を行う場合の，代表的な心理的メカニズムに対応しているということである．そこで，特定の対象に関する測定を行おうとする場合には，人びとが日常生活の中でその対象についての評価を行う際の，最も一般的と考えられる心理的メカニズムに近い測定法を採用すべきである．そうすることが，より自然な測定を可能にすると考えられる．

第 2 に考慮すべき点は，実施技術上の問題点である．これに関して，各測定法は，それぞれ以下のような長所と短所をもっている．

2.7 評定法・序列法・一対比較法

　評定法は，他の2方法に比べて被調査者の負担が軽い．したがって，同時に多数の対象を評定することができる．しかし，評定（回答）カテゴリーの意味（「高い」「低い」「やや……」など）の解釈は，被調査者にまかされることが多いので，一般に信頼性は低い．その意味でも，カテゴリーがあまり細かくてはならず，せいぜいカテゴリー数は7程度までであろう．

　序列法は，測定対象全部を同時に比較しなければならないから，あまり多くの対象を扱うことはできない．また，被調査者の負担は最も重いと考えられる．評定法，一対比較法に比べて利用範囲は狭く，序列づけが困難な事象に無理に適用しようとすると，同順位のものが頻出してしまう．日常生活においても序列づけて評価が行われているような事象に，適用を限定すべきであろう．

　一対比較法は，第二種測定法の中では，妥当性と信頼性の高い方法とされている．しかし，一対同士の比較は，全対象の序列づけよりも被調査者の負担は重いとはいえないにしても，全体としての労力が大きく，被調査者の疲労や飽きによって，回答が影響を受ける恐れがある．

　ところで，一対比較法によって得られるデータ量は，非常に多い．しかし，それが，作業（4-2）のように，一次元の尺度の構成に用いるだけの目的であれば，序列法によって同程度の妥当性をもった結果が得られるといわれている．一対比較法は，むしろ，多次元尺度の構成に利用するのが有効であろう［→2.6 解説(5)］．

　(3) **順位相関係数**　作業(5)で求めたスピアマンの順位相関係数は，順位を間隔尺度値とみなして積率相関係数を求めたものである［→2.6 尺度構成法］．この場合，すべての個体間に序列づけがほぼ可能であり，同順位はあってもごくわずかであることを前提としている．

表2.28　年齢×学歴　　　　　　　　　　　　　　（単位：実数(%)）

年　齢	学　歴			計
	1. 中学	2. 高校	3. 大学	
1. 20代	11　(6.8)	64　(39.5)	87　(53.7)	162　(100.0)
2. 30代	22　(19.1)	37　(32.2)	56　(48.7)	115　(100.0)
3. 40代	49　(31.4)	48　(30.8)	59　(37.8)	156　(100.0)
4. 50代	29　(35.4)	27　(32.9)	26　(31.7)	82　(100.0)
計	111　(21.6)	176　(34.2)	228　(44.3)	515　(100.0)

資料：YAS I 調査（1978年）［→資料3.5］．

しかし，社会調査結果の分析では，むしろ表2.28のような集計表に関して，順位相関係数を求めなければならぬことが多い．このような場合に最もよく用いられるものとして，グッドマンとクラスカルのγ係数がある［安田・海野，1977：38-45］．

$$\gamma = \frac{\sum P - \sum Q}{\sum P + \sum Q}$$

ここで，$\sum P$ は，標本中の2つの個体の順位を比較したときに．2つの順位が同方向であるものの対の数，$\sum Q$ は，逆方向であるものの対の数である．例えば，表2.28において，20代で中学卒の者と50代で高校卒の者を比較すれば，年齢に関しても学歴に関しても前者の方が順位が高いので，同方向である（この組合せの対の数は$11 \times 27 = 297$）．また，30代で大学卒の者と40代で高校卒の者を比較すれば，年齢に関しては前者の方が，学歴に関しては後者の方が順位が高く，逆方向である（この組合せの対の数は，$56 \times 48 = 2688$）．

表2.28に関してγ係数を求めてみれば，

$$\begin{aligned}
\sum P &= 11 \times (37+56+48+59+27+26) \\
&\quad + 64 \times (56+59+26) + 22 \times (48+59+27+26) \\
&\quad + 37 \times (59+26) + 49 \times (27+26) + 48 \times 26 \\
&= 2783 + 9024 + 3520 + 3145 + 2597 + 1248 = 22317 \\
\sum Q &= 64 \times (22+49+29) + 87 \times (22+37+49+48+29+27) \\
&\quad + 37 \times (49+29) + 56 \times (49+48+29+27) \\
&\quad + 48 \times 29 + 59 \times (29+27) \\
&= 6400 + 18444 + 2886 + 8568 + 1392 + 3304 = 40994 \\
\gamma &= (22317 - 40994)/(22317 + 40994) = -0.295
\end{aligned}$$

なお，係数の符号がマイナスになっているが，これは，年齢の若い者および学歴水準の低い者を高順位と定めたからそうなったのであり，正負の符号には絶対的な意味のないことも多い．

ところで，γ係数は，形式的には，ユールの関連係数Qの拡張になっている．関連係数Qは，2×2表の周辺度数が固定されている場合に用いられるが［→2.4解説(2)］，周辺度数が固定されていない場合の順位相関係数としては，スチュアートのτ_c係数がよいと安田三郎は述べている［安田・海野，1977：

56].

$$\tau_c = \frac{\sum P - \sum Q}{N^2(s-1)/2s}$$

ここで，N は個体総数，s は，$I \times J$ 表における少ない方のカテゴリー数である［安田・海野，1977：42］．試みに，表2.28 について τ_c を求めてみれば，

$$\tau_c = \frac{22317 - 40994}{265225 \times 2/6} = -0.211$$

となる．

【文献】

［Guilford, 1954］［安田・海野, 1977］［直井・鈴木, 1977］［岡本・原, 1979］［福武, 1984］

2.8 統計図表の描き方

【時間】 2時間×1回
【道具】 1mm方眼紙，片対数方眼紙，定規，曲線定規，電卓

【作業】
片対数グラフ，移動平均図，ローレンツ曲線の描き方と利用法について考察する．

(1) 片対数グラフ

(1-1) 表2.29に示した，全国，関東4都県（首都圏），東京都区部，横須賀市の，1920（大正9）年～2000（平成12）年の人口について，1mm方眼紙

表2.29 人口の変動　（単位：千人）

年	全国	関東4都県 [埼玉，千葉， 東京，神奈川]	東京都区部	横須賀市
1920年	55963	7678	2173	89
1925年	59736	8695	1995	96
1930年	64450	9957	2070	110
1935年	69254	11285	5875	182
1940年	73114	12740	6778	193
1945年	71998	9368	2777	202
1947年	78101	11432	4177	261
1950年	83199	13050	5385	250
1955年	89275	15424	6969	279
1960年	93418	17863	8310	287
1965年	98274	21016	8893	317
1970年	103720	24113	8840	347
1975年	111939	27041	8646	389
1980年	117060	28698	8351	421
1985年	121049	30273	8355	427
1990年	123611	31796	8164	433
1995年	125570	32577	7968	432
2000年	126925	33418	8134	428

資料：国勢調査．

を用いて経過図表（折れ線グラフ）を作成する（4つのグラフは，相互に比較できるよう，1枚の図に収めよ．また，図表には必ず表題をつけよ）．

(1-2) 同じデータについて，片対数方眼紙を用いて経過図表を作成する．

(2) 移動平均図

(2-1) 見田宗介［1965：72-85］は，人びとの欲求や関心の変化を知るために，ベストセラーの分析を行っている．

見田は，戦後日本のベストセラーに繰り返し現われてくる主要なテーマとして，次の7つの関心領域を設定した．

(A) 現代史と現代社会への関心
(B) 見知らぬ（未知の）世界への関心
(C) 人間の生き方への関心
(D) 恋愛とセックスへの関心
(E) 子どもと教育の問題への関心
(F) ユーモアと機知への関心
(G) 実用的な知識への関心

そして，各年のベストセラー10冊について，1，2位に3点，3～5位に2点，6～10位に1点を与え，関心領域別得点を求め，相互比較や変化の検討を行った（もちろん，1冊の本が，複数の領域で重複して数えられることもある）．

表2.30は，見田の分析に続けて作成した，1989（平成元）年度までのベストセラーの関心領域別得点である（ただし，2年度ごとの合計）．得点の変化を経過図表に表わせ．

(2-2) その年だけの偶然的な要因の影響を除去するために，前後2時点間の移動平均を計算する．関心領域 i における時点 t の移動平均 $Q_{(i)t}$ は，

$$Q_{(i)t} = \frac{1}{2}\left(\frac{1}{2}S_{(i)t-1} + S_{(i)t} + \frac{1}{2}S_{(i)t+1}\right)$$

$$= \frac{1}{4}\left(S_{(i)t-1} + 2S_{(i)t} + S_{(i)t+1}\right)$$

によって求められる．ここで，S はもとの得点である．

なお，両端の46-47年度および88-89年度については，

表 2.30 ベストセラーの関心領域別得点

年度	現代史と現代社会	見知らぬ世界	人間の生き方	恋愛とセックス	子どもと教育	ユーモアと機知	実用的知識
46-47年度	16		24	4			2
48-49年度	19	5	30	5		1	
50-51年度	13	5	17	14	4	1	2
52-53年度	7	10	17	18		2	1
54-55年度	8	2	11	20		12	4
56-57年度	7	5	10	19			2
58-59年度	9	5	9	12	6	2	7
60-61年度	5	9	2	6	9	9	20
62-63年度	4	13	14	3		1	13
64-65年度	9	6	21	4	1		2
66-67年度	4	10	17	2			10
68-69年度	10	6	9	2		6	14
70-71年度	10	1	16	6	2		7
72-73年度	15	5	7		4	6	4
74-75年度	11	11	4			7	4
76-77年度	16	10	13	2		1	5
78-79年度	8	5	8		1	3	9
80-81年度	8	11	9		2	2	5
82-83年度	7	1	13	2	5	7	7
84-85年度	6	10	8	5		9	3
86-87年度	9		6	10			9
88-89年度	1	6	12	16			3

資料：[出版年鑑編集部，毎年刊]．

$$Q_{(i)46\text{-}47} = \frac{1}{4}\left(3S_{(i)46\text{-}47} + S_{(i)48\text{-}49}\right)$$

$$Q_{(i)88\text{-}89} = \frac{1}{4}\left(S_{(i)86\text{-}87} + 3S_{(i)88\text{-}89}\right)$$

によって代用する．

(2-3) 求めた移動平均について，経過図表を作成する．ただし，今度は折れ線グラフではなく，曲線定規を用いて変化曲線によって表示せよ（曲線定規は4個以上の点に定規を合わせ，中の2点を鉛筆で結ぶのがこつである）．

(3) ローレンツ曲線

(3-1) 表 2.31 の世帯収入および個人収入について，各収入カテゴリー別に，収入総額（収入×人数）を求め，これを累積比率に変換する．

表 2.31 年間収入の分布状態

(a) 世帯収入

グループ	人数(人)	収入金額(万円)	人数の累積比率
1	12	0	0.006
2	8	50	0.010
3	33	100	0.025
4	68	200	0.058
5	166	300	0.138
6	224	400	0.246
7	220	500	0.351
8	246	600	0.470
9	215	700	0.573
10	197	800	0.668
11	195	900	0.762
12	195	1100	0.855
13	104	1300	0.905
14	78	1500	0.943
15	44	1700	0.964
16	42	2000	0.984
17	30	2500	0.999
18	3	3000	1.000
合計	2080	—	—

(b) 個人収入

グループ	人数(人)	収入金額(万円)	人数の累積比率
1	43	0	0.019
2	33	50	0.033
3	83	100	0.070
4	215	200	0.165
5	371	300	0.328
6	345	400	0.480
7	299	500	0.612
8	246	600	0.720
9	212	700	0.813
10	131	800	0.871
11	112	900	0.920
12	93	1100	0.961
13	35	1300	0.977
14	21	1500	0.986
15	10	1700	0.990
16	8	2000	0.994
17	14	2500	1.000
合計	2271	—	—

注:男性のみの集計.収入金額は0の場合を除き,収入カテゴリーの中間値.
資料:第5回SSM調査(1995年)[→資料3.4].

(3-2) 人数と収入の累積比率を用いて,世帯収入および個人収入のローレンツ曲線を描く.なお,2つのローレンツ曲線は,同一の図上に描くこと[→解説(4)].

【問題】

(1) 片対数グラフにおける直線は何を表わすか.また,それは普通のグラフにおいて,どのような曲線になるか.

(2) 経過図表によって,80年間の人口の変化について考察せよ.

(3) ベストセラーを通してみた,人びとの関心領域の変化について考察せよ(いくつかに時代区分することは可能か).

(4) 分布の不均一性を図示する一方法としての,ローレンツ曲線の長所と短所を考えよ.

(5) 世帯収入と個人収入とでは，どちらが分布の不均一性が大きいか．その違いを数量的に表示する方法を考えよ．

【解説】

(1) 統計図表　社会調査の結果は，数表で示すだけでなく，図表の形にして提示すると，より要点が強調され，的確に伝えることができる．統計図表としてよく用いられるのは，棒グラフ，帯グラフ，円グラフ，折れ線グラフなどであるが，これらの描き方や使い方については，例えば［上田，1979］などを参照せよ．もちろん，現在ではMicrosoft Excelなどの表計算ソフトやグラフ作成ソフトを用いて，コンピュータで統計図表を作成することが多いけれども，その考えかたを知っておくことは，誤った図表を描かないためにも，きわめて重要である．

本節では，比較的なじみの薄い，しかし用途の広い統計図表をとりあげてみた．

(2) 片対数グラフ　片対数 (semi-logarithmic) グラフは，縦軸の高さが，数値 Y ではなく，$\log_n Y$ に比例しているのが特徴である（**図2.6(a)**）．そして，変化の実数ではなく，変化の割合（変化率）を示すのに適している．

例えば，**図2.6(a)** における A, B は，まったく平行な変化を示しており，任意の X に対応する2つの Y の値（これを Y_A および Y_B と表現しよう）に関して，

$$\log_n Y_A - \log_n Y_B = 一定$$

が成立している．したがって，今，X の任意の2点 X', X'' ($X'' > X'$) をとれば，

$$\log_n Y_A'' - \log_n Y_B'' = \log_n Y_A' - \log_n Y_B'$$
$$\log_n Y_A'' - \log_n Y_A' = \log_n Y_B'' - \log_n Y_B'$$
$$\log_n \frac{Y_A''}{Y_A'} = \log_n \frac{Y_B''}{Y_B'}$$
$$\frac{Y_A''}{Y_A'} = \frac{Y_B''}{Y_B'}$$

両辺から1を引けば，

$$\frac{Y_A''}{Y_A'} - 1 = \frac{Y_B''}{Y_B'} - 1$$

$$\frac{Y_A'' - Y_A'}{Y_A'} = \frac{Y_B'' - Y_B'}{Y_B'}$$

両辺は，それぞれ Y_A および Y_B の変化率を示している．つまり，等しい変化率は，片対数グラフでは，平行線によって表わされる（図 2.6 (b) は，図 2.6 (a) における A, B の変化を，通常の折れ線グラフによって示したものである）．このことから，変化率が一定であれば，片対数グラフでは直線によって表現されることも明らかである．

片対数グラフには，また，数値が著しくかけ離れた事象（例えば，全国人口と横須賀市の人口）を，1枚の図の中に収め得るという利点もある．

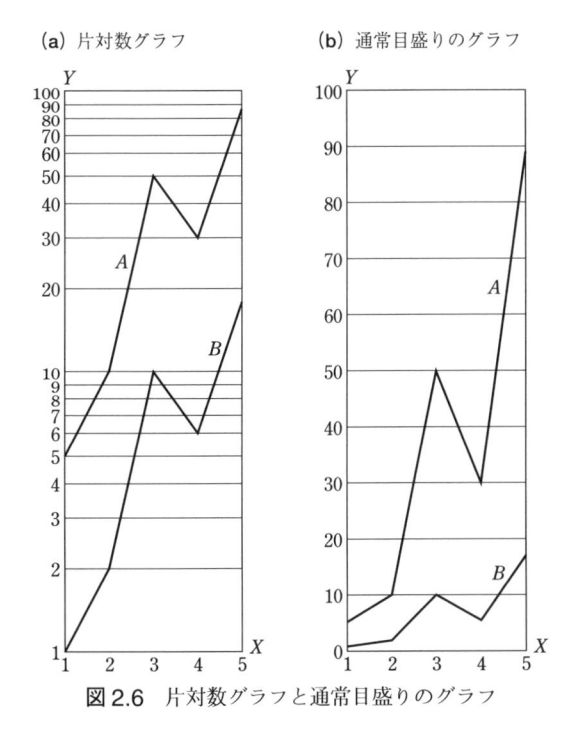

図 2.6 片対数グラフと通常目盛りのグラフ

(3) 移動平均図　移動平均 (moving average) は，作業 (2-2) でも述べたように，時系列データから偶然的要因や短期的変動による影響を除去して，よ

り長期的な傾向を探り出すための方法の1つであって，時点tを中心としたn時点の測定値Sを平均し，tにおける値Q_tとするのである．

ただし，具体的な扱い方は，nが奇数であるか偶数であるかによって，多少異なってくる．

例えば，nが3（奇数）の場合には，

$$Q_t = \frac{1}{3}(S_{t-1}+S_t+S_{t+1})$$

となるが，nが4（偶数）の場合には，

$$Q_t = \frac{1}{4}\left(\frac{1}{2}S_{t-2}+S_{t-1}+S_t+S_{t+1}+\frac{1}{2}S_{t+2}\right)$$

$$= \frac{1}{8}(S_{t-2}+2S_{t-1}+2S_t+2S_{t+1}+S_{t+2})$$

とする（一般式を導いてみよ）．

移動平均の利用に関して注意が必要なのは，平均の結果，周期的変化が現われたときである．というのは，上限および下限の存在する現象の場合，本来何の傾向ももっていないにもかかわらず，移動平均をとるという操作によって，みせかけの周期性が生まれてくることがあるからである．例えば，乱数を発生させて作ったデータからでも，移動平均をとることによって，周期的変化の生み出されることが数学的にも確かめられている［Mosteller et al., 1973：訳，上202-210］．

したがって，周期的変化が現われた場合には，真の傾向であるのか，数学的操作の結果であるのか，慎重に判断する必要がある．また，前の時点の状態が，明らかに後の時点の状態に影響を与えている現象に，移動平均の適用を限定すべきであろう．

(4) ローレンツ曲線　図2.7は，説明のために簡略化したローレンツ曲線（Lorenz' curve）であり，表2.32の2つのデータにもとづいている．各グループの2つの累積比率（ここでは，人数および収入）の交点を結んで作成する．

ローレンツ曲線は，分布現象の不均一性（あるいは，集中度ないし分散度）を表現するのに適している．例えば，図の中に示したように，下位$X\%$の者に収入総額の$Y\%$（のみ）が集中していることがわかる．

図 2.7 ローレンツ曲線

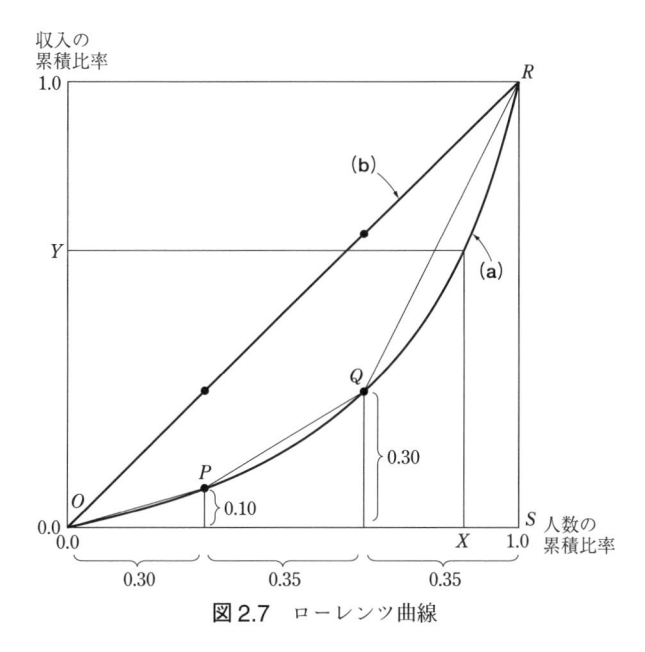

表 2.32 収入分布の架設例

(a) 不均一分布

グループ	人数 (人)	収入金額 (万円)	人数の累積比率	収入総額の累積比率
1	30	100	0.30	0.10
2	35	200	0.65	0.30
3	35	700	1.00	1.00
合 計	100	1,000	—	—

(b) 均一分布

グループ	人数 (人)	収入金額 (万円)	人数の累積比率	収入総額の累積比率
1	30	300	0.30	0.30
2	35	350	0.65	0.65
3	35	350	1.00	1.00
合 計	100	1,000	—	—

表2.32 の 2 つのデータの場合,各グループの 1 人当りの平均収入をみると,(a)では,それぞれ 3.3 万円,5.7 万円,20 万円となる.これに対して,(b)では,どのグループでも 10 万円で,分布は各グループ間で均一であり,ローレンツ曲線は対角線 OR に一致する.そして,分布の不均一性が高くなるほど,ローレンツ曲線は対角線から離れていくことがわかる.

ローレンツ曲線の長所は,分布の不均一性を直観的に把握できる点にある.しかし,逆に,不均一性の程度を数量的に示せないのは欠点である.そこで,分布の不均一性の指標がいろいろ工夫されているが,最もよく用いられるのはジニ(Gini)の集中係数であり,ローレンツ曲線とは,次のような関係になっている.

すなわち,上で述べたように,分布の不均一性は,ローレンツ曲線が対角線から離れる程度によって示されるから,対角線とローレンツ曲線で囲まれた弓形の部分の面積が求められれば,それを不均一性の指標とすることができる.ジニの集中係数は,この弓形の面積の 2 倍にあたる(ジニの集中係数の操作的意味については,[高山,1980:19-23]を参照).

具体的に,図 2.7 の(a)の曲線について考えてみよう.

まず,弓形の面積は,多角形 $OPQR$ の面積によって近似的に求められる.いいかえれば,三角形 ORS の面積から,多角形 $OPQRS$ の面積を引いて求めることができる.

図に示したように,多角形 $OPQRS$ は,いくつかの台形および三角形に分割できる.

そこで,

$$OPQRS \text{ の面積} = \frac{1}{2} \times 0.30 \times 0.10 + \frac{1}{2} \times 0.35 \times (0.10 + 0.30)$$

$$+ \frac{1}{2} \times 0.35 \times (0.30 + 1.00)$$

$$= \frac{1}{2} \times (0.030 + 0.140 + 0.455)$$

$$= \frac{1}{2} \times 0.625$$

したがって，ジニの集中係数 G_i は，

$$G_i = 2 \times \left(\frac{1}{2} \times 1 \times 1 - \frac{1}{2} \times 0.625\right)$$
$$= 1 - 0.625$$
$$= 0.375$$

となる（一般式を導いてみよ）．

ところで，不均一性が高まるほど，つまり，少数の者に分配が集中するほど，弓形は三角形 ORS に接近する．ORS の面積は $1/2$ であるから，ジニの集中係数は，最小値 0，最大値 1（正確には，人数が N であるとき $1-1/N$）をとる．

【文献】

[上田，1979][Mosteller *et al.*, 1973][高山，1980]

2.9 調査票の作成

【時間】 2時間×3回
第2週までに作業(3)までを終え，第3週に作業(5)を行う（作業(4)のための時間は含まれていない）．また，第2週と第3週は，連続した週である必要はない．
【資料】 標準正規分布表［数表 3.1 (1)］，カイ二乗分布表［数表 3.1 (2)］
【道具】 電卓

【作業】
質問文のワーディング（wording）が回答に及ぼす影響を検討するために，調査票を作成し，実際に調査を行う．

作業を行うのに先立って，調査すべき内容となる1つのトピックを，相談して決めておく（作業に入ってからやっていたのでは，間に合わない）．また，調査対象についても決めておく（なるべく均質な集団，たとえば，自分の大学の男子あるいは女子学生など）．

(1) 決められたトピックに関する，面接調査用の質問文を作成する．解説および［文献］を参考に，次の種類の質問を，下記の α，β 2通りの質問法によって作成する（完成したら教師に提出し，点検を受ける）．

A. ステレオタイプ
A_α：ステレオタイプの単語を含む質問
A_β：その単語を含まない同一内容の質問
B. 威光暗示効果
B_α：威光暗示効果の予想される質問
B_β：B_α から，威光暗示効果をもたらすと思われる用語を除いた質問
C. 個人的質問と一般的質問
C_α：個人的意見をたずねる質問

C_β：それと同一内容の，一般的な意見をたずねる質問
D. ダブルバーレル質問
　D_α：ダブルバーレルの質問
　D_β：それを分解した質問群（$D_{\beta 1}$, $D_{\beta 2}$）
E. キャリーオーバー効果
　E_α：キャリーオーバー効果の予想される2つの質問（$E_{\gamma 1}$, $E_{\gamma 2}$）
　E_β：その順序を逆にしたもの（$E_{\gamma 2}$, $E_{\gamma 1}$）
F. 多項選択（選択回答）と自由回答
　F_α：理由をたずねる多項選択式質問
　F_β：F_αと同一の事項についての，理由をたずねる自由回答式質問
G. 黙従傾向（yes-tendency）
　G_α：「あなたは，……に賛成ですか」という形式の任意の質問
　G_β：G_αの「……」（甲）と，それに対立する意見（乙）とを並列し，「あなたは，甲乙のどちらに賛成ですか」とたずねる質問
H. あいまいな言葉
　H_α：あいまいな言葉を含む質問
　H_β：その言葉を回答者がどんな意味で使ったかをたずねる質問（自由回答形式にして，アフターコウドするとよい）
I. 難しい用語
　I_α：難しい用語を含み，その賛否をたずねる質問
　I_β：その用語を本当に理解しているかどうかを調べる質問（自由回答形式の方が作りやすい）

なお，特に指示されたものを除いて，回答は，なるべく2項選択形式（例えば，「はい」－「いいえ」）の方が後の作業に便利である．また，先に決めたトピックでうまく質問が作れない場合には，他のトピックに関する質問を混ぜてもかまわない．

(2) 作成した質問を，以下の指示に従って適宜に配置し，2種類の調査票(I, II) の原稿を作成する．
　① A.ステレオタイプ，B.威光暗示効果，E.キャリーオーバー効果，F.多

項選択と自由回答,G. 黙従傾向については,α と β をランダムに I と II に振り分けよ(スプリット・バロット*).残りの質問については,α と β の双方を I にも II にも含める.

> * スプリット・バロット(split ballot)とは,調査対象をランダムに2等分して,異なる2種類の調査票を振り当てる方法である.このようにすれば,調査結果の差異は,もっぱら調査票の差異に帰することができるから,普通の有意差検定法によって,両調査票の比較が可能になる.

② D. ダブルバーレル質問,H. あいまいな言葉,I. 難しい用語については,α と β を必ず続けて配列する.

③ C. 個人的質問と一般的質問は,相互の干渉を避けるために,α と β をなるべく離して配列する.

④ 結果を分析するのに役立つと考えられる事項(例えば,学部,学科,学年など)に関する質問も,必要に応じて追加しておくこと.

(3) 完成した原稿を清書し,I, II それぞれ30部ずつコピーする.その際,正式の調査票として用いても恥ずかしくないよう,YAS I 調査票[→資料 3.5 A]を参考にして,形式的にもきちんとしたものに仕上げること.

また,多項選択形式の質問のときに,回答者に見せるための,選択肢を大きく書いたカード(リスト)を,調査員(グループ)の人数分だけコピーする.

(4) あらかじめ計画しておいた調査対象50名以上に対して,分担して面接調査を行う.このとき,

① スプリット・バロットの部分があるから,2種類の調査票(I, II)を厳密に交互に用いる.

② 調査票を相手に見せてはいけない.

(5) 調査結果を,以下の指示に従って,各項目ごとに集計し,統計的検定を行う.なお,集計は共同で行うが,検定については各自が行え.

A. ステレオタイプ

A_α, A_β それぞれについて賛成率(あるいは反対率)を計算し,両者の賛成率に差があるといえるかどうか,比率の差の(両側)検定[→2.3 解説(1)〜(5); 2.6 作業(2-2)]を行う.なお,標本数が小さいので,有意水準は 0.10 (10%) とする(以下,同様).

両者の賛成率に差があるといえるならば,ステレオタイプの有無が回答を左右したことになる.

B. 威光暗示効果

上の A. ステレオタイプと同様に比率の差の検定を行う.

C. 個人的質問と一般的質問

C_α と C_β とで2変数クロス集計を行い,2×2表を作成する[**表2.33**].

表2.33 マクネマー検定のためのクロス集計表

(実数)

C_α 個人的質問	C_β 一般的質問		計
	1. 賛成	2. 反対	
1. 賛成	n_{11}	n_{12}	$n_{1.}$
2. 反対	n_{21}	n_{22}	$n_{2.}$
計	$n_{.1}$	$n_{.2}$	n

C_α と C_β に対する賛成率 $p_{1.}(=n_{1.}/n)$, $p_{.1}(=n_{.1}/n)$ に関して,母集団における両質問の賛成率の間に差はない($P_{1.}=P_{.1}$),という帰無仮説の下では,

$$\chi_o^2 = \frac{(|n_{12}-n_{21}|-1)^2}{n_{12}+n_{21}}$$

の標本分布が,自由度1の χ^2 分布に近似する(マクネマー検定)[安田・原, 1982:261; Siegel, 1956:訳64-71].

$$\chi_o^2 > 2.706$$

であれば,10%以下の危険率で帰無仮説が棄却できるので,両質問の回答は相互に一致しないといえる.

D. ダブルバーレル質問

D_α, $D_{\beta1}$, $D_{\beta2}$ で,**表2.34** のように3変数クロス集計を行う.

表2.34 ダブルバーレル検出のための3変数クロス集計表

(実数)

D_α	$D_{\beta1}$	1. 賛成			2. 反対			計		
	$D_{\beta2}$	1.賛成	2.反対	計	1.賛成	2.反対	計	1.賛成	2.反対	計
1. 賛成		n_{111}	$\underline{n_{112}}$	$n_{11.}$	$\underline{n_{121}}$	n_{122}	$n_{12.}$	$n_{1·1}$	$n_{1·2}$	$n_{1..}$
2. 反対		n_{211}	$\underline{n_{212}}$	$n_{21.}$	$\underline{n_{221}}$	n_{222}	$n_{22.}$	$n_{2·1}$	$n_{2·2}$	$n_{2..}$
計		$n_{.11}$	$n_{.12}$	$n_{.1.}$	$n_{.21}$	$n_{.22}$	$n_{.2.}$	$n_{..1}$	$n_{..2}$	n

表中,下線を引いた部分がダブルバーレルを示す数字であるが,偶然の産物

かもしれないから，次のようにマクネマー検定する．

$$\chi_o^2 = \frac{(|n_{12\cdot}-n_{21\cdot}|-1)^2}{n_{12\cdot}+n_{21\cdot}} \cdots\cdots (\text{D}_\alpha \text{ と } \text{D}_{\beta1} \text{ の一致の検定})$$

$$\chi_o'^2 = \frac{(|n_{1\cdot 2}-n_{2\cdot 1}|-1)^2}{n_{1\cdot 2}+n_{2\cdot 1}} \cdots\cdots (\text{D}_\alpha \text{ と } \text{D}_{\beta2} \text{ の一致の検定})$$

について，

$$\chi_o^2 > 2.706 \quad かつ \quad \chi_o'^2 > 2.706$$

であれば，D_α は $\text{D}_{\beta1}$ とも $\text{D}_{\beta2}$ とも回答が一致しないのだから，D_α はダブルバーレル質問と結論できる．

もし，D_α が $\text{D}_{\beta1}$（または $\text{D}_{\beta2}$）と統計的に有意差がなく，$\text{D}_{\beta2}$（または $\text{D}_{\beta1}$）とは統計的な有意差があるなら，質問 D_α は，実質的に $\text{D}_{\beta1}$（または $\text{D}_{\beta2}$）にもとづいて回答されていることになる．したがって，D_α はダブルバーレル質問だということはできない．

E. キャリーオーバー効果

ここでは，$\text{E}_{\gamma1}$ が $\text{E}_{\gamma2}$ に影響を与えるか否かを問題にしているのだから，E_α と E_β の両方の場合について，$\text{E}_{\gamma2}$ の賛成率を計算し，A. ステレオタイプにならって比率の差の検定を行う．統計的な有意差があれば，キャリーオーバー効果による差とみなせる．

また，予想に反して，$\text{E}_{\gamma2}$ が $\text{E}_{\gamma1}$ に対してキャリーオーバー効果をもったかもしれないから，$\text{E}_{\gamma1}$ についても一応集計して，検定を試みる．

F. 多項選択と自由回答

まず，自由回答（F_β）を多項選択（F_α）のカテゴリーに従って分類し，どのカテゴリーにも入らないものがあれば，新しくカテゴリーを立てる［表 2.35］．回答形式と回答内容（理由）との間には関連があるかどうかを，χ^2 検定する［→2.3 解説(9)］．ただし，期待度数（F_{ij}）に小さい数字（一般的には $F_{ij} <$ 5）があるときには，通常の χ^2 検定は適用できない．そこで，論理的に近いカテゴリーを合併し，数字を大きくしてから，χ^2 検定を行え．それが不可能な場合には，イェーツの補正を施した χ^2 検定か，フィッシャーの直接確率検定を行う［→解説(6)］．

また，特に回答形式による差が大きいと思われるカテゴリーに注目して，こ

表2.35 多項選択と自由回答の集計表

	多項選択	自由回答
カテゴリー a		
カテゴリー b		
カテゴリー c		
⋮		
カテゴリー p		―
カテゴリー q		―
計		

れ以外のカテゴリーを「その他」としてまとめると，2×2表となるが，そこで，A. ステレオタイプにならい，比率の差の検定を行ってもよい．

G．黙従傾向

G_α の賛成（yes）率と，G_β における甲に対する賛成率を求め，G_α の賛成率の方が G_β の賛成率よりも大きいといえるかどうか，比率の差の（片側）検定を行う［→2.3 解説(1)～(5)；2.6 作業(2-2)］．帰無仮説が棄却されれば，黙従傾向が認められるといえる．

H．あいまいな言葉

H_β の回答を数個（なるべく少数）のカテゴリーに分け，H_α とクロス集計する．この集計結果について，F．多項選択と自由回答の場合にならって，χ^2 検定する．

I．難しい用語

まず，I_β の回答によって，この用語を正しく理解している者と，誤って理解している者とに分類し，それぞれの I_α に対する賛成率を計算する．A．ステレオタイプにならって比率の差の検定を行い，有意な差が認められれば，この用語が難しかったために，回答に影響があったといえる．

【問題】

(1) 作業(4)の①に記したように，1人の調査員が2種類の調査票のうちの一方だけを用いてはならない．なぜか．

(2) 作業(5)の結果を，A～I それぞれについて論評せよ．特に，有意な差の見出せなかったものについて，その原因を検討せよ．

(3) AとCでは，同じ比率の差を問題にしているにもかかわらず，なぜ別の検定法が用いられるのか．理由を考えよ．

【解説】

(1) **調査票作成の手順** 調査票の作成は，調査方法のいかんにかかわらず，一般に次のような順序で行う．
① 問題意識の明確化
② 先行研究（命題）の整理・検討
③ 調査項目の決定
　ごく単純な記述的調査の場合を除いて，単一の項目だけの調査が行われることはない．通常は相互の関係（例えば因果関係，相関関係など）を考慮しながら，調査すべき複数の項目を選択する［→安田, 1970 : 58-75］．
④ 調査項目の操作化
　③で決定した項目を調査（測定）可能な概念に変換する（例えば，性別役割意識→「男は外, 女は内」という意見に対する賛否というように）．これは項目の変数化にほかならず，得られる数値の性質やカテゴリーが決まってくる［→80頁］．こうして作られた変数は，調査可能な変数という意味で，経験変数ともよばれる．ただし，1つの項目を1つの経験変数で測定する必要はない．事情の許すかぎり複数の経験変数で測定した方がよい［→**2.6** 尺度構成法］．
⑤ 質問文の作成
　経験変数を質問文によって表現する．この場合，調査法に応じて，表現のしかたを工夫する必要がある．
⑥ 質問文の配列・レイアウト
⑦ 付属資料の作成
　提示リスト，調査員の手引など．

(2) **質問文の類型** 質問文は，その内容によって，以下のように分類できる．
　a　事実に関する質問
　　a_1　回答者自身に関する質問
　　a_2　回答者の社会的環境に関する質問

b　意識に関する質問
　　b_1　意見に関する質問
　　b_2　態度に関する質問

　事実に関する質問のうちで，例えば，YAS I 調査票［資料 3.5A］の問 1（年齢），問 13（学歴），問 14（職業），問 18b（収入）など（a_1），あるいは問 2e（兄弟数），問 16（父の職業）など（a_2）は，調査の主題としてよりも，他の回答を説明するための要因として，調査票に含められることが多い．そこで，これらは，基礎項目とかフェイス・シート（face-sheet）項目＊とよばれている．

　　＊　かつては，調査票の冒頭に置かれることが多かったので，こうよばれる．しかし，現在では，末尾に置かれることが多い．

　意識に関する質問のうちで，b_1 意見に関する質問とは，例えば特定の政治的イシューに対する賛否など，回答者が自覚的にもっている意識を捉えようとするものである．新聞社などで行う世論調査の質問は，大部分このタイプに属する．これに対して，b_2 態度に関する質問とは，回答者のどちらかといえば無自覚的な心的傾向を捉えようとするもので，複数の質問に対する回答を合成して尺度化し，測定しようとすることが多い．例えば，YAS I 調査票の問 10 では，9 個の質問を合成して，職業的成功へのアスピレーション尺度を構成しようとしている．

　質問文は，また，その形式によって，選択回答式と自由回答式に分けられることは，**2.5** コウディングの解説(1), (2)に記したとおりである．

　(3)　**質問群の構成**　調査票の中で，ある問題（事項）について調べようとするとき，単一の質問で済ませてしまう場合もあるが，一連の質問群によって追求しようとすることが多い．この質問群の構成の仕方には，基本的にロート（漏斗）型（funnel sequence）と逆ロート型（inverted funnel sequence）とがある．

　ロート型とは，広範囲の漠然とした質問から，順次，狭く具体的な質問に絞り込む方法である．例えば，
　問 1　いまの日本社会が解決しなければならないと思われる問題を，いくつ
　　　　かあげて下さい．

問2　その中で，どの問題が一番重要だと思いますか．
問3　その問題について，主にどこから情報を得ていますか．

逆ロート型とは，狭く具体的な質問から，順次，広い質問に拡げていく方法である．例えば，

問1　あなたは，お宅の地域の学校・公民館・上下水道・道路等の社会施設に，全体として満足していますか，それとも不満ですか．
問2　あなたが住んでおられる付近には緑がありますか．
　a）　住んでいる住宅の庭に緑がありますか．
　b）　隣近所の住宅の庭に緑がありますか．
　c）　近くに公園などの緑地帯がありますか．
問3　あなたのお宅は，日頃，公害でなにか迷惑をうけていますか．（リスト略）
問4　この中で，あなたが非常に困っている点はどれですか．いくつでもあげて下さい．（リスト略）
問5　あなたは全体としてお宅の生活環境に満足ですか，それとも不満ですか．
〔国民選好度調査委員会，1972〕

ロート型の並べ方は，回答者に知りたい問題（事項）の概要をあらかじめ把握させておき，詳細な情報を得ようとするときに，特に有効である．逆ロート型は，回答者には最終的な目的は知らせずに，そこに至る心的なプロセスを観察したいとき，あるいは，日常的な思考様式からは遠い，やや抽象的な問題について，最終的に回答を求めたいときなどには，特に有効であろう．

(4) 調査票の構成　調査票全体の構成にあたっては，以下のような注意が必要である．

①　質問の配列は，回答者が答えやすいよう，一定の流れをもつようにする．1つの問題に関する質問群が，1カ所にまとめられるのは当然である．問題から問題への，回答者の意識の切り替えを容易にするために，前置きを述べたり，まったく無駄な，誰にでも答えられるような質問（waste question）をはさんだりする工夫も必要になる．

②　調査票の冒頭は，回答者にスムーズに協力してもらえる雰囲気を作るために，特に重要である．誰にでも簡単に答えられるような質問，例えば生年月

日とか，無駄な質問を置くのが普通である．

③　質問の順序による影響を考慮しなければならない．前の質問への回答が後の質問への回答に影響する（キャリーオーバー効果）恐れのあるときは，2つの質問は離して配置しなければならない．

④　回答者が答え難い，抵抗のありそうな質問は，最初には置かない．回答者に，簡単な質問によるウォーミング・アップをしてもらってから，答えてもらうのがよい．基礎項目が，普通，末尾に置かれるのは，この理由による．しかし，重要な質問をあまり後に置くと，ちょうど回答に飽きた頃にあたってしまうことがあるので，注意が必要である．

⑤　質問数が多くなりすぎないように注意する．1回の調査に許されるのは，面接調査の時間にして，30～40分の分量であろう．

⑥　現地調査および調査後の整理・保存が容易なように，調査票のデザイン，大きさ，用紙などにも注意する．

(5)　ワーディングと回答の歪み　いかなる調査においても，すべての回答者に質問の意味が正しくかつ等しく伝わることが必要である．したがって，質問文のワーディング（wording）では，単純明快ということが原則である．逆に，ワーディングの失敗は，回答に歪みを与え，非標本誤差の原因となる．以下，その主要なものについて説明する［安田・原，1982：136-141］．

　A．ステレオタイプ

ステレオタイプ（stereotype）とは，ある社会事象に関して一般に流布している単純化されたイメージのことであり，強い感情的反応を伴うのが普通である．例えば，外国人についてのイメージは，ステレオタイプの典型的なものであり，政治漫画などでは，これをうまく利用している．質問文にステレオタイプを伴う単語が含まれていると，回答者が，文章全体にではなく，その単語だけに反応してしまう恐れがある．例えば，安田三郎［1970：38］は，

　　A_α　「家庭における道徳教育は必要だと思いますか」

　　A_β　「家庭における倫理的しつけは……」

という例をあげて，賛成率が $A_\alpha < A_\beta$ となることを指摘している．ただし，「道徳教育」という言葉が普遍的なステレオタイプというわけではなく，小中学校における「道徳」科目の新設（1958年）をめぐる，「修身」の復活か否か

についての対立という，当時の社会状況の中で意味をもってくるわけである．

　B．威光暗示効果

　質問中の事実が，社会的権威のある人の発言，世間一般の見解，あるいは何らかの規則であることを明示すると，それに影響されて回答に歪みの生ずることがある．例えば，

　　B_α　「世間では一般にパン食が健康によいといわれていますが，あなた自身は，パン食は健康によいと思われますか」

　また，調査者の期待する選択肢が明らかであると，回答者の中には，それに応える傾向をもつ人もいる．

　C．個人的質問と一般的質問

　回答者個人の態度に関する質問（personal question）と，世間一般についての回答者の意見を求める質問（impersonal question）では，回答が異なることがあるので，明確に区別する必要がある．例えば，

　　C_α　「あなたは，この地区で起きている公害反対の住民運動に，参加したいとお考えですか」

　　C_β　「いま，この地区で起きている公害反対の住民運動に賛成ですか，反対ですか」

同様の区別が必要なものとして，平常の習慣化した行動（usual status）についての質問と，特定の時点における行動（actual status）についての質問がある．

　D．ダブルバーレル質問

　1つの文中に2つ以上の論点を含んだ質問は，その一方にだけ賛成の回答者に混乱をもたらす．このような質問を，ダブルバーレル質問（double-barreled question 双身銃の意）という．例えば，

　　D_α　「わが国は，開発途上国への<u>経済援助や技術援助</u>を，積極的に推し進めるべきだと思いますか」

この場合には，経済援助と技術援助について，別々にたずねるべきである．

　E．キャリーオーバー効果

　先の質問が，後続の質問への回答に影響を及ぼすことがある（これは，ワーディングの問題ではないが）．これをキャリーオーバー効果（carry-over effect) という．例えば，

$E_{γ1}$ 「今の革新政党は，現実的な問題に対する具体的な解決策を立てようとしない，という意見があります．あなたは，この意見に賛成ですか，反対ですか」

$E_{γ2}$ 「あなたは，自衛隊を廃止することに賛成ですか，反対ですか」

故意にこの効果を利用することもあるが，普通は，その恐れのある質問を離して配置するか，逆順にして配列する．

F. 多項選択と自由回答

これも厳密にはワーディングの問題ではないが，回答の形式が回答の内容に影響を与える場合がある．詳しくは，2.5 コウディングの解説(1)～(3)を参照．

G. 黙従傾向

回答者の中には，質問の内容のいかんを問わず，どのような質問にも肯定的（「はい」あるいは「賛成」）に回答する傾向をもつ人がいる（yes-tendency あるいは acquiescence）．そこで，一方の選択を強調しないよう，「……に賛成ですか」よりも「……に賛成ですか，反対ですか」の方が，さらに，対立する趣旨の文章を並べておいて，どちらに賛成かをたずねる形式の質問の方が，より望ましい．

この他，選択（あるいは選択肢）の問題としては，質問文中で選択肢の一部にだけ言及すると，その選択肢が多く選ばれる傾向がある．

H. あいまいな言葉

あいまいな言葉は，人によって解釈に違いを生じるので，使用を避けるか，質問文中で明確に定義しなくてはならない．例えば，

$H_α$ 「あなたは，現在のテレビの娯楽番組の数は多すぎると思いますか，思いませんか」

なお，「ばっちり」「ぴったり」等の感覚的な語句についても同様である．

I. 難しい用語

語句の表現は，調査対象者の最低の知識水準に合わせなければいけないといわれている．回答者にわかり難い語句を含む質問結果は，いい加減なことが多い．また，一部の人びとにしか通じない語句，例えば方言，流行語，仲間語（隠語）などは，避けるのが望ましい．

J. その他

 作業ではとりあげなかったけれども，複雑で混乱しやすい質問文，過度に長い質問文，複雑な選択形式なども，誤りや歪みを生じる原因となる．これらを避けるのは当然であるが，質問文についてはともかく，回答（選択肢）については，避け得ない場合もある．その際には，選択肢のリストを提示したり，カード方式［→2.7 評定法・序列法・一対比較法］の採用が必要となる．

 また，今後は，老人・子供・障害者などに対する調査も増加が予想されるが，ここで触れたことに加えて，さらに方法の検討・工夫が必要であろう．

 (6) 項目間の独立性の検定（小標本の場合）　クロス集計表の項目間の独立性を検定する方法としては，χ^2 検定が最もよく用いられる［→2.3 解説(9)］．しかし，作業(5)で述べたように，通常の χ^2 検定は，標本数の小さいデータには適用できない．それに代って用いられるのが，連続性あるいはイェーツの補正を施した χ^2 検定と，フィッシャーの直接確率検定である（ただし，いずれも 2×2 表に限られる）．詳しくは，専門の教科書（例えば［Snedecor and Cochran, 1967］）をみてほしいが，ここでは，前者については，χ_o^2 を求めるための定義式を紹介し，後者については，検定のためのコンピュータ・プログラムを別掲しておく［→3.6］．

 連続性の補正を施した χ^2 検定

$$\chi_o^2 = \frac{(|n_{11}n_{22}-n_{12}n_{21}|-n/2)^2 n}{n_{1.}\,n_{2.}\,n_{.1}\,n_{.2}}$$

以下の手続きは，通常の χ^2 検定と同じである（自由度 1．添字については**表 2.33** または**表 2.16** を参照）．

【文献】

［Duverger, 1964］［安田, 1970］［続・村上, 1975a］［安田・原, 1982］［福武, 1984］［盛山ほか, 1992］［森岡, 1998］［鈴木, 2002］

2.10 聴取調査

【時間】 作業の内容から考えて，休暇中の課題とするのが適当であろう．
【道具】 メモ帳，筆記用具（[上野ほか，1987：17-22] を参照）

【作業】
　自分の周囲（家族，親戚，近隣など）の70〜80歳（不可能な場合は，その前後でもよい）の高齢者を1名選び，「これまでの思い出」について聴取調査を行う．

　(1) 聴取りは，解説(2)の手順を参考にして行う．ただし，回答者に対して，授業の課題であること，内容を公開するような性質のものではないことを説明し，あらかじめ了解を得ること．

　(2) 調査すべき項目は，表2.36に示されている．カッコの中の言葉などを補足しながら，回答を引き出していく．
　このうち，基礎項目は，回答の内容を理解したり，分析したりするためのものであるが，自明なことがらや，調査者が判断可能なものも含まれているので，必ずしもすべての項目についてたずねなくてもよい．これに対して，質問項目については，すべて漏れなく，番号の順序で質問しなくてはならないが，本人の年齢や経歴に合わせて，順序を変更することが必要な場合もある（8, 9等）．
　記録は，回答の内容だけでなく，回答者の表情，身振りなどを含めて，要点を的確に書きとめておくこと．また，回答者の了解が得られれば，テープレコーダーを併用してもよい．

　(3) 調査終了後，聴取結果にもとづいて，「○○さんの人生」という表題でレポート（400字詰原稿用紙20枚以内）をまとめる．なお，○○は固有名詞でもよいし，「A」等の略号でもよい．回答者の用いた表現（たとえば，方言など）を使ったり，表情，身振りなどについて補足したりしながら，なるべく調査の際の雰囲気を再現するようにまとめること．また，内容を簡潔に表現した副題を付すこと．基礎項目については，別紙にまとめて添付すること．

表 2.36　聴取調査項目

基礎項目
 1．現在の居住地と同居家族（本人との続柄，性別，年齢，職業など）
 2．本人の出身地（都市・農村別）
 3．本人の性別
 4．本人の年齢（出生年）
 5．本人の学歴
 6．本人の兄弟姉妹（そのうち死亡者，現存の者の居住地，つきあい）
 7．本人の未既（再）婚別
 8．本人の配偶者との死離別
 9．本人の主たる職業（職業経歴）
10．本人の配偶者の主たる職業（職業経歴）
11．本人の暮しむきの程度（上上，上下，中上，中下，下）
12．父母の出身地（都市，農村別）
13．父母の主たる職業
14．父母の暮しむきの程度（上上，上下，中上，中下，下）
15．本人の子供の数（そのうちの死亡者，現存の子供の職業・年齢・配偶者の職業，孫の数）

質問項目
 1．あなたのお父さん，お母さんはどんな方でしたか？（職業，暮しむき）
 2．小学校に上がる前の思い出はありますか？（楽しかったこと，うれしかったこと，悲しかったこと，苦しかったこと，恐ろしかったこと）
 3．学校時代（小学校，中学，高校，大学）の思い出は？（同上項目）
 4．学校を出てから最初の仕事に就いたいきさつを教えて下さい
 5．その後，結婚までの生活は？（どんな仕事をしていたか，楽しかったこと，苦しかったこと）
 6．結婚されたのは何歳（昭和何年）のときですか？　結婚のいきさつは？
 7．結婚後の暮しむきは？（本人と配偶者の職業，子供の養育，義父母との関係）
 8．戦争中や戦争直後の思い出は何かありますか？（兵役，死亡者，戦災，疎開，敗戦後の社会や生活など）
 9．お宅にテレビが入ったのはいつ頃か憶えておられますか？　その頃の暮しの様子はどんなでしたか？
10．この他，これまでの人生でとくに忘れられない経験などありますか？（成功，失敗，病気，事故など）
11．子供との同別居のいきさつは？
12．現在の子供とのゆききの状態は？
13．最近の生活状態は？（健康状態，現在の仕事，家庭内での役割，家庭外での役割，趣味や楽しみ，現在の幸福感，暮しで困っている点，生活費と小遣い，最近でうれしかったこと・悲しかったこと，今一番気がかりなこと）
14．これからのことで，これだけはしておきたいこと，こうなりたくないと思っていることがありますか？
15．もう一度生まれ変わられるものとすれば，どうなりたいですか？（後悔していること）
16．信仰をもっていますか？
17．現在の若者への忠告は？（若い男に対して，若い女に対して）
18．政府や自治体への老人政策についての注文は？
19．長寿のひけつは何でしょうか？

2.10 聴取調査

【問題】

(1) 前節［2.9］の指示的面接法と，本節の非指示的面接法を比較して，感想を述べよ．

(2) 聴取調査では，質問者と回答者の間の良好な人間関係（ラポール rapport）を確保することが，特に重要だといわれる．そのためには，質問者の側で具体的にどのような注意が必要か．なるべく詳細に述べよ．

(3) この聴取調査から得られるのは，回答者の回顧によるデータ（retrospective data）である．しかし，過去の思い出は必ずしも客観的事実とは一致しないことも多い．回答者，特に高齢者にとっての「真実」とはどういうことだろうか．考えるところを述べよ．

なお，本節の作業は，青井和夫が実際に行った調査［高年齢層研究委員会，1978］をモデルにしているが，青井は，「回想の治療的意義」ということを主張している．これはどういうことか，あわせて考えよ．

【解説】

(1) 非指示的面接調査　聴取調査は，1.2節でも述べたように，非指示的面接調査の1つである．調査票を用いる指示的面接調査では，質問のしかたが（回答の記録のしかたも）厳格に定められており，調査員が文章を変えたり，口添えをしたりすることが，原則として許されていないのに対して［→3.5 YAS I 調査票と調査員の手引］，非指示的面接調査では，逆に，調査員の自由で柔軟な対応がむしろ必要とされる．調査員は，調査の主題についてよく熟知しており，高い面接能力を有していることが必要で，調査者が直接面接を行うことが多い．したがって，調査対象の数も，少数に限定される．

指示的面接，非指示的面接は，また，構造化面接，非構造化面接とよばれることもあるが，この呼称は，両者の特徴をよく表わしている．すなわち，構造化面接（指示的面接）では，調査事象に関する回答者の意識に，共通の一定した構造（あるいは流れ）があることを仮定して，一連の質問文が設計されているのである．これに対して，非構造化面接（非指示的面接）では，そのような構造は仮定していないか，あるとしてもごく弱い仮定で，むしろ，面接によって構造を探っていくのに適しているといえよう．つまり，回答者自身が調査の

テーマである事象をどのようなものとして意識（構造化）しているかを引き出そうとするところに，聴取調査のおもしろ味がある．その意味では，作業(2)ではほぼ時間の流れに沿って質問する形をとったが，別のやりかたを工夫する余地が大いにあるだろう．

ところで，面接調査における人びとの回答を比較しようとするとき，真に比較が成立するためには，与えられた質問（あるいは刺戟）が，すべての回答者に対して同一のものであるということが必要である．指示的面接調査は，質問のしかたを形式的に統一することによって，刺戟の同一性を確保しようとするものにほかならない．

これに対して，非指示的面接調査では，質問の形式はバラバラである．むしろ，各回答者に適した形式を選択することによって，実質的な同一性を確保しようとするものであり，同一性の判断は調査者の主観にまかされる．ただし，これは，ややもすると調査者の独り合点に陥りやすく，注意が必要である．

(2) **非指示的面接の手順** 堀川直義［1971：201-202］は，面接の手順について，原則的に，以下の10段階を踏んで行うことを提案している＊．

> ＊ これに先立って，調査の許諾，結果を発表する方法と手順，資料やテープの処分方法等について，調査者と回答者の間で契約書を交わすことも少なくない．契約書を交わさない場合でも，これらはあらかじめ了解を得ておくべきことがらである．

第1段階　姓名を名乗り，肩書や所属を明らかにする必要があれば，それも告げる（その面接にふさわしい，お互いの関係位置につく）．

第2段階　ウォーミング・アップを行う（本論に入る前に，両者の呼吸を整えるように，いわゆる「まくら」を述べて親しみをわかせる）．

第3段階　この面接の主旨・目的を述べる（相手がいくらか乗気になったところで行う．これがあまり後になると，何をしに来たのだろうと不安を感じる．第2段階から第3段階への移り方は，きちんと折目をつけた段落型と，いつとはなしに本論に滑りこむ連接型とがある．必要があれば，この第3段階で秘密を守る約束をする）．

第4段階　さらに親密さを加える（第2段階で一応の親密さを起させたのだが，第3段階で目的などを弁明したので，また多少相手を緊張させる結果になる．そこで，もう一度，ここで親密さを加える努力をする）．

2.10 聴取調査

第5段階 相手に話してもらう（一問一答よりも，なるべく自由に語ってもらう）．

第6段階 こちらから質問する（回答の内容について，今度は，こちらから1つひとつ質問して具体的に追求する）．

第7段階 言い残したことを話してもらう（第6段階ぐらいまで進むと，相手も言いたりない点を自ら発見するようになる．それを話してもらう）．

第8段階 回答の要点を確認する（往々にして，この段階を忘れることがある．これを省くと不正確な面接になってしまう）．

第9段階 協力への感謝を述べる（たとえ目的を果さなくても，他人の時間を多少でも空費させたのだから，感謝の意を表することを忘れてはならない）．

第10段階 面接を終了し，辞去する（人間的なあたたかさで，今後のつながりが確保できる余地を残して終了する）．

なお，調査の場合には，各質問項目ごとに，第5段階から第8段階までが繰り返されることになる．

この，非指示的面接における質問のしかたには，標準的な方法は確立されていない．しかし，非構造化面接という特徴を生かそうとするならば，あらかじめ回答の方向に枠をはめてしまうような聞き方は望ましくない［Merton et al., 1956］．したがって，堀川のように，①まず，一般的な形で質問して回答者に自由に話してもらい，②次に，回答のなかでさらに詳しく知りたい点，疑問の点などを，一問一答の形で答えてもらうのがよいとされている．

ただし，回答に枠を与えないように，自由に話してもらおうとすると，しばしば，「わからない」という回答が連発されたり，話が無関係な方向へ脱線してしまうことになる．その場合には，ある程度の誘導も必要になる．自由と規制の2つの方向間の微妙なバランスをとることが必要なのである．

次に示したのは，基礎項目14に関する実際のやりとりの記録である．

質問 「両親の暮しむきはどうでしたか？」
回答 「暮しむき？」
質問 「ほら，暮しむきが良いとか，悪いとかいうでしょう」
回答 「そりゃ，大変だったでしょう．子供は多かったし．それに，うちは宮大工だったから，4，5人の弟子が家の中にいつもいるわけですよ」
質問 「でも，宮大工の棟梁といえば，貧乏というわけではないんでしょう？　周

囲の農家と比べてどうでしたか？」
回答　「そうだね．子供は，皆，旧制中学か師範学校へいってるしね」
質問　「たとえば，上中下に分けると，上ということですか？」
回答　「村の中では上の部類だろうね」
質問　「それでは，上の上と上の下に分けたらどうですか？」
回答　「うーん……．まあ，上の下というところかな」

　以上の簡単な会話の中からでも，親の職業，兄弟の学歴，所属階層の判定を，それぞれ別個にたずねたのでは知ることのできない，家庭の暮しの状況がうかがわれるのである．

　(3)　データの記述的処理と統計的処理　聴取調査のデータは，一般に記述的に処理され，統計的処理が行われることは少ない．それは，指示的面接調査の場合とは異なって，聴取調査の結果が，形式的に不定型だからである．もちろん，「老後の生活に不安を訴えた者が○人」というように，計数が行われることはあるが，それ以上の統計的分析が行われることはまれである．むしろ，調査結果の全体を調査者（研究者）が眺めて，総合的な洞察を加えることによって，まとめられることが多い．個々の調査データは，その洞察の例証として，しばしば直接引用される．

　ところで今日では，社会調査の結果に対しては統計的処理が行われる場合が，圧倒的に多い．しかし，統計的処理は，方法の客観性［→1.1 社会調査とは何か］という面では優れているけれども，対象の特性をある数量的な側面からだけ捉えることによって，他の側面を捨象し，対象の全体的な姿を見失う場合がある，という意見は根強い［佐藤，1992］．現実に，この批判の当っていない面がないとはいえないけれども，ここで，2つの点から反論を加えておかねばならない．

　第1に，多次元解析法とか多変量解析法と呼ばれる種々の統計的解析技法の発達によって，事象の特性を，単一の次元からだけではなく，多次元的に捉え，総合的に処理することが可能である［柳井・岩坪，1976；池田，1971］．

　第2に，総合的・多次元的な見方は重要であるが，同時に，その場合でも，現実の複雑な事象を可能なかぎり少ない次元によって捉え，説明していこうとすることが，科学研究の目標であることを忘れてはならない．そのことによって，思考の経済がもたらされ，知識の蓄積が可能になるのである．

このように考えると，聴取調査のようなデータに関しても，また，統計的処理の方法が工夫されるべきである．聴取調査結果のように，不定型のデータから，統計的分析が可能な定型的データをどう引き出すかという問題は，実は，ロールシャッハ・テスト，TAT（絵画統覚検査）などの心理検査，コミュニケーション研究における内容分析（content analysis），社会学における生活史や職業経歴分析などにも，共通して存在しているのであって，未開拓の興味深い研究分野である［原，1992］．

【文献】

［Merton et al., 1956］［堀川，1971］［続・村上，1975b］［福武，1984］［上野ほか，1987］［佐藤，2002］

2.11 問題解答

系統抽出法と比率の推定 [2.1節]

(1) 1.02倍（Nが2倍のとき）.
    1.41倍（Nもnも1/2のとき）.

(2) 385人（日本全国）.
    377人（有権者20,000人の都市）.

なお，日本全国の有権者のように，母集団Nが極めて大きい場合には，(2.1)式は，

$$n \geqq \left(\frac{k}{\varepsilon}\right)^2 P(1-P)$$

と変形して用いることができる．

(3) 標本数．

(4) 正規分布の特徴の1つは，平均を中心にして左右対称だということである．しかるに比率の変域は0から1の間に限定されている．したがって，図2.8のaに示したように，母比率Pが極端に大きく（小さく）なければ，一応，標本比率pの正規分布を想定することができるけれども，bのような場合には，左右対称な分布を想定することはできない．ただし，標本数nが大きくなれば，標本分布の分散が小さくなるので，cの場合のように，母比率Pがbと同じであっても，正規分布を想定することができる．

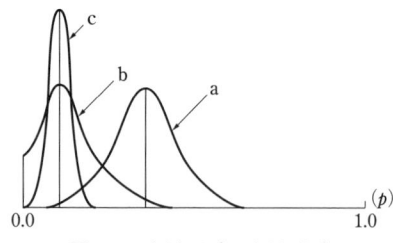

図2.8 標本比率の標本分布

標本比率pの標本分布は，正確には二項分布（厳密には，超幾何分布）に

従う．比率の推定において，正規分布を想定しているのは，二項分布が，標本数 n が大きくなるほど（標本分布の分散が小さくなるほど），また，母比率 P が 0.50 に近いほど，正規分布に近似するという性質をもっているからである．このことを述べた定理を，中心極限定理という［芝・渡部，1984：32-34］．

なお，表 2.37 は，正規分布理論を適用しうる標本数 n の，下限の目安を示したものである．

表 2.37　正規分布理論を適用しうる標本数 n の下限

標本比率 p		n
0.3	または 0.7	100
0.2	0.8	200
0.1	0.9	600
0.05	0.95	1,400

資料：[津村，1956：34]．

確率比例抽出法［2.2 節］

(1) よい．2.2 解説(3)を参照．

(2) もし，1 つの第 1 次抽出単位に，l 個の Or が含まれているなら，その第 1 次抽出単位から，k 個ずつの第 2 次抽出を，l 回独立に繰り返さなければならない．ただし，実際には，$k \times l$ 個の第 2 次抽出単位を抽出するので充分である．

(3) 2.2 解説(6)を参照．

(4) 母平均の推定の場合を考えてみよう．(2.5a) 式において，各第 1 次抽出単位内が完全に均質ならば，$\sigma_i^2 = 0$ となる一方で，（第 1 次抽出単位間の異質性は大きくなる可能性が高いから）$\mu_i - \mu$ は大きくなる．また，各第 1 次抽出単位内が完全に異質ならば（その結果，各第 1 次抽出単位間の類似性が極端に大きくなるなら），σ_i^2 は大きくなる一方で，$\mu_i - \mu = 0$ となる．

一般には，この両者の中間状態にある．したがって，1 つの投票区の内部が不均質だったとしても，それが直ちに標本分布の分散の増大に，すなわち標本誤差の増大に結びつくわけではない．

(5) ［安田・原，1982：215-216］を参照．

(6) ［安田，1970：5-6］を参照．

統計的検定［2.3節］

(1) 第1に，各々の検定法の特性（適用条件）を吟味し，いま適用している状況に合致度の高いものを採用する．第2に，いま問題にしている検定における，第一種の過誤と第二種の過誤を比較考量し，危険の少ない判定を採用する．

しかし，これらが同等であるか，判断がつかない場合には，帰無仮説を否定しているデータが少なくとも1つは存在しているのだから，基本的には，帰無仮説は棄却すべきである．

(2) 統計学的には，標本から得られた情報を，母集団の外に拡張することは，明らかに誤りである．しかし，われわれは，あらゆる母集団について，あらゆる種類の調査を行うことは不可能であり，しかも，時間的・経済的に，新たな調査の企画・実施が困難な場合は，多々存在する．この場合，われわれは，調査結果のない母集団について，何らかの推量・判断を行わなければならない．

具体的には，双方の母集団について知られている事項（特に，当該意識に関連をもつと考えられる事項）を比較し，その分布が類似している場合には，調査結果を拡張することは許されるだろう．問題の場合には，東京都区部と全国の職業分布，居住条件，老人用施設の水準などについて考えてみよ［→1.3 調査対象の決定］．

(3) 全数調査の結果は，求めている母集団の真の状態（仮想的母集団）そのものではなく，仮想的母集団に対して，種々の攪乱要因（例えば，受験者の体調，入試問題，教室の環境など）がランダムに作用した結果として得られた，一種の標本と考えて，統計的検定を行う．**表2.3**では，男子学生と女子学生の合格率の差の検定を行えば，

$$d = |-0.065| > 0.016 = 1.64\sqrt{V_{(d)}}$$

χ^2 検定を行えば，

$$\chi_0^2 = 42.9 > 3.841$$

となる．したがって，①女子学生の方が男子学生よりも合格率が高く，②性別と合否の間に関連がある，といえる．

(4) 第一種の過誤：本当は重要な情報が含まれているのに，含まれていないと判断してしまう．この場合，その情報に接する機会を失うことによって，誤った判断をする可能性がある（例えば，すでに特許取得済の製品を，知らずに

開発しようとする).

第二種の過誤：本当は重要な情報が含まれていないのに，含まれていると判断してしまう．この場合，有限な時間を浪費することになる．

クロス集計とエラボレイション [2.4 節]

(1) 例えば［安田・海野, 1977：29-56］を参照．

(2) 周辺分布（$n_{1.}, n_{2.}, n_{.1}, n_{.2}$）が外的に固定されている場合には最大関連の状態で極値をとる係数を，固定されていない場合には完全関連の状態で極値をとる係数を用いる．例えば，出身大学の種別（国公立／私立）と就職の型（官公庁／私企業）との関連をみる場合は，大学の定員や募集人員はあらかじめ定められているから，前者（最大関連）である．回答者の前回と今回の選挙における投票政党の関連をみようとするときには，各政党の得票数はあらかじめ定められているものではないから，後者（完全関連）である．

(4) パターン1：タイプI
　　パターン2：タイプIIIA あるいは IIIB
　　パターン3：タイプIIA あるいは IIB

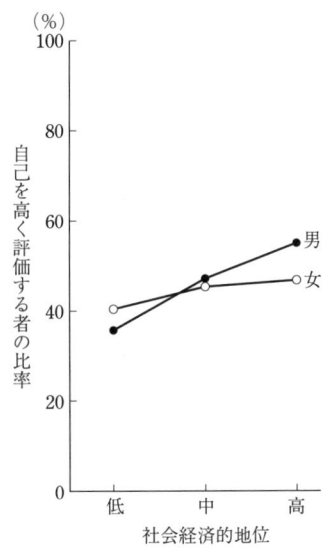

図 2.9　社会経済的地位と自己評価との関係（男女別）

パターン4：タイプIV
パターン5：タイプIIIAあるいはIIIB

(5) タイプIV（スペシフィケイション）．ここでは，社会経済的地位のカテゴリー数が2ではないので，Q，r以外の関連係数（例えば，グッドマン＝クラスカルのγ係数［→2.7 解説(3)］を用いなければならない．なお，図2.9のグラフからも，$[XY:Z_1] \neq [XY:Z_2]$の状態は読みとることができる．

コウディング（職業分類）[2.5節]

(2) 社会学的観点からみると，職業は，社会的役割（分業）の指標であると同時に，社会的地位の指標でもある．しかし，日本標準職業分類には，後者の観点は含まれていない．そこで，従業上の地位（業主，雇用者など），企業規模などの要素を加味した分類が採用されるべきである．また，特にブルーカラー労働者の場合には，これらの要素に加えて，必要とされる熟練の程度も考慮されるべきである［安田・原，1982：87-89］．

(4) 資料3.5Bの調査員の手引を参照．

尺度構成法（項目分析）[2.6節]

(1) それぞれ，以下の点を中心に検討せよ．妥当性に関しては：
　① 尺度を構成している財産項目は，全体として，多種多様な財産を代表しうるものになっているか．
　② 所有の有無が，まったくの個人的好みによって決定されるような財産項目は含まれていないか．
　③ 各財産項目の利用価値は，誰にとってもほぼ同等といえるか．例えば，ある地域ではぜいたく品であるものが，他の地域では生活必需品である，というようなことはないか．
　信頼性に関しては：
　① 各財産項目名の意味が明快であるか．例えば，同一の品物が，回答者間で，その項目の中に含められたり，含められなかったりする恐れはないか．
　② 所有個数が極端に少ない人の，感情的反発を和らげるための方策がと

2.11 問題解答

られているか.

(2) 項目分析には，妥当性の外的基準が存在しないが，その代用として用いられる仮スコアは，検討の対象であるはずの各項目から導かれたものであるという，一種の循環論法になっている.

また，項目分析は一次元性を完全には保証し得ない. 例えば，仮に項目が，ある特性を測っているものと，別の特性を測っているものの，2群から構成されているとしよう．この場合，異なる群に属する項目間ではほとんど無相関であるとしても，同一群内の項目間の相関が高いため，全体の仮スコアと各項目とはある程度の相関を示し，両群の項目が採用されてしまうことがある．[海野・山田，1974] を参照.

評定法・序列法・一対比較法 [2.7節]

(2) 一連の事象（評価対象）名が提示される場合，前の方と後の方では，評価の基準に変化の起る可能性がある. カードを用いる方法では，回答者が，各事象の評価基準を自分で再点検することが，容易にできる. 調査員が読みあげる方法の場合は，いったん回答をしてしまったものについて，再点検をすることは困難である.

また，カードを用いる方法では，カードをよくきることによって，事象名は各回答者にランダムな順序で提示されるのに対して，調査員が読みあげる方法の場合には，常に一定の順序で提示される．以上の結果，調査員が読みあげる方法では，提示順序との関係で，評価基準の変化の影響が，体系的に現われる恐れがある（これを防止するために，全事象名を書いたリストを回答者にみせて答えてもらう，という方法も考えられる．ただし．この場合でも，事象名の並べ方の影響が現われないとはいえない）.

逆にカードを用いる方法の欠点は，時間がかかること，調査員があわてて回答の記録を誤記入する可能性が小さくないこと，などである.

統計図表の描き方 [2.8節]

(1) 変化率が一定であることを示す [→2.8 解説(2)].

片対数グラフにおける直線は,

$$\log_n Y = \log_n \alpha + (\log_n \beta) X$$

という式で表わされる．ここで，$\log_n \alpha$ は切片の高さ，$\log_n \beta$ は直線の傾きである．

上式を整理すれば，

$$\log_n Y = \log_n \alpha + X \log_n \beta$$
$$\log_n Y = \log_n \alpha + \log_n \beta^X$$
$$\log_n Y = \log_n \alpha \beta^X$$
$$Y = \alpha \beta^X$$

となり，指数曲線で示される（傾きが正の場合と負の場合について，図示せよ）．

(5) 個人収入．ジニの集中係数で表わせば，0.313（世帯収入）および 0.332（個人収入）．ただし，ローレンツ曲線では見分けがつかないくらい，差は小さい．

なお，ジニの集中係数を求める手続きは，かなり煩雑でもあるので，これに代る指標を工夫してみるのもよいだろう．例えば，弓形の一番深い個所と対角線との距離で表わす，という方法はどうか．また，2本のローレンツ曲線が交差した場合に，ジニの集中係数が適切であるかどうかも考えよ［安田・海野，1977：249-260；高山，1980：19-23］．

調査票の作成 [2.9 節]

(1) 回答の差の中に，質問の相違による差だけでなく，調査員の相違による差も，含まれてしまうからである．

(3) Aの方は，2組のまったく独立な標本間で，比率の比較を行う．これに対して，Cにおける2組の標本（C_α の集合および C_β の集合）は，同一の個人から得られたもので，独立とはいえない（これを，関連標本とか，対応のある標本という）．なお，［Siegel, 1956］を参照．

聴取調査 [2.10 節]

(2) ［福武，1984：120-134］を参照．

第3章

社会調査資料

3.1 数　表

(1) 標準正規分布

A. 片側検定用

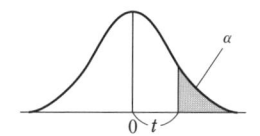

α	0.20	0.10	0.05	0.01
t	0.841	1.281	1.644	2.326

　棄却域がマイナス側（下側）に設定される場合もあるが，正規分布は左右対称であるので，この表をそのまま用いることができる．

B. 両側検定用

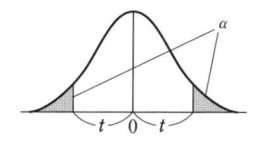

α	0.20	0.10	0.05	0.01
t	1.281	1.644	1.959	2.575

　（注）　出現確率 α は，

$$\alpha = \int_t^\infty \frac{1}{\sqrt{2\pi}} e^{-\frac{t^2}{2}} dt$$

によって求められる（片側検定の場合）．表は，本書の作業のために最小限必要な数値だけを示したものである．

(2) カイ二乗分布（χ^2 分布）

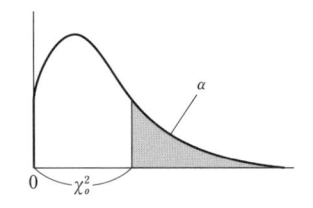

自由度 df	α			
	.20	.10	.05	.01
1	1.642	2.706	3.841	6.635
2	3.219	4.605	5.991	9.210
3	4.642	6.251	7.815	11.341
4	5.989	7.779	9.488	13.277
5	7.289	9.236	11.070	15.086
6	8.558	10.645	12.592	16.812
7	9.803	12.017	14.067	18.475
8	11.030	13.362	15.507	20.090
9	12.242	14.684	16.919	21.666
10	13.422	15.987	18.307	23.209
11	14.631	17.275	19.675	24.725
12	15.812	18.549	21.026	26.217
13	16.985	19.812	22.362	27.688
14	18.151	21.064	23.685	29.141
15	19.311	22.307	24.996	30.578
16	20.465	23.542	26.296	32.000
17	21.615	24.769	27.587	33.409
18	22.760	25.989	28.869	34.805
19	23.900	27.204	30.144	36.191
20	25.038	28.412	31.410	37.566
21	26.171	29.615	32.671	38.932
22	27.301	30.813	33.924	40.289
23	28.429	32.007	35.172	41.638
24	29.553	33.196	36.415	42.980
25	30.675	34.382	37.652	44.314
26	31.795	35.563	38.885	45.642
27	32.912	36.741	40.113	46.963
28	34.027	37.916	41.337	48.278
29	35.139	39.087	42.557	49.588
30	36.250	40.256	43.773	50.892

(注) 自由度 $df>30$ の場合には，
$$K = \sqrt{2\chi_o^2} - \sqrt{2df-1}$$
の標本分布が，平均0，標準偏差1の正規分布に近似するので，数表 3.1(1)A を用いて片側検定を行う。

3.2 仙北調査結果

番号	支持政党	性	年齢(歳)	最終学歴	職業	世帯年収(万円)	番号	支持政党	性	年齢(歳)	最終学歴	職業	世帯年収(万円)
001	民主	女	60	中学	主婦	900-1000	036	民主	女	35	高校	主婦	600- 700
002	自民	男	50	中学	中小ブルー	300- 400	037	なし	男	32	大学	中小ホワイト	800- 900
003	不明	女	61	高校	不明	1200-1400	038	なし	男	41	高校	大ブルー	600- 700
004	民主	男	43	高校	大ブルー	500- 600	039	不明	男	66	中学	農業	100- 200
005	なし	男	48	大学	不明	600- 700	040	不明	男	66	中学	農業	500- 600
006	自民	女	37	高校	主婦	600- 700	041	なし	男	49	中学	中小ブルー	500- 600
007	民主	男	21	高校	大ホワイト	1600-	042	諸派	女	55	中学	主婦	100- 200
008	なし	男	55	中学	不明	400- 500	043	なし	男	42	高校	中小ブルー	300- 400
009	自民	男	26	高校	不明	500- 600	044	自民	男	25	高校	不明	900-1000
010	なし	女	51	大学	主婦	800- 900	045	社民	男	69	中学	無職	200- 300
011	なし	女	37	大学	主婦	800- 900	046	自由	男	53	中学	大ブルー	700- 800
012	なし	女	63	中学	主婦	300- 400	047	なし	女	54	中学	主婦	500- 600
013	なし	男	29	高校	中小ブルー	300- 400	048	民主	男	31	高校	自営業	600- 700
014	なし	女	36	高校	中小ホワイト	500- 600	049	なし	男	39	高校	中小ブルー	500- 600
015	なし	女	67	中学	無職	600- 700	050	自民	男	49	高校	農業	1000-1200
016	社民	女	25	大学	主婦	300- 400	051	なし	女	45	大学	専門	800- 900
017	なし	男	35	大学	中小ブルー	600- 700	052	民主	男	65	中学	無職	700- 800
018	自民	女	26	高校	専門	1400-1600	053	なし	男	46	中学	自営業	300- 400
019	自民	女	41	高校	中小ホワイト	600- 700	054	公明	女	29	高校	主婦	500- 600
020	なし	男	46	不明	不明	不明	055	不明	女	68	中学	主婦	400- 500
021	なし	男	26	大学	専門	300- 400	056	自民	女	34	高校	中小ブルー	300- 400
022	社民	女	48	高校	農業	1000-1200	057	なし	女	45	高校	中小ブルー	900-1000
023	民主	男	53	高校	中小ブルー	500- 600	058	なし	男	55	中学	中小ホワイト	500- 600
024	自由	女	32	高校	中小ホワイト	900-1000	059	なし	男	42	高校	中小ブルー	400- 500
025	なし	女	65	高校	無職	600- 700	060	なし	男	41	高校	中小ブルー	300- 400
026	なし	女	48	高校	大ホワイト	1400-1600	061	社民	女	62	中学	無職	0- 100
027	なし	男	20	高校	中小ブルー	700- 800	062	なし	男	29	高校	不明	300- 400
028	なし	男	63	中学	農業	800- 900	063	なし	男	28	高校	中小ブルー	200- 300
029	自民	女	23	高校	専門	1000-1200	064	なし	女	33	高校	主婦	100- 200
030	自民	男	35	高校	大ホワイト	800- 900	065	なし	男	38	大学	管理	900-1000
031	自民	男	62	不明	無職	0- 100	066	なし	男	22	高校	中小ホワイト	700- 800
032	なし	女	25	大学	大ホワイト	1400-1600	067	自由	女	60	中学	不明	不明
033	自民	男	66	中学	農業	1200-1400	068	なし	女	65	中学	無職	200- 300
034	なし	男	40	高校	専門	700- 800	069	民主	男	48	中学	中小ブルー	500- 600
035	なし	男	43	大学	中小ホワイト	400- 500	070	社民	男	68	高校	無職	200- 300

番号	支持政党	性	年齢(歳)	最終学歴	職業	世帯年収(万円)	番号	支持政党	性	年齢(歳)	最終学歴	職業	世帯年収(万円)
071	なし	女	37	高校	不明	700-800	112	自民	女	25	大学	専門	1400-1600
072	なし	男	49	高校	中小ブルー	300-400	113	民主	女	33	高校	主婦	800-900
073	自民	女	52	中学	専門	400-500	114	なし	男	34	高校	中小ホワイト	1200-1400
074	なし	女	36	大学	大ホワイト	400-500	115	自民	男	67	中学	農業	300-400
075	自民	女	64	中学	主婦	1400-1600	116	なし	女	37	高校	中小ホワイト	800-900
076	なし	男	36	高校	専門	1400-1600	117	自民	女	48	高校	大ホワイト	1200-1400
077	なし	女	51	大学	大ホワイト	900-1000	118	自由	男	56	高校	中小ホワイト	1400-1600
078	自民	男	28	高校	大ホワイト	400-500	119	民主	男	45	高校	中小ブルー	500-600
079	なし	男	26	大学	専門	400-500	120	自民	男	46	高校	中小ホワイト	700-800
080	自由	男	45	大学	専門	600-700	121	自由	男	42	高校	中小ブルー	600-700
081	なし	男	50	高校	自営業	300-400	122	なし	男	44	高校	大ホワイト	1000-1200
082	民主	男	53	中学	大ブルー	800-900	123	自民	男	68	中学	中小ブルー	500-600
083	なし	女	25	大学	専門	1400-1600	124	自由	男	35	大学	大ホワイト	600-700
084	なし	男	29	大学	専門	600-700	125	社民	男	62	高校	中小ホワイト	600-700
085	なし	女	66	中学	不明	不明	126	自民	女	31	高校	中小ホワイト	900-1000
086	なし	女	42	大学	不明	400-500	127	民主	女	20	大学	大ホワイト	600-700
087	なし	男	54	中学	中小ホワイト	700-800	128	民主	女	40	高校	中小ホワイト	1000-1200
088	民主	男	56	中学	中小ホワイト	700-800	129	民主	男	23	高校	中小ホワイト	600-700
089	民主	男	55	高校	管理	900-1000	130	なし	男	41	高校	自営業	1000-1200
090	なし	男	53	高校	中小ブルー	700-800	131	なし	女	26	大学	中小ホワイト	800-900
091	社民	男	45	大学	自営業	500-600	132	民主	男	48	高校	管理	600-700
092	自由	男	38	大学	専門	700-800	133	なし	女	27	高校	専門	1000-1200
093	自民	男	47	大学	中小ホワイト	不明	134	なし	男	60	高校	無職	不明
094	自民	女	58	高校	主婦	500-600	135	民主	女	42	高校	中小ブルー	800-900
095	民主	男	63	中学	自営業	400-500	136	自民	男	55	高校	不明	800-900
096	自民	男	67	中学	自営業	1000-1200	137	自由	男	59	高校	管理	1400-1600
097	自民	男	62	中学	中小ブルー	400-500	138	社民	女	44	高校	中小ブルー	700-800
098	なし	男	23	大学	中小ホワイト	1000-1200	139	なし	男	43	高校	管理	600-700
099	自民	女	66	中学	不明	300-400	140	自民	男	69	高校	管理	800-900
100	なし	男	21	高校	自営業	800-900	141	なし	女	46	高校	中小ホワイト	600-700
101	自由	男	57	高校	管理	600-700	142	共産	女	21	大学	学生	300-400
102	なし	女	33	高校	主婦	500-600	143	なし	男	66	中学	無職	200-300
103	なし	女	30	高校	主婦	300-400	144	共産	男	55	高校	管理	700-800
104	自民	男	63	高校	中小ホワイト	700-800	145	なし	男	22	大学	学生	700-800
105	なし	男	45	高校	中小ホワイト	400-500	146	共産	女	49	高校	自営業	900-1000
106	社民	女	48	高校	中小ホワイト	900-1000	147	公明	女	36	高校	中小ホワイト	1000-1200
107	社民	男	53	中学	不明	700-800	148	なし	女	43	高校	中小ホワイト	700-800
108	なし	男	49	中学	主婦	600-700	149	民主	女	41	大学	無職	800-900
109	自民	女	67	高校	無職	600-700	150	自由	男	51	高校	管理	1000-1200
110	社民	女	61	中学	不明	0-100	151	なし	男	34	高校	大ブルー	500-600
111	なし	男	47	高校	専門	800-900	152	なし	女	27	高校	中小ホワイト	1000-1200

3.2 仙北調査結果

番号	支持政党	性	年齢(歳)	最終学歴	職業	世帯年収(万円)	番号	支持政党	性	年齢(歳)	最終学歴	職業	世帯年収(万円)
153	なし	女	46	大学	専門	700-800	194	なし	女	43	大学	主婦	400-500
154	なし	男	55	高校	中小ホワイト	300-400	195	なし	男	27	大学	専門	400-500
155	民主	女	31	高校	大ホワイト	800-900	196	なし	男	47	高校	管理	1200-1400
156	社民	女	62	大学	自営業	400-500	197	不明	女	48	高校	中小ホワイト	1200-1400
157	自民	男	67	高校	無職	800-900	198	なし	女	20	大学	学生	500-600
158	なし	女	42	高校	専門	600-700	199	なし	女	46	高校	大ホワイト	700-800
159	共産	男	23	大学	中小ホワイト	1600-	200	共産	男	40	大学	専門	600-700
160	自民	男	50	高校	管理	1000-1200	201	民主	男	64	高校	無職	300-400
161	自民	男	44	高校	自営業	600-700	202	なし	男	50	大学	大ブルー	800-900
162	なし	男	39	大学	管理	500-600	203	なし	男	42	高校	大ホワイト	900-1000
163	自民	男	49	大学	管理	1000-1200	204	なし	女	56	高校	中小ブルー	900-1000
164	民主	男	44	高校	専門	800-900	205	社民	女	65	高校	主婦	400-500
165	なし	男	48	高校	大ホワイト	700-800	206	公明	女	26	大学	大ホワイト	1600-
166	なし	女	47	高校	中小ホワイト	1000-1200	207	なし	男	38	高校	中小ブルー	400-500
167	公明	女	64	中学	中小ホワイト	0-100	208	なし	女	57	高校	大ブルー	900-1000
168	民主	女	22	高校	主婦	300-400	209	なし	男	38	高校	中小ブルー	500-600
169	自民	女	46	高校	中小ホワイト	0-100	210	なし	男	40	大学	専門	800-900
170	なし	女	65	中学	無職	不明	211	なし	女	22	高校	大ブルー	900-1000
171	自民	男	52	高校	管理	800-900	212	なし	女	47	大学	大ホワイト	800-900
172	なし	男	41	中学	管理	700-800	213	なし	男	38	高校	管理	800-900
173	自民	女	34	大学	主婦	600-700	214	不明	男	65	中学	無職	100-200
174	自由	女	67	中学	農業	500-600	215	民主	女	29	高校	主婦	600-700
175	なし	女	39	高校	中小ブルー	700-800	216	自由	女	46	大学	管理	800-900
176	自民	女	23	大学	中小ホワイト	700-800	217	民主	女	55	中学	専門	900-1000
177	民主	男	40	高校	不明	700-800	218	自民	男	59	高校	自営業	400-500
178	民主	女	30	高校	主婦	500-600	219	なし	男	45	高校	中小ブルー	900-1000
179	なし	女	45	高校	中小ホワイト	700-800	220	なし	女	69	中学	不明	不明
180	なし	女	21	高校	中小ホワイト	700-800	221	自民	男	42	中学	管理	600-700
181	なし	男	42	大学	不明	不明	222	自民	女	66	高校	無職	不明
182	社民	男	21	高校	学生	700-800	223	社民	男	26	高校	中小ホワイト	300-400
183	社民	女	48	高校	自営業	1400-1600	224	自民	女	33	高校	主婦	700-800
184	なし	女	61	高校	無職	1200-1400	225	自民	女	48	中学	自営業	300-400
185	なし	男	49	大学	中小ホワイト	不明	226	民主	女	55	高校	中小ブルー	700-800
186	共産	男	41	高校	専門	700-800	227	自民	女	67	不明	不明	200-300
187	なし	女	36	高校	専門	900-1000	228	なし	男	51	中学	大ブルー	500-600
188	公明	女	28	高校	自営業	500-600	229	社民	女	46	中学	主婦	400-500
189	なし	男	37	大学	管理	700-800	230	なし	女	37	高校	中小ブルー	500-600
190	なし	女	48	高校	中小ホワイト	1000-1200	231	自由	女	21	高校	専門	200-300
191	なし	女	56	高校	主婦	800-900	232	自民	男	60	高校	無職	200-300
192	自由	男	34	大学	大ホワイト	1000-1200	233	なし	女	45	高校	無職	不明
193	なし	女	39	高校	中小ホワイト	100-200	234	なし	女	21	大学	専門	不明

番号	支持政党	性	年齢(歳)	最終学歴	職　業	世帯年収(万円)	番号	支持政党	性	年齢(歳)	最終学歴	職　業	世帯年収(万円)
235	社民	女	65	中学	無　職	900-1000	276	社民	男	40	中学	中小ブルー	500- 600
236	社民	女	55	高校	中小ブルー	300- 400	277	社民	男	59	高校	中小ブルー	300- 400
237	自由	男	39	高校	中小ブルー	700- 800	278	民主	男	44	中学	自営業	500- 600
238	なし	女	55	中学	主　婦	700- 800	279	自民	男	47	高校	管　理	1000-1200
239	自民	女	41	高校	主　婦	700- 800	280	社民	女	57	中学	農　業	200- 300
240	なし	女	66	中学	無　職	600- 700	281	自民	男	49	高校	農　業	600- 700
241	なし	男	31	高校	大ブルー	400- 500	282	なし	男	43	大学	農　業	1200-1400
242	なし	女	54	高校	主　婦	100- 200	283	なし	女	27	高校	中小ブルー	500- 600
243	なし	女	45	高校	中小ホワイト	900-1000	284	自民	女	64	中学	無　職	400- 500
244	なし	男	28	高校	中小ホワイト	700- 800	285	なし	女	47	高校	中小ブルー	400- 500
245	民主	女	46	中学	中小ホワイト	600- 700	286	なし	男	48	中学	中小ブルー	500- 600
246	なし	女	35	高校	中小ホワイト	600- 700	287	民主	女	43	高校	自営業	500- 600
247	社民	女	51	高校	大ブルー	500- 600	288	なし	男	53	高校	中小ホワイト	800- 900
248	不明	男	69	中学	無　職	100- 200	289	共産	女	66	高校	無　職	不　明
249	なし	男	52	高校	中小ブルー	900-1000	290	なし	女	49	高校	主　婦	500- 600
250	なし	男	46	大学	大ホワイト	700- 800	291	なし	女	38	中学	無　職	200- 300
251	自民	男	42	大学	専　門	500- 600	292	自民	男	52	大学	中小ブルー	800- 900
252	民主	男	58	高校	専　門	600- 700	293	なし	女	32	高校	主　婦	300- 400
253	なし	男	48	高校	管　理	800- 900	294	なし	女	44	高校	中小ホワイト	500- 600
254	自民	女	51	中学	主　婦	1000-1200	295	なし	男	48	大学	大ホワイト	1200-1400
255	自由	男	56	大学	専　門	400- 500	296	なし	男	44	高校	管　理	600- 700
256	なし	男	69	大学	無　職	400- 500	297	自民	男	37	大学	中小ホワイト	500- 600
257	不明	男	66	中学	大ブルー	200- 300	298	自民	男	63	大学	管　理	1600-
258	不明	女	32	高校	不　明	不　明	299	不明	男	48	高校	自営業	900-1000
259	自由	男	48	大学	大ホワイト	600- 700	300	なし	女	42	高校	中小ホワイト	1000-1200
260	民主	男	41	大学	管　理	900-1000	301	不明	男	41	大学	大ホワイト	900-1000
261	民主	男	36	高校	専　門	300- 400	302	自民	男	20	大学	学　生	1000-1200
262	公明	女	48	高校	主　婦	700- 800	303	民主	女	44	大学	中小ホワイト	800- 900
263	自由	女	55	高校	主　婦	400- 500	304	なし	女	50	中学	主　婦	800- 900
264	民主	男	41	大学	大ブルー	700- 800	305	自民	男	50	大学	管　理	1200-1400
265	なし	女	50	高校	主　婦	900-1000	306	民主	女	42	大学	専　門	400- 500
266	自民	女	60	中学	無　職	100- 200	307	なし	男	42	中学	自営業	800- 900
267	社民	女	60	中学	主　婦	300- 400	308	民主	女	46	高校	主　婦	1000-1200
268	公明	男	48	高校	中小ブルー	600- 700	309	なし	男	24	高校	中小ホワイト	500- 600
269	なし	女	68	高校	専　門	500- 600	310	社民	女	57	高校	不　明	500- 600
270	自民	女	32	高校	中小ホワイト	700- 800	311	共産	女	44	大学	主　婦	1000-1200
271	なし	女	38	高校	専　門	400- 500	312	自民	男	48	高校	管　理	1000-1200
272	なし	男	36	高校	中小ブルー	500- 600	313	民主	男	30	大学	専　門	1000-1200
273	自民	男	29	高校	大ブルー	400- 500	314	なし	男	48	高校	大ホワイト	1000-1200
274	なし	男	30	高校	管　理	1000-1200	315	民主	男	68	中学	無　職	300- 400
275	社民	男	47	高校	大ホワイト	600- 700	316	共産	男	49	大学	不　明	1400-1600

3.2 仙北調査結果

番号	支持政党	性	年齢(歳)	最終学歴	職業	世帯年収(万円)	番号	支持政党	性	年齢(歳)	最終学歴	職業	世帯年収(万円)
317	なし	男	21	大学	学生	1000-1200	358	なし	女	54	高校	専門	500- 600
318	自由	男	28	大学	専門	500- 600	359	自民	男	61	大学	中小ホワイト	1000-1200
319	共産	女	53	大学	主婦	1400-1600	360	共産	男	48	高校	中小ブルー	600- 700
320	なし	女	36	高校	主婦	1000-1200	361	なし	女	23	高校	中小ホワイト	800- 900
321	なし	男	39	大学	管理	1000-1200	362	自民	女	60	大学	無職	500- 600
322	民主	女	55	大学	無職	1000-1200	363	民主	女	44	高校	中小ホワイト	900-1000
323	なし	男	22	高校	中小ブルー	1000-1200	364	自由	男	49	大学	管理	900-1000
324	なし	女	38	高校	主婦	1000-1200	365	なし	男	21	大学	学生	900-1000
325	民主	女	24	大学	大ホワイト	1600-	366	なし	女	23	大学	学生	800- 900
326	なし	女	35	高校	中小ブルー	300- 400	367	自民	女	63	高校	中小ホワイト	1200-1400
327	なし	女	49	高校	中小ホワイト	900-1000	368	なし	女	51	高校	中小ブルー	900-1000
328	なし	女	23	大学	大ホワイト	700- 800	369	なし	女	22	大学	大ホワイト	600- 700
329	なし	女	32	大学	中小ホワイト	800- 900	370	なし	女	49	高校	中小ホワイト	400- 500
330	共産	女	49	高校	中小ホワイト	1000-1200	371	民主	女	23	大学	中小ホワイト	600- 700
331	なし	女	41	大学	主婦	600- 700	372	民主	女	66	中学	無職	500- 600
332	民主	女	48	高校	大ホワイト	1200-1400	373	共産	男	24	大学	学生	700- 800
333	なし	女	28	高校	無職	1000-1200	374	不明	女	67	不明	無職	0- 100
334	なし	女	47	大学	大ホワイト	0- 100	375	自民	男	54	高校	中小ブルー	800- 900
335	なし	女	31	高校	大ホワイト	700- 800	376	民主	女	38	高校	主婦	600- 700
336	自由	男	48	不明	管理	不明	377	なし	女	39	中学	中小ブルー	300- 400
337	自由	男	45	高校	自営業	800- 900	378	社民	男	51	大学	自営業	300- 400
338	社民	女	40	高校	中小ホワイト	800- 900	379	なし	男	48	高校	管理	800- 900
339	民主	男	55	高校	自営業	400- 500	380	なし	女	36	高校	主婦	500- 600
340	なし	女	46	高校	中小ホワイト	500- 600	381	なし	女	50	高校	中小ブルー	1000-1200
341	なし	男	43	高校	不明	不明	382	公明	女	61	高校	主婦	400- 500
342	民主	女	45	大学	主婦	1000-1200	383	共産	男	54	大学	管理	500- 600
343	なし	女	25	大学	中小ホワイト	100- 200	384	自由	男	47	高校	中小ホワイト	300- 400
344	なし	女	45	高校	中小ブルー	1000-1200	385	民主	女	24	大学	大ホワイト	800- 900
345	なし	男	36	大学	管理	400- 500	386	民主	男	59	大学	無職	600- 700
346	なし	男	49	高校	管理	1200-1400	387	なし	男	51	高校	管理	1000-1200
347	なし	男	51	大学	中小ホワイト	800- 900	388	共産	女	22	大学	中小ホワイト	1400-1600
348	なし	女	38	大学	主婦	400- 500	389	なし	女	45	高校	大ブルー	1000-1200
349	公明	女	48	高校	自営業	300- 400	390	民主	女	40	高校	自営業	300- 400
350	自民	男	54	高校	自営業	1400-1600	391	なし	男	41	大学	専門	500- 600
351	自民	女	62	高校	不明	100- 200	392	民主	男	62	高校	中小ブルー	200- 300
352	なし	女	26	高校	中小ホワイト	900-1000	393	なし	女	48	高校	大ブルー	不明
353	なし	女	49	高校	中小ブルー	1400-1600	394	民主	男	50	高校	管理	800- 900
354	共産	男	48	大学	管理	900-1000	395	なし	男	41	大学	専門	700- 800
355	なし	男	22	高校	専門	1200-1400	396	なし	男	41	高校	中小ホワイト	500- 600
356	民主	女	37	高校	中小ホワイト	500- 600	397	なし	男	21	大学	学生	400- 500
357	民主	女	56	高校	主婦	500- 600	398	民主	男	53	高校	管理	1400-1600

番号	支持政党	性	年齢(歳)	最終学歴	職業	世帯年収(万円)	番号	支持政党	性	年齢(歳)	最終学歴	職業	世帯年収(万円)
399	自民	男	64	高校	不明	300- 400	440	なし	女	27	大学	中小ブルー	200- 300
400	民主	男	38	大学	専門	800- 900	441	自民	女	59	高校	主婦	600- 700
401	なし	女	51	高校	主婦	1200-1400	442	民主	男	41	大学	管理	400- 500
402	なし	男	20	高校	不明	不明	443	なし	男	51	高校	中小ホワイト	500- 600
403	自民	男	49	大学	大ブルー	500- 600	444	なし	男	36	大学	専門	500- 600
404	なし	女	64	高校	無職	300- 400	445	民主	男	43	大学	管理	400- 500
405	なし	男	26	大学	大ブルー	1000-1200	446	自民	男	51	中学	大ホワイト	500- 600
406	なし	男	26	高校	大ブルー	900-1000	447	なし	女	43	高校	大ホワイト	1000-1200
407	共産	女	53	高校	中小ブルー	700- 800	448	共産	男	48	大学	専門	800- 900
408	なし	男	26	高校	中小ホワイト	500- 600	449	自民	男	44	中学	中小ブルー	500- 600
409	なし	女	36	大学	専門	1000-1200	450	なし	男	55	高校	中小ホワイト	500- 600
410	共産	男	20	大学	学生	600- 700	451	なし	男	45	大学	管理	1000-1200
411	自民	男	35	中学	管理	1200-1400	452	なし	女	37	高校	中小ブルー	500- 600
412	民主	男	38	高校	中小ホワイト	600- 700	453	なし	女	24	大学	中小ホワイト	900-1000
413	なし	男	52	大学	管理	600- 700	454	民主	女	39	高校	主婦	600- 700
414	なし	女	36	大学	中小ブルー	600- 700	455	なし	男	44	高校	中小ホワイト	1000-1200
415	諸派	男	58	中学	自営業	500- 600	456	なし	男	52	高校	大ホワイト	900-1000
416	なし	男	41	高校	専門	600- 700	457	民主	男	34	大学	管理	500- 600
417	なし	女	47	中学	中小ホワイト	300- 400	458	民主	男	31	大学	専門	700- 800
418	不明	女	45	不明	大ブルー	不明	459	なし	男	44	高校	不明	800- 900
419	共産	女	49	中学	大ブルー	400- 500	460	なし	男	40	大学	中小ホワイト	700- 800
420	なし	女	46	高校	中小ブルー	0- 100	461	民主	女	42	高校	中小ブルー	800- 900
421	なし	男	37	高校	中小ホワイト	300- 400	462	なし	男	60	中学	無職	100- 200
422	自民	男	60	高校	管理	300- 400	463	なし	男	49	大学	管理	900- 1000
423	社民	男	58	高校	中小ブルー	300- 400	464	なし	女	23	高校	中小ホワイト	600- 700
424	自民	女	42	大学	主婦	1000-1200	465	不明	男	46	大学	管理	800- 900
425	なし	女	35	高校	主婦	500- 600	466	なし	女	37	高校	中小ホワイト	600- 700
426	自民	男	25	高校	中小ホワイト	1400-1600	467	なし	女	42	不明	不明	800- 900
427	民主	女	23	高校	中小ブルー	700- 800	468	なし	女	68	中学	主婦	1200-1400
428	なし	男	39	高校	大ブルー	700- 800	469	なし	男	54	大学	大ホワイト	700- 800
429	なし	女	43	高校	中小ホワイト	400- 500	470	なし	男	56	中学	大ブルー	700- 800
430	公明	女	42	大学	主婦	700- 800	471	民主	女	56	高校	主婦	1200-1400
431	なし	女	43	高校	中小ホワイト	700- 800	472	なし	女	23	高校	無職	0- 100
432	なし	男	45	大学	自営業	800- 900	473	公明	女	38	高校	中小ホワイト	500- 600
433	なし	男	49	高校	中小ブルー	1000-1200	474	なし	男	42	大学	管理	900-1000
434	民主	男	51	大学	自営業	300- 400	475	なし	女	45	大学	専門	1400-1600
435	なし	男	49	高校	不明	800- 900	476	諸派	女	31	高校	専門	700- 800
436	社民	女	20	高校	中小ホワイト	700- 800	477	社民	男	62	高校	無職	600- 700
437	なし	男	20	高校	中小ブルー	900-1000	478	なし	男	33	大学	大ホワイト	600- 700
438	なし	女	43	高校	主婦	900-1000	479	民主	男	50	高校	中小ブルー	500- 600
439	自民	男	47	高校	管理	700- 800	480	なし	女	41	高校	主婦	400- 500

3.2 仙北調査結果

番号	支持政党	性	年齢(歳)	最終学歴	職業	世帯年収(万円)	番号	支持政党	性	年齢(歳)	最終学歴	職業	世帯年収(万円)
481	なし	男	22	高校	専門	1000-1200	522	なし	男	39	大学	管理	800- 900
482	なし	女	39	大学	無職	800- 900	523	なし	男	24	大学	専門	200- 300
483	なし	男	24	高校	中小ブルー	1600-	524	自民	女	54	中学	中小ホワイト	500- 600
484	なし	男	32	高校	自営業	600- 700	525	なし	男	38	高校	管理	400- 500
485	民主	男	61	高校	自営業	700- 800	526	なし	女	69	大学	大ホワイト	100- 200
486	なし	男	43	大学	専門	1000-1200	527	なし	女	62	中学	無職	600- 700
487	自由	女	30	大学	不明	800- 900	528	自民	男	68	高校	無職	300- 400
488	なし	女	44	高校	主婦	600- 700	529	民主	女	62	高校	管理	1600-
489	なし	女	42	高校	中小ホワイト	800- 900	530	なし	女	23	高校	中小ホワイト	400- 500
490	なし	女	33	高校	主婦	500- 600	531	なし	女	26	高校	中小ホワイト	600- 700
491	公明	女	33	高校	自営業	1000-1200	532	自民	女	43	高校	自営業	400- 500
492	民主	女	35	高校	主婦	700- 800	533	社民	女	65	高校	主婦	500- 600
493	自民	男	60	高校	無職	600- 700	534	なし	女	29	大学	主婦	600- 700
494	なし	女	51	高校	専門	1400-1600	535	なし	女	27	高校	主婦	1400-1600
495	公明	女	66	中学	不明	0- 100	536	なし	男	26	高校	中小ブルー	1000-1200
496	なし	男	44	高校	管理	500- 600	537	自民	女	61	中学	無職	200- 300
497	自民	女	66	中学	自営業	1400-1600	538	公明	女	22	大学	中小ホワイト	400- 500
498	社民	女	68	中学	管理	200- 300	539	自民	女	50	大学	専門	1600-
499	自民	女	63	中学	不明	不明	540	なし	女	23	高校	中小ホワイト	1000-1200
500	なし	女	32	高校	主婦	500- 600	541	民主	女	53	高校	主婦	500- 600
501	なし	男	46	中学	自営業	800- 900	542	公明	女	23	高校	主婦	100- 200
502	社民	男	42	大学	中小ホワイト	1000-1200	543	不明	男	60	高校	不明	100- 200
503	自民	男	23	大学	大ブルー	100- 200	544	自民	男	61	高校	中小ブルー	500- 600
504	なし	女	51	高校	自営業	600- 700	545	共産	男	54	高校	大ブルー	200- 300
505	なし	女	50	高校	農業	1000-1200	546	民主	男	22	高校	中小ホワイト	1200-1400
506	なし	女	29	高校	主婦	300- 400	547	自民	男	62	中学	大ホワイト	500- 600
507	民主	女	21	高校	中小ホワイト	200- 300	548	なし	女	23	大学	専門	200- 300
508	なし	男	51	高校	大ブルー	600- 700	549	自民	男	64	高校	専門	400- 500
509	なし	男	44	大学	中小ホワイト	400- 500	550	なし	女	65	中学	管理	不明
510	民主	男	65	中学	中小ブルー	600- 700	551	なし	女	49	大学	主婦	1200-1400
511	自民	男	69	高校	自営業	100- 200	552	民主	女	58	高校	不明	400- 500
512	なし	女	43	高校	自営業	1000-1200	553	自民	女	64	中学	無職	1000-1200
513	なし	女	62	中学	中小ブルー	200- 300	554	なし	男	28	高校	農業	1600-
514	なし	男	51	高校	管理	1000-1200	555	民主	男	47	中学	中小ブルー	200- 300
515	自民	男	35	高校	大ホワイト	1600-	556	自民	女	66	高校	主婦	600- 700
516	不明	女	69	中学	主婦	1200-1400	557	なし	女	29	高校	主婦	400- 500
517	なし	女	32	大学	専門	600- 700	558	なし	男	38	高校	不明	800- 900
518	自民	男	56	中学	大ブルー	500- 600	559	なし	男	27	大学	大ブルー	400- 500
519	社民	男	50	大学	管理	900-1000	560	なし	男	21	高校	不明	不明
520	なし	女	32	高校	中小ブルー	300- 400	561	なし	女	24	高校	中小ホワイト	不明
521	なし	女	54	高校	中小ブルー	500- 600	562	なし	女	44	中学	主婦	300- 400

番号	支持政党	性	年齢(歳)	最終学歴	職業	世帯年収(万円)	番号	支持政党	性	年齢(歳)	最終学歴	職業	世帯年収(万円)
563	自民	男	35	高校	中小ブルー	500- 600	604	自民	男	35	大学	管 理	600- 700
564	なし	女	46	高校	中小ブルー	100- 200	605	社民	男	61	中学	中小ブルー	800- 900
565	自民	男	62	中学	農 業	1600-	606	なし	女	69	中学	主 婦	400- 500
566	自民	男	53	高校	管 理	1000-1200	607	自民	女	42	高校	中小ホワイト	900-1000
567	自民	男	66	中学	農 業	300- 400	608	自由	男	54	中学	中小ブルー	400- 500
568	自民	女	69	中学	無 職	200- 300	609	不明	男	46	不明	中小ブルー	700- 800
569	なし	男	46	高校	中小ブルー	200- 300	610	なし	女	20	高校	大ホワイト	200- 300
570	民主	女	40	中学	中小ホワイト	400- 500	611	民主	男	57	高校	自営業	500- 600
571	なし	女	51	中学	無 職	500- 600	612	公明	女	44	高校	大ブルー	300- 400
572	民主	女	43	大学	専 門	500- 600	613	なし	女	55	中学	不 明	500- 600
573	不明	女	35	高校	主 婦	400- 500	614	なし	女	48	中学	無 職	600- 700
574	自民	女	36	大学	中小ホワイト	700- 800	615	なし	男	53	高校	中小ブルー	1000-1200
575	不明	男	35	高校	中小ブルー	600- 700	616	なし	女	50	中学	中小ブルー	1000-1200
576	社民	女	45	大学	専 門	1200-1400	617	民主	男	57	高校	不 明	1000-1200
577	なし	男	40	高校	中小ホワイト	700- 800	618	自由	男	68	中学	中小ブルー	600- 700
578	不明	女	41	中学	中小ブルー	300- 400	619	なし	女	59	中学	主 婦	600- 700
579	自民	男	44	中学	自営業	300- 400	620	自民	男	62	高校	中小ホワイト	800- 900
580	社民	男	59	中学	農 業	不 明	621	自民	男	53	高校	中小ホワイト	500- 600
581	社民	男	58	中学	大ブルー	200- 300	622	なし	女	43	中学	中小ホワイト	100- 200
582	なし	女	55	大学	主 婦	不 明	623	自由	男	67	高校	中小ホワイト	200- 300
583	なし	女	42	高校	中小ホワイト	800- 900	624	社民	女	60	高校	自営業	500- 600
584	自民	男	26	大学	中小ホワイト	400- 500	625	なし	女	39	高校	大ホワイト	100- 200
585	自民	女	49	高校	中小ブルー	500- 600	626	なし	男	47	高校	中小ブルー	600- 700
586	なし	女	24	大学	中小ホワイト	1200-1400	627	自由	女	50	高校	中小ホワイト	1000-1200
587	なし	女	33	高校	主 婦	700- 800	628	なし	男	45	高校	不 明	900-1000
588	なし	男	65	大学	無 職	400- 500	629	民主	男	66	中学	農 業	200- 300
589	なし	女	28	高校	自営業	800- 900	630	なし	女	27	高校	中小ブルー	900-1000
590	自由	男	69	中学	無 職	700- 800	631	自由	男	63	高校	中小ブルー	800- 900
591	なし	男	56	中学	自営業	600- 700	632	自由	女	36	高校	中小ホワイト	100- 200
592	社民	男	47	高校	大ホワイト	600- 700	633	なし	女	23	高校	中小ホワイト	600- 700
593	自民	女	64	中学	無 職	1000-1200	634	社民	男	60	高校	無 職	300- 400
594	なし	女	26	高校	中小ホワイト	400- 500	635	自民	女	64	中学	主 婦	900-1000
595	民主	男	61	高校	農 業	200- 300	636	自民	男	49	高校	中小ブルー	400- 500
596	なし	女	63	中学	大ブルー	400- 500	637	自民	女	67	中学	中小ブルー	1000-1200
597	自民	男	33	大学	大ホワイト	800- 900	638	なし	男	55	中学	大ブルー	600- 700
598	なし	女	53	中学	中小ブルー	900-1000	639	なし	男	35	中学	自営業	不 明
599	自民	女	56	高校	農 業	100- 200	640	なし	女	21	高校	中小ホワイト	500- 600
600	なし	女	30	大学	中小ブルー	700- 800	641	自民	男	59	大学	管 理	1000-1200
601	なし	男	41	大学	中小ホワイト	500- 600	642	社民	女	66	高校	無 職	1000-1200
602	なし	女	36	高校	中小ホワイト	500- 600	643	不明	女	63	中学	無 職	0- 100
603	なし	男	27	高校	中小ブルー	900-1000	644	なし	女	31	高校	中小ホワイト	500- 600

3.2 仙北調査結果

番号	支持政党	性	年齢(歳)	最終学歴	職業	世帯年収(万円)	番号	支持政党	性	年齢(歳)	最終学歴	職業	世帯年収(万円)
645	公明	男	51	高校	農業	100- 200	686	なし	女	47	高校	中小ブルー	500- 600
646	公明	女	41	高校	主婦	500- 600	687	なし	女	34	高校	専門	1200-1400
647	社民	女	64	高校	無職	0- 100	688	なし	男	64	高校	農業	600- 700
648	自由	男	64	高校	管理	不明	689	不明	女	53	中学	中小ホワイト	500- 600
649	なし	女	25	高校	中小ブルー	1000-1200	690	自民	男	61	中学	無職	600- 700
650	なし	女	39	高校	主婦	500- 600	691	不明	男	43	高校	管理	1600-
651	なし	男	69	中学	農業	400- 500	692	社民	女	41	高校	中小ホワイト	600- 700
652	なし	男	27	高校	大ブルー	1400-1600	693	なし	女	56	高校	自営業	100- 200
653	民主	女	39	高校	主婦	700- 800	694	なし	女	38	高校	農業	300- 400
654	自民	女	48	高校	自営業	1000-1200	695	自民	女	59	中学	農業	800- 900
655	なし	男	49	高校	中小ホワイト	400- 500	696	なし	男	40	高校	中小ホワイト	500- 600
656	なし	女	24	大学	中小ブルー	1200-1400	697	なし	男	66	高校	無職	500- 600
657	自民	女	52	高校	農業	800- 900	698	なし	男	31	大学	専門	1200-1400
658	なし	女	25	大学	大ホワイト	900-1000	699	なし	女	30	高校	中小ブルー	900-1000
659	自民	男	35	大学	中小ブルー	900-1000	700	なし	男	57	高校	農業	200- 300
660	不明	女	23	高校	中小ホワイト	200- 300	701	自民	男	57	高校	大ホワイト	1400-1600
661	社民	女	25	中学	主婦	400- 500	702	自民	女	46	高校	中小ホワイト	300- 400
662	なし	男	54	高校	農業	1600-	703	なし	女	48	大学	専門	不明
663	なし	男	28	高校	中小ブルー	1000-1200	704	民主	男	43	高校	大ホワイト	1600-
664	なし	女	27	高校	中小ホワイト	1000-1200	705	なし	女	21	不明	主婦	100- 200
665	自民	男	61	中学	中小ホワイト	800- 900	706	なし	女	24	大学	大ホワイト	800- 900
666	自民	男	64	高校	農業	800- 900	707	なし	男	24	高校	中小ブルー	600- 700
667	なし	女	25	高校	主婦	600- 700	708	なし	女	39	大学	主婦	500- 600
668	不明	女	31	不明	不明	100- 200	709	自由	男	41	高校	大ホワイト	800- 900
669	なし	女	49	高校	主婦	300- 400	710	自民	女	64	中学	自営業	100- 200
670	自由	男	46	中学	中小ブルー	不明	711	民主	男	49	中学	中小ブルー	300- 400
671	自民	女	43	不明	不明	200- 300	712	なし	女	43	高校	主婦	200- 300
672	なし	男	55	高校	自営業	400- 500	713	共産	女	40	高校	中小ブルー	500- 600
673	自民	男	25	高校	中小ブルー	1200-1400	714	なし	女	26	高校	中小ホワイト	400- 500
674	不明	女	64	高校	不明	300- 400	715	自民	男	56	高校	管理	1400-1600
675	なし	女	65	高校	主婦	1600-	716	民主	男	25	高校	専門	700- 800
676	なし	男	53	中学	中小ブルー	400- 500	717	なし	女	40	高校	中小ホワイト	100- 200
677	なし	男	42	高校	中小ブルー	500- 600	718	なし	男	36	高校	大ホワイト	300- 400
678	なし	男	43	高校	管理	700- 800	719	公明	女	31	高校	主婦	200- 300
679	なし	女	69	中学	不明	不明	720	なし	女	50	高校	中小ブルー	800- 900
680	なし	男	63	高校	農業	200- 300	721	自民	男	51	不明	管理	900-1000
681	自民	男	60	高校	農業	800- 900	722	なし	女	49	高校	中小ブルー	500- 600
682	自由	男	48	大学	管理	600- 700	723	自民	男	47	高校	自営業	500- 600
683	民主	男	68	中学	不明	800- 900	724	なし	女	43	高校	中小ブルー	700- 800
684	公明	女	21	高校	学生	100- 200	725	社民	男	50	高校	中小ブルー	300- 400
685	なし	男	58	高校	大ブルー	1400-1600	726	民主	男	53	高校	専門	1600-

番号	支持政党	性	年齢(歳)	最終学歴	職業	世帯年収(万円)	番号	支持政党	性	年齢(歳)	最終学歴	職業	世帯年収(万円)
727	なし	女	51	中学	大ブルー	100- 200	768	なし	男	46	大学	管 理	500- 600
728	不明	男	54	不明	不 明	100- 200	769	自民	女	60	高校	管 理	1000-1200
729	なし	女	49	大学	大ブルー	300- 400	770	公明	女	49	高校	自営業	900-1000
730	社民	女	67	中学	無 職	1600-	771	なし	男	35	高校	専 門	800- 900
731	自民	女	67	高校	無 職	500- 600	772	なし	女	66	中学	無 職	600- 700
732	不明	女	25	大学	専 門	800- 900	773	なし	男	47	大学	中小ブルー	400- 500
733	社民	男	46	中学	自営業	1000-1200	774	自民	女	60	高校	農 業	200- 300
734	自民	男	39	高校	中小ホワイト	500- 600	775	自由	女	67	中学	不 明	0- 100
735	自民	女	62	高校	不 明	300- 400	776	自民	男	26	大学	専 門	1000-1200
736	なし	男	38	高校	中小ブルー	300- 400	777	なし	男	42	高校	大ホワイト	700- 800
737	不明	男	49	高校	自営業	400- 500	778	不明	女	67	不明	不 明	不 明
738	自民	女	63	中学	自営業	600- 700	779	なし	女	20	高校	学 生	600- 700
739	不明	男	37	高校	中小ホワイト	1000-1200	780	民主	男	64	中学	無 職	400- 500
740	社民	女	56	高校	中小ホワイト	800- 900	781	共産	女	57	中学	主 婦	不 明
741	自民	女	56	高校	中小ブルー	700- 800	782	自由	男	46	中学	自営業	600- 700
742	社民	男	57	中学	農 業	不 明	783	自民	女	40	高校	管 理	700- 800
743	なし	女	39	高校	中小ホワイト	600- 700	784	社民	男	58	中学	大ブルー	200- 300
744	なし	女	41	高校	中小ホワイト	500- 600	785	民主	女	36	高校	農 業	300- 400
745	なし	男	33	高校	自営業	300- 400	786	自由	男	51	大学	自営業	500- 600
746	なし	男	22	高校	中小ブルー	不 明	787	民主	男	39	高校	中小ブルー	500- 600
747	不明	女	67	中学	農 業	500- 600	788	なし	女	41	大学	中小ホワイト	500- 600
748	民主	女	64	高校	農 業	100- 200	789	自民	女	28	大学	大ホワイト	1200-1400
749	なし	女	67	中学	主 婦	300- 400	790	自由	男	66	大学	農 業	500- 600
750	なし	男	33	高校	中小ブルー	900-1000	791	諸派	男	47	高校	中小ブルー	500- 600
751	自民	男	67	中学	無 職	200- 300	792	なし	男	47	高校	中小ブルー	500- 600
752	なし	男	42	高校	大ブルー	700- 800	793	なし	女	21	高校	中小ブルー	1000-1200
753	なし	男	50	高校	中小ブルー	700- 800	794	なし	女	51	中学	大ホワイト	200- 300
754	なし	男	40	高校	中小ブルー	700- 800	795	自民	男	65	高校	管 理	1000-1200
755	なし	男	27	高校	不 明	500- 600	796	自民	女	21	高校	大ホワイト	200- 300
756	なし	女	48	高校	自営業	700- 800	797	不明	女	68	高校	無 職	100- 200
757	民主	男	65	中学	中小ブルー	700- 800	798	なし	男	35	高校	管 理	800- 900
758	なし	女	64	高校	主 婦	500- 600	799	なし	男	49	高校	管 理	600- 700
759	自民	女	38	高校	中小ホワイト	500- 600	800	民主	女	32	高校	中小ホワイト	300- 400
760	社民	女	41	高校	大ホワイト	700- 800	801	民主	女	20	高校	中小ホワイト	800- 900
761	自由	男	51	大学	中小ブルー	600- 700	802	自由	女	59	高校	自営業	300- 400
762	なし	女	63	中学	無 職	0- 100	803	自民	女	68	中学	無 職	400- 500
763	自民	女	69	中学	管 理	700- 800	804	なし	女	33	高校	大ホワイト	1000-1200
764	社民	女	62	高校	主 婦	100- 200	805	なし	男	38	大学	中小ブルー	700- 800
765	なし	男	41	高校	中小ホワイト	500- 600	806	自由	男	38	高校	中小ブルー	800- 900
766	自民	男	66	高校	無 職	200- 300	807	自由	男	48	高校	専 門	600- 700
767	社民	男	59	高校	中小ブルー	700- 800	808	なし	男	51	高校	管 理	1200-1400

3.2 仙北調査結果

番号	支持政党	性	年齢(歳)	最終学歴	職業	世帯年収(万円)
809	自民	男	61	高校	不 明	700- 800
810	なし	女	29	高校	中小ホワイト	1200-1400
811	なし	女	61	中学	中小ブルー	500- 600
812	社民	女	24	大学	中小ホワイト	1000-1200
813	なし	男	39	高校	中小ホワイト	300- 400
814	社民	女	44	高校	中小ブルー	300- 400
815	なし	男	25	高校	中小ブルー	300- 400
816	自民	男	59	中学	無 職	不 明
817	なし	男	22	高校	大ブルー	300- 400
818	なし	男	20	高校	大ブルー	200- 300
819	自民	男	40	中学	中小ブルー	400- 500
820	なし	女	23	不明	大ブルー	200- 300
821	民主	男	44	大学	専 門	1400-1600
822	なし	男	21	高校	大ブルー	100- 200
823	民主	男	69	中学	農 業	不 明
824	自民	女	61	中学	農 業	100- 200
825	なし	女	40	中学	無 職	500- 600
826	なし	女	22	高校	中小ホワイト	500- 600
827	なし	女	65	高校	無 職	0- 100
828	不明	女	66	中学	不 明	不 明
829	なし	女	54	大学	主 婦	700- 800
830	自民	男	50	高校	自営業	400- 500
831	民主	男	43	高校	中小ホワイト	700- 800
832	自民	男	58	不明	農 業	1000-1200
833	なし	女	52	高校	中小ホワイト	200- 300
834	なし	女	38	高校	農 業	500- 600
835	民主	女	69	中学	無 職	600- 700
836	なし	男	40	高校	中小ブルー	500- 600
837	自民	男	48	不明	不 明	600- 700
838	なし	女	38	高校	中小ホワイト	500- 600
839	自民	男	63	高校	農 業	800- 900
840	自民	男	23	大学	中小ブルー	300- 400
841	自民	男	57	高校	農 業	600- 700
842	社民	女	66	高校	自営業	100- 200
843	社民	女	54	高校	主 婦	1600-
844	民主	男	46	大学	大ホワイト	500- 600
845	なし	女	32	大学	大ホワイト	800- 900
846	民主	女	38	大学	専 門	900-1000
847	共産	男	54	高校	大ブルー	600- 700
848	なし	女	35	高校	中小ホワイト	700- 800
849	自民	男	53	中学	自営業	700- 800
850	なし	男	34	高校	中小ブルー	600- 700
851	自民	男	61	中学	農 業	300- 400
852	自民	女	40	高校	農 業	300- 400
853	自民	女	55	中学	中小ホワイト	900-1000
854	なし	女	27	高校	専 門	1000-1200
855	なし	女	39	高校	主 婦	500- 600
856	社民	男	60	高校	管 理	1000-1200
857	民主	女	54	中学	不 明	不 明
858	なし	女	33	高校	大ホワイト	不 明
859	自民	男	53	高校	中小ブルー	400- 500
860	なし	男	37	高校	中小ブルー	400- 500
861	自民	女	28	大学	中小ホワイト	1000-1200
862	自民	男	49	高校	自営業	1000-1200
863	なし	男	47	中学	中小ブルー	0- 100
864	なし	女	31	大学	中小ホワイト	400- 500
865	自民	男	27	高校	中小ブルー	100- 200
866	社民	男	64	高校	無 職	200- 300
867	自民	男	46	中学	中小ブルー	1200-1400
868	なし	女	43	高校	自営業	1000-1200
869	自民	女	45	高校	不 明	1000-1200
870	なし	男	35	高校	中小ホワイト	200- 300
871	不明	女	66	中学	不 明	不 明
872	自民	女	61	中学	自営業	100- 200
873	なし	男	47	高校	専 門	1400-1600
874	なし	男	37	高校	中小ホワイト	300- 400
875	自民	男	47	高校	農 業	600- 700
876	自民	女	68	中学	農 業	500- 600
877	不明	男	41	高校	大ブルー	不 明
878	自民	男	46	高校	中小ブルー	300- 400
879	共産	男	68	中学	無 職	0- 100
880	なし	女	39	高校	中小ホワイト	600- 700
881	なし	女	22	高校	中小ホワイト	100- 200
882	なし	女	33	高校	主 婦	600- 700
883	なし	男	68	中学	不 明	200- 300
884	なし	女	41	高校	主 婦	700- 800
885	民主	男	47	高校	自営業	900-1000
886	なし	女	52	高校	大ホワイト	1400-1600
887	なし	女	35	高校	主 婦	1000-1200
888	なし	男	45	高校	中小ホワイト	300- 400
889	自民	男	23	高校	大ブルー	300- 400
890	不明	女	68	高校	無 職	600- 700

番号	支持政党	性	年齢(歳)	最終学歴	職業	世帯年収(万円)	番号	支持政党	性	年齢(歳)	最終学歴	職業	世帯年収(万円)
891	なし	男	41	高校	大ブルー	300- 400	932	なし	男	41	高校	大ブルー	600- 700
892	なし	女	67	中学	無職	400- 500	933	社民	女	27	高校	中小ブルー	500- 600
893	社民	女	39	高校	不明	500- 600	934	社民	男	35	高校	中小ブルー	400- 500
894	自民	男	55	高校	無職	400- 500	935	民主	男	47	不明	管理	1200-1400
895	共産	女	23	高校	中小ホワイト	100- 200	936	民主	男	67	中学	農業	1000-1200
896	自民	男	46	高校	中小ブルー	600- 700	937	民主	男	57	中学	自営業	1200-1400
897	自由	女	52	中学	主婦	300- 400	938	自民	女	62	中学	無職	不明
898	なし	女	60	中学	主婦	1000-1200	939	民主	男	58	高校	農業	600- 700
899	自民	女	67	中学	主婦	不明	940	なし	女	24	高校	大ホワイト	200- 300
900	なし	女	28	高校	大ブルー	400- 500	941	民主	男	49	高校	農業	300- 400
901	なし	男	42	高校	中小ブルー	500- 600	942	なし	女	34	高校	中小ブルー	100- 200
902	共産	男	41	高校	中小ブルー	800- 900	943	なし	女	29	大学	専門	1200-1400
903	共産	女	50	中学	中小ブルー	200- 300	944	なし	男	42	高校	自営業	1600-
904	自民	女	67	中学	農業	不明	945	民主	男	65	中学	農業	500- 600
905	なし	男	42	高校	大ブルー	500- 600	946	自民	女	64	高校	主婦	900-1000
906	自民	女	39	中学	不明	500- 600	947	なし	女	40	高校	主婦	600- 700
907	なし	男	51	高校	中小ブルー	1000-1200	948	なし	女	24	高校	中小ブルー	600- 700
908	なし	女	44	大学	自営業	700- 800	949	自民	女	67	中学	無職	600- 700
909	なし	女	57	高校	不明	100- 200	950	自民	男	67	中学	農業	600- 700
910	自民	女	29	大学	専門	700- 800	951	なし	女	41	高校	専門	1000-1200
911	民主	男	54	中学	自営業	300- 400	952	民主	女	64	中学	大ブルー	不明
912	社民	女	23	中学	中小ブルー	0- 100	953	なし	女	20	高校	専門	100- 200
913	なし	女	46	高校	中小ブルー	500- 600	954	自民	女	41	中学	中小ブルー	500- 600
914	なし	男	31	高校	大ブルー	300- 400	955	自民	男	57	不明	不明	不明
915	なし	女	47	高校	中小ブルー	500- 600	956	なし	男	24	高校	大ブルー	500- 600
916	なし	男	43	高校	自営業	300- 400	957	民主	女	44	中学	大ブルー	100- 200
917	自民	女	42	高校	自営業	1600-	958	なし	女	42	高校	大ホワイト	600- 700
918	なし	男	20	大学	学生	500- 600	959	なし	男	46	高校	管理	700- 800
919	なし	男	54	高校	管理	800- 900	960	民主	女	57	中学	不明	400- 500
920	民主	女	46	高校	自営業	1000-1200	961	なし	女	63	中学	主婦	400- 500
921	社民	男	69	中学	中小ブルー	200- 300							
922	自民	男	49	高校	中小ブルー	700- 800							
923	社民	男	67	中学	中小ブルー	400- 500							
924	自由	女	52	大学	主婦	300- 400							
925	なし	男	66	中学	無職	700- 800							
926	なし	女	54	中学	無職	0- 100							
927	自民	女	56	高校	農業	400- 500							
928	なし	男	61	高校	農業	300- 400							
929	自民	女	68	高校	自営業	不明							
930	社民	男	66	中学	無職	600- 700							
931	なし	女	58	高校	農業	200- 300							

3.2 仙北調査結果

（注）仙北調査（1998～1999年）とは，仙台市の北に隣接する農村地域7町村の有権者を母集団として，村瀬洋一と井出知之によって実施された「社会意識に関する仙北地域住民調査」の略称である［村瀬, 2002］．資料には支持政党以外の項目も含まれているから，別の推定や集計・分析［→2.4］を試みてもよいだろう．なお，各項目のカテゴリーとその意味は以下のとおりである．

項目・カテゴリー	摘　要
支持政党	
自　民	自由民主党
自　由	自由党
公　明	公明党
民　主	民主党
社　民	社会民主党
共　産	日本共産党
諸　派	上記以外の政党
な　し	支持政党なし
不　明	
最終学歴	
中　学	新制中学程度あるいはそれ以下
高　校	新制高校程度
大　学	新制大学程度（含短大，大学院）
その他	分類不能の学歴
不　明	
職　業	
自営業	自営業主および家族従業者
専　門	専門的技術的職業従事者
管　理	管理的職業従事者
大ホワイト	大企業（雇用者数1000人以上）および官公庁のホワイトカラー労働者
中小ホワイト	中小企業のホワイトカラー労働者
大ブルー	大企業および官公庁のブルーカラー労働者
中小ブルー	中小企業のブルーカラー労働者（含販売）
農　業	
無　職	
主　婦	
学　生	
不　明	分類不能を含む

3.3 大阪市基本選挙人名簿登録者数調

1997 年 9 月 2 日現在

番号	投票区	有権者数
	(北区)	
001	滝川	3890
002	堀川	2584
003	東天満	5359
004	西天満	3061
005	梅田東	807
006	北天満	3560
007	済美	3419
008	菅北	6901
009	曽根崎	1345
010	堂島	759
011	豊崎東	8569
012	豊仁	5116
013	豊崎本庄	7934
014	豊崎	3346
015	中津	6972
016	大淀東	1800
017	大淀西	4139
	(都島区)	
018	桜宮	3977
019	中野	9272
020	東都島南	6726
021	東都島北	6244
022	都島南	3875
023	都島北	4702
024	内代	5227
025	高倉南	6955
026	高倉北	4376
027	友渕中学校	6515
028	友渕小学校	4901
029	大東	4700
030	桜宮高校	3000
031	淀川	5830

番号	投票区	有権者数
	(福島区)	
032	上福島	2718
033	福島	3869
034	玉川	4316
035	野田	5203
036	吉野	4725
037	新家	2375
038	大開	6304
039	鷺洲	7229
040	海老江東	4030
041	海老江西	3676
	(此花区)	
042	西九条	6412
043	四貫島	2823
044	梅香	5724
045	春日出北	1775
046	春日出南	3266
047	伝法	11103
048	高見	7954
049	恩貴島北	5082
050	恩貴島中	2523
051	恩貴島南	2684
052	島屋	4343
053	桜島	523
	(中央区)	
054	船場	784
055	集英	1371
056	中大江	5043
057	上町南第一	4108
058	上町南第二	2922
059	玉造	5162
060	桃園	3520

番号	投票区	有権者数
061	桃谷・東平	6069
062	金甌	2616
063	南船場	1257
064	大宝・御津	2250
065	道仁	2780
066	高津	5316
067	南	2107
	(西区)	
068	花乃井中学校	5172
069	明治	5362
070	西長堀	3198
071	堀江小学校	5686
072	堀江中学校	6792
073	西中学校	1725
074	本田小学校	3072
075	本田会館	3214
076	九条東	3046
077	九条南	3435
078	九条北	3029
079	九条幼稚園	2801
	(港区)	
080	波除	10259
081	弁天	9389
082	磯路	5920
083	南市岡	3264
084	市岡	6713
085	田中	8206
086	三先	5880
087	池島	5493
088	八幡屋	6399
089	港晴	5492
090	築港	6079

3.3 大阪市基本選挙人名簿登録者数調

番号	投票区	有権者数	番号	投票区	有権者数	番号	投票区	有権者数
	(大正区)		125	野里	5662	162	淡路本町	5412
091	三軒家西	4253	126	歌島	5169	163	柴島	2643
092	三軒家東	5365	127	香簑第一	4152	164	東淡路	8686
093	泉尾東	7519	128	香簑第二	6136	165	菅原	12913
094	泉尾北	5727	129	佃第一	5343	166	下新庄	8015
095	中泉尾	4578	130	佃第二	7283	167	上新庄	7221
096	北恩加島	7659	131	大和田第一	3490	168	豊新	9853
097	小林	5961	132	大和田第二	2833	169	豊里	6431
098	平尾	7181	133	姫里	3978	170	豊里南	5107
099	南恩加島	5710	134	姫島第一	5522	171	豊里西	5401
100	鶴町	8418	135	姫島第二	4265	172	大道南	4473
			136	福	3140	173	大桐	8637
	(天王寺区)		137	大野百島	1559	174	大隅東	7342
101	天王寺東	3030	138	出来島	4134	175	大隅西	4604
102	天王寺西	1705	139	川北	3031	176	小松	10585
103	大江	4824				177	井高野	7866
104	聖和	5587		(淀川区)		178	東井高野	6629
105	五条	4563	140	加島	8125			
106	桃丘	2096	141	塚本	10069		(東成区)	
107	生魂	3272	142	三津屋	8760	179	東小橋	1975
108	桃陽	3901	143	田川	5338	180	大成	4425
109	味原	3494	144	神津	4855	181	今里	3858
110	真田山	4744	145	新北野	5105	182	中道	2982
111	清堀	4280	146	野中	4487	183	北中道	4981
			147	新高	8280	184	中本	4450
	(浪速区)		148	十三	5365	185	東中本	8710
112	日本橋	2124	149	木川	8123	186	神路	7553
113	日東	4121	150	木川南	3293	187	深江	5176
114	浪速津	2019	151	西中島	4863	188	片江	8238
115	新世界	1872	152	宮原	7965	189	宝栄	6657
116	恵美	4202	153	三国本町	5301			
117	大国	4193	154	三国	4919		(生野区)	
118	敷津	2907	155	西三国	7847	190	北鶴橋	4106
119	元町	3769	156	北中島	10794	191	鶴橋	4423
120	立葉	4486	157	東三国	6859	192	御幸森	1996
121	塩草	5365	158	新東三国	7463	193	東桃谷	4135
122	浪速町	4073				194	勝山	5344
				(東淀川区)		195	舎利寺	3744
	(西淀川区)		159	啓発	7931	196	西生野	4703
123	柏里第一	3563	160	西淡路	7203	197	生野	6210
124	柏里第二	3366	161	淡路	4844	198	林寺	3383

番号	投票区	有権者数	番号	投票区	有権者数	番号	投票区	有権者数
199	田島	3330	236	関目	6586		(住之江区)	
200	生野南	5369	237	関目東	8142	271	安立	6742
201	中川	5457	238	菫北	5741	272	安立南	3441
202	東中川	9548	239	菫南	3959	273	浜口	6361
203	小路	5706	240	中浜	4764	274	敷津浦	8802
204	東小路	5713	241	森之宮	4928	275	住之江	9635
205	巽	5595	242	東中浜	6824	276	新北島	8738
206	巽東	4569				277	平林	2731
207	巽南	5647		(鶴見区)		278	南港	3490
208	北巽	5248	243	緑	4570	279	南港緑	4866
			244	鶴見北	3846	280	南港渚	5312
	(旭区)		245	鶴見南	6010	281	南港光	5521
209	新森東	7123	246	榎本北	4866	282	南港桜	5546
210	清水	8468	247	榎本南	7673	283	住吉川	9163
211	新森西	5679	248	今津	9070	284	加賀屋	6067
212	古市南	4927	249	茨田南	11453	285	加賀屋東	8627
213	古市北	4150	250	茨田東	5554	286	西粉浜	6240
214	大宮南	4009	251	茨田北	9941	287	粉浜	5764
215	大宮中	4634	252	茨田西	5893			
216	中宮	6945	253	横堤	7075		(住吉区)	
217	大宮北	3701				288	墨江	7162
218	太子橋	6449		(阿倍野区)		289	三稜	9141
219	生江	4592	254	高松北	6085	290	南住吉	7780
220	城北	6665	255	高松南	2082	291	清水丘	7716
221	高殿	10445	256	常磐東	3920	292	遠里小野	5690
222	高殿南	5076	257	常磐西	5556	293	東粉浜	3983
			258	金塚	3720	294	住吉第一	5346
	(城東区)		259	文の里	5669	295	住吉第二	5425
223	放出	7040	260	玉子北	3696	296	住吉第三	3280
224	鯰江	4732	261	玉子南	4171	297	大領	6479
225	鯰江東	5834	262	丸山	5955	298	長居	14548
226	聖賢北	5101	263	長池北	4121	299	長居北	5607
227	聖賢南	6904	264	長池南	5663	300	我孫子	4266
228	今福	6910	265	阿倍野北	5666	301	依羅	11948
229	城東	7359	266	阿倍野南	2380	302	苅田北	5336
230	諏訪北	6079	267	晴明丘北	6661	303	苅田	7690
231	諏訪南	4621	268	晴明丘南	6721	304	苅田南	7711
232	鴫野	9977	269	阪南北	6423	305	山之内	10732
233	榎並北	5028	270	阪南南	3788			
234	榎並南	3478					(東住吉区)	
235	成育	9869				306	育和	10136

3.3 大阪市基本選挙人名簿登録者数調

番号	投票区	有権者数	番号	投票区	有権者数
307	桑津	4811		(西成区)	
308	光輪寺学園	4042	343	弘治	4979
309	第二めばえ保育園	3189	344	長橋	5231
			345	萩之茶屋	17537
310	北田辺	8405	346	今宮	8930
311	田辺	8942	347	橘	8429
312	南田辺	9962	348	松宮	3831
313	東田辺	6821	349	梅南	4435
314	南百済	9341	350	玉出	7948
315	湯里	4593	351	岸里東	6612
316	今川	10892	352	岸里西	5648
317	鷹合	7117	353	千本	9734
318	矢田東第一	6366	354	津守	2731
319	矢田東第二	6149	355	南津守	7194
320	矢田西第一	6104	356	北津守	2689
321	矢田西第二	6764	357	山王	4711
			358	天下茶屋	9059
	(平野区)				
322	平野	12391		全有権者数	2031101
323	平野西	8637			
324	摂陽	6984			
325	平野南	8159			
326	喜連東	6946			
327	喜連北	5459			
328	喜連	6707			
329	喜連西	8129			
330	長吉第一	6731			
331	長吉第二	11000			
332	長吉第三	5883			
333	長吉第四	4331			
334	長吉第五	10241			
335	瓜破	8475			
336	瓜破北	7312			
337	瓜破西	5218			
338	瓜破東	6371			
339	加美北	8668			
340	加美	7706			
341	加美東	4802			
342	加美南部	7855			

3.4 第5回SSM調査結果

番号	性別	年齢	最終学歴	従業先 名称	事業内容	規模	職業 地位	仕事内容
001	男	64	大学	○○市スポーツ振興事業団	学校施設使用サポート	7	臨時	管理指導員
002	男	31	高校	○○魚市場		5	雇用者	魚市場のせり
003	女	54	高校	(有)○○薬局		3	臨時	事務
004	男	36	高校	○○町役場		10	雇用者	交通公報係
005	女	47	高校	クレジット○○	個人金融	2	臨時	窓口事務
006	女	37	高校	スーパー○○	スーパーマーケット	5	雇用者	惣菜作り
007	男	27	大学	○○保健所		10	雇用者	公害の監視
008	男	45	高校	○○木材	合板製造	7	雇用者	合板製造
009	男	44	高校	○○商店	長距離トラック運送	1	自営	トラック運転
010	男	45	高校		農業		自営	米作り
011	男	28	大学	○○電気(株)○○事業所	電子・電気機器製造	9	雇用者	半導体の品質管理
012	男	65	高校	○○水産	水産業,貸しビル業	3	経営者	経理
013	男	40	中学	○○工務店	建築業	3	雇用者	建築大工
014	男	40	高校	(株)○○鉄工所	工作機械製造	6	雇用者	エンジニア
015	男	34	高校	お好みランド○○○○	お好み焼き	2	自営	接客
016	男	66	中学	○○ゴルフクラブ	ゴルフ場	6	臨時	草刈・芝刈等
017	男	24	高校	○○製作所	精密機械部品製造	3	経営者	営業,現場・事務の管理
018	男	58	中学	○○製作所	板金業	3	経営者	自動車のタンク等の板金
019	女	34	大学	(株)○○○○	掃除用品レンタル	4	臨時	商品の配達・交換
020	女	30	大学	○○化学(株)	薬品製造	8	雇用者	社員のコンピュータ教育
021	女	30	高校	○○生命	生命保険販売	9	雇用者	保険外交員
022	男	33	高校	(株)○○○○	印刷業	4	雇用者	インクの調合
023	女	45	大学	(株)○○メディカル	医療器具販売	4	経営者	経営管理
024	男	33	高校	○○ストア	酒の小売り	3	雇用者	仕入れ,販売
025	男	30	大学	○○インキ化学工業(株)	総合科学メーカー	9	雇用者	研究
026	男	47	高校	○○醤油	醤油製造	9	雇用者	保全,機械管理
027	男	35	高校	(株)○○企画開発	不動産業	6	雇用者	営業
028	女	24	大学	(株)○○スポーツ	スポーツ用品販売	2	雇用者	営業事務
029	男	37	大学	○○スポーツ新聞社	新聞社	8	雇用者	紙の仕入れ
030	男	34	大学	○○電子機器	電子機器製造	8	雇用者	企画
031	男	51	大学	(株)○○製作所	金属加工	6	経営者	工場長
032	男	38	大学	(有)○○○○	家具の輸入販売	2	自営	全部
033	女	69	高校	○○荘	アパート経営	2	自営	アパート管理
034	男	31	高校	コープ○○店	食品・雑貨小売	9	雇用者	青果品出し,管理
035	男	58	高校		テニスコート運営	2	自営	コート整備
036	男	40	大学	ブライダル○○	冠婚葬祭司会者派遣	2	経営者	経営
037	男	37	大学	○○コンサルティング	ソフトウェア制作	6	雇用者	システムエンジニア
038	男	39	高校	警視庁		10	雇用者	警察官
039	男	44	高校	○○歯科技工所	歯科技工	2	自営	歯科技工士
040	男	54	中学	○○市交通局		10	雇用者	バス運転士
041	男	69	中学		果物生産	2	自営	果樹栽培
042	男	45	高校	○○電機(株)○○工場	弱電電子部品製造	9	雇用者	金型メンテナンス作業
043	男	51	高校	○○物流(株)	電気器具の物流	9	雇用者	総務
044	男	46	大学	(株)○○ネオン本社	戸外広告	6	雇用者	営業
045	男	62	大学	○○薬品(株)	薬品卸	7	経営者	薬の情報管理
046	男	22	高校	○○ベアリング	精密機械製造	7	雇用者	NC旋盤操作

3.4 第5回SSM調査結果

役職	個人	世帯	テ	ビ	ク	レ	食	パ	フ	車	ビ	応	会	別	株	美	家	合計
	600	600	○	○	×	○	×	○	×	○	×	○	×	○	×	○	×	8
	400	400	○	○	×	○	×	×	×	○	×	○	×	×	×	×	×	4
	50	1500	○	○	×	○	×	○	×	○	×	○	×	×	×	×	○	7
係長	500	500	○	○	×	○	×	○	×	○	×	○	×	×	×	×	×	6
	100	800	○	×	○	○	○	×	×	○	○	○	×	○	○	○	○	11
	50	400	○	○	×	○	×	○	×	○	×	○	×	×	×	×	○	7
	400	1100	○	○	×	○	×	○	×	×	×	×	×	○	×	×	○	6
	300	300	○	○	×	○	×	×	×	○	×	×	×	×	×	×	○	5
	1100	1100	○	○	○	○	×	○	×	○	×	○	×	×	×	×	○	8
	600	800	○	○	○	×	×	×	×	○	×	○	×	○	×	○	×	6
	400	400	○	○	○	○	×	○	×	×	×	×	×	○	×	○	×	5
常務	900	900	○	○	○	○	×	○	×	○	○	○	×	○	○	○	○	12
	600	600	○	○	○	×	×	×	×	○	×	○	×	×	×	×	○	5
	500	500	○	○	×	×	×	×	×	○	×	×	×	○	×	×	×	4
	300	500	○	○	×	○	×	○	×	○	×	×	×	○	×	×	○	7
	600	600	○	×	○	○	×	×	×	○	×	○	×	×	×	×	○	5
社長	700	2500	○	○	○	○	○	○	×	○	×	○	×	○	○	○	○	11
社長	600	700	○	○	○	○	○	○	×	○	×	○	×	×	○	×	○	10
	50	700	○	○	○	×	○	○	×	○	×	○	×	○	×	○	○	9
主任	400	900	○	○	○	○	×	○	×	×	×	○	×	×	×	×	○	7
	400	400	○	○	×	○	×	×	×	○	×	×	×	×	×	×	○	5
	400	500	○	○	×	○	×	×	×	○	×	○	×	×	×	○	○	6
社長	1100	2300	○	○	○	○	○	○	×	○	○	○	○	○	○	○	○	15
	300	300	○	○	×	○	×	×	×	○	×	×	×	×	×	×	×	5
	500	2000	○	○	○	○	×	○	×	○	×	○	×	○	×	○	○	10
副主任	800	900	○	○	○	○	×	○	×	×	×	○	×	×	×	×	○	7
係長	600	600	○	○	○	○	×	○	×	○	×	○	×	○	×	○	○	10
	200	500	○	○	○	○	×	×	×	○	×	×	×	×	×	×	○	6
	700	700	○	○	○	×	×	○	×	○	×	×	×	×	×	×	○	6
部長	1100	1100	○	○	○	○	×	○	○	○	×	○	×	×	×	×	○	8
工場長	1100	1100	○	○	○	○	○	○	×	○	×	○	×	○	×	×	○	9
代表	600	600	○	○	○	○	×	○	×	○	×	○	○	○	×	○	○	11
	300	300	○	○	×	○	×	○	×	○	×	○	×	○	×	○	○	9
主任	400	800	○	○	○	○	×	○	×	×	×	○	×	○	×	○	○	9
	700	800	○	○	×	○	×	×	×	○	×	○	○	○	×	○	○	9
社長	800	1300	○	○	○	○	×	○	×	○	×	○	×	○	×	×	×	8
課長	600	600	○	○	○	○	×	○	×	×	×	×	×	○	×	○	○	7
	800	800	○	○	×	○	×	×	×	○	×	×	×	○	×	○	○	6
	300	1100	○	○	○	○	×	○	×	○	×	×	×	○	×	○	○	9
	700	1100	○	○	×	○	×	×	×	○	×	×	×	×	×	○	○	6
	200	900	○	○	○	○	×	○	×	○	×	×	×	○	×	○	○	8
	700	700	○	×	○	○	×	×	×	×	×	×	×	○	×	○	○	5
課長	1100	2000	○	○	○	○	×	○	×	○	×	○	×	○	×	×	○	10
課長	800	900	○	○	×	○	×	×	×	○	×	×	×	×	×	×	○	6
理事	700	700	○	○	○	○	×	○	×	○	○	○	×	○	○	○	○	12
	200	600	○	○	×	○	×	○	×	○	○	○	×	○	○	○	○	10

番号	性別	年齢	最終学歴	従業先 名称	従業先 事業内容	規模	職業 地位	職業 仕事内容
047	男	56	高校	(株)○○ガス精機	ガスのコック製造	5	雇用者	生産工程作業
048	男	22	高校	○○内装	内装業	3	家族	内装作業
049	男	55	中学	○○鋳物	ピアノのフレーム製造	5	雇用者	フレーム製造
050	男	68	大学		税理士	2	自営	税理士
051	男	43	大学	○○信用金庫	金融	5	雇用者	融資貸付
052	女	41	高校	(有)○○○○	レストラン	3	臨時	ウエートレス
053	男	64	中学	○○自動車	自動車修理, 販売	3	自営	修理
054	男	68	中学	○○商店	文具販売	2	雇用者	文具販売
055	男	38	大学	○○市役所		10	雇用者	土木設計技師
056	男	47	高校	○○電機通信 (株)	電話工事	4	雇用者	電話配線工事
057	女	68	中学	○○仏具店	仏壇製造, 販売	2	家族	仏壇製造, 販売
058	男	44	中学	○○重工○○工場	航空機エンジン製造	9	雇用者	エンジン製造作業
059	男	55	高校		建設機械据付	2	自営	建設機械据付
060	男	42	中学	○○電工	自動販売機の部品製造	4	雇用者	部品の研磨
061	男	54	中学	○○○	スポーツ用品店	4	経営者	経営者
062	男	40	大学	○○金属箔粉工業 (株)	非鉄金属箔粉製造, 販売	8	雇用者	営業 (外勤)
063	男	56	高校		化学繊維製造	9	雇用者	薬剤調合
064	女	44	高校	クラブ○○	クラブ	4	雇用者	ホステス
065	女	45	大学	○○市教育委員会		10	雇用者	指導主事
066	女	46	大学	○○真珠製作所	養殖真珠に核を入れる	3	家族	全般
067	男	45	高校	JR○○駅	輸送業	9	雇用者	運行管理 (コンピュータ)
068	男	41	大学	○○タバコ (株)	たばこ卸販売	9	雇用者	営業
069	男	55	中学		ブラシ研磨	2	家族	ブラシ研磨
070	男	31	高校	○○メディカル (株)	医療器具の輸入販売	5	雇用者	営業
071	女	62	中学	○○シールKK	印刷業	7	臨時	シールの製造
072	女	56	高校	○○シューズ	靴製造	4	雇用者	靴の仕上げ
073	女	47	高校	○○クリーニング	クリーニング店	5	雇用者	仕上げ
074	女	54	大学	○○小学校		10	雇用者	教師
075	女	43	高校	○○保健センター	福祉サービス	10	雇用者	入浴サービス
076	男	36	高校	(株)○○組	土木請負	3	雇用者	建築士
077	男	45	大学	○○塗装工業	塗装業, 看板	2	自営	営業から塗装まですべて
078	男	38	高校	○○メタル (株)	自動車部品加工	4	雇用者	旋盤加工
079	男	28	高校	(株)○○組	鉄骨組立, ビル解体	4	雇用者	作業者
080	女	33	大学	○○内科クリニック	病院	4	経営者	医療事務
081	男	47	高校	○○土木出張所	土木行政	10	雇用者	土木改良工事担当
082	男	67	高校	○○ブロック工業所	土木工事	2	自営	経営者
083	女	61	高校	司法書士○○事務所	登記, 裁判書類作成	2	雇用者	一般事務, 登記
084	男	27	大学	○○銀行○○支店	銀行	9	雇用者	外交員
085	女	36	大学	○○幼稚園	幼稚園	10	雇用者	保母
086	男	39	大学	○○○消防署	消防	10	雇用者	救急, 消防業務
087	男	63	中学	○○砂利 (株)	砕石販売	2	雇用者	砕石洗浄
088	女	34	高校	NTT○○	電話局	5	臨時	電話営業
089	男	32	大学	(株)○○館	塾	6	雇用者	講師
090	男	58	高校	○○商店	食料品小売	2	自営	店主
091	男	29	高校	○食品運送	食品運送	5	雇用者	運送
092	男	50	高校	○農協○○支所	農業協同組合	7	雇用者	総務事務
093	女	32	高校	○○園	老人養護施設	4	臨時	調理補助
094	男	68	中学	○○ラジオ店	ラジオの販売, 修理	2	自営	ラジオの販売, 修理
095	男	45	高校	(有)○○貨物運送	一般貨物運送	5	雇用者	車の運転, 事務
096	男	47	高校	○○酒販 (株)	酒卸	5	雇用者	営業課長
097	男	25	高校	○○冷熱 (株)	管工事業	4	雇用者	現場作業
098	女	53	大学	○○医院	病院	4	臨時	栄養士
099	男	42	高校	ショッピングセンター○○	小売	3	自営	全般
100	男	40	高校	○○模型	模型販売, 修理	2	自営	販売, 修理

3.4 第5回SSM調査結果

役職	年収(万円) 個人	世帯	テ	ビ	ク	レ	食	パ	フ	車	ピ	応	会	別	株	美	家	合計
係長	700	700	○	○	○	○	×	×	×	○	×	○	○	×	○	×	○	7
	300	1300	○	○	○	○	×	×	○	○	×	○	○	×	×	○	○	10
	600	700	○	○	○	○	×	×	×	×	×	○	×	×	×	×	○	6
	400	1300	○	○	○	×	○	○	○	○	×	○	×	×	○	×	○	9
課長	900	1500	○	○	○	○	×	○	×	○	×	○	○	×	○	×	○	9
	100	800	○	○	○	○	×	○	×	○	×	○	×	×	×	×	○	8
取締役	300	900	○	○	○	○	×	○	×	○	○	○	○	×	×	×	○	10
	100	800	○	○	○	×	×	×	×	○	×	○	×	×	×	×	○	5
係長	600	1500	○	○	○	○	×	○	×	○	×	○	○	×	○	×	○	10
課長	400	700	○	○	○	○	×	○	×	○	×	○	○	×	○	×	○	10
	300	900	○	○	○	○	×	○	×	○	×	○	○	×	○	×	○	10
	500	500	○	○	○	×	×	×	×	○	×	○	×	×	○	×	○	6
	700	700	○	○	○	○	×	○	×	○	×	○	×	×	○	×	×	7
	300	500	○	○	○	○	×	×	×	○	×	○	×	×	×	×	○	6
社長	1100	2000	○	○	○	○	×	○	×	○	○	○	×	×	○	×	○	10
係長	600	600	○	○	○	×	×	×	×	○	×	○	×	×	○	×	○	6
	300	400	○	×	○	○	×	×	×	×	×	○	×	×	×	×	○	5
	500	1100	○	○	○	○	×	×	×	○	×	○	○	×	○	×	×	7
	700	1300	○	○	○	○	×	○	×	○	×	○	○	×	○	○	○	11
	300	300	○	×	○	○	×	×	×	×	×	○	○	×	○	×	○	7
主任	700	800	○	○	○	○	×	○	×	○	×	○	×	×	×	×	×	6
課長代理	800	800	○	○	○	○	×	×	×	○	×	○	×	×	×	×	×	6
	50	300	○	○	○	○	×	○	×	○	×	○	×	×	○	×	○	8
	500	500	○	○	○	○	×	○	×	○	×	○	×	×	○	×	○	9
	100	400	○	×	○	○	×	×	×	×	×	○	×	×	×	×	○	4
	200	200	○	○	○	○	×	×	×	○	×	○	×	×	×	×	×	6
	200	700	○	○	○	○	×	○	×	○	×	○	×	×	○	×	○	8
校長	700	1500	○	○	○	○	×	×	×	○	×	○	○	×	×	×	○	7
	300	900	○	○	○	○	×	×	×	×	○	○	×	×	×	×	×	7
監督	400	400	○	○	○	○	×	○	×	○	×	○	×	×	×	×	○	7
	800	900	○	○	○	○	×	○	×	○	×	○	×	×	×	×	○	7
	300	800	○	×	○	○	×	×	×	○	×	○	×	×	×	×	○	6
	500	1300	○	○	○	○	×	○	×	○	×	○	×	×	○	×	○	9
理事	200	1300	○	○	○	○	○	○	×	○	×	○	○	×	×	×	○	11
課長	400	400	○	×	○	○	×	○	×	○	×	○	○	×	×	×	○	7
社長	300	1300	○	×	○	○	×	○	×	○	×	○	×	×	○	×	○	8
	400	400	○	○	○	○	○	○	○	○	○	○	○	×	○	○	○	14
	600	900	○	○	○	○	○	○	×	○	×	○	×	×	×	×	×	8
主任	300	900	○	○	○	○	×	○	○	○	×	○	○	×	○	×	○	11
	600	1100	○	○	○	○	×	×	×	○	×	○	×	×	×	×	○	7
	300	500	○	×	×	○	×	×	×	○	×	○	×	×	○	○	○	6
	100	600	○	○	○	○	×	×	×	○	×	○	×	×	×	×	×	7
	500	500	○	○	○	×	×	×	×	○	×	○	×	×	×	×	×	5
	200	300	○	○	○	○	×	×	×	○	×	○	×	×	×	×	○	6
	400	400	○	○	○	○	×	×	×	○	×	○	×	×	×	×	×	5
係長	400	1100	○	○	○	○	×	○	×	○	×	○	×	×	×	×	○	7
	50	500	○	○	○	○	×	○	×	○	×	○	×	×	×	×	○	7
	300	300	○	○	○	○	×	×	×	○	×	○	○	×	○	×	○	7
部長	400	400	○	○	○	×	×	×	×	○	×	○	×	×	×	×	○	5
営業課長	500	900	○	○	○	○	×	○	×	○	×	○	×	×	×	×	○	7
	300	300	○	○	○	×	×	×	×	×	×	○	×	×	×	×	×	4
	100	1300	○	○	○	×	×	○	×	○	×	○	×	×	○	×	○	8
	500	1100	○	○	○	○	○	○	○	○	×	○	×	×	○	×	○	10
	200	200	○	○	×	×	×	○	×	○	×	○	×	×	×	×	○	6

(注) 第5回SSM調査（1995年）とは，全国の20～69歳の人びとを母集団として行われた「第5回社会階層と社会移動（Social Stratification and Social Mobility）全国調査」の略称である［原，1998］．資料は，総回収標本数6571のうちから抽出したものである．各項目のカテゴリーとその意味は下表のとおり．なお，年齢から世帯年収までの質問方法は，資料3.5 YAS I 調査票とほぼ同じである．

項目・カテゴリー	摘　要
最終学歴	
中　学	新制中学程度あるいはそれ以下
高　校	新制高校程度
大　学	新制大学程度（含短大，大学院）
従業先・規模（従業員数）	
1	1人
2	2～4人
3	5～9人
4	10～29人
5	30～99人
6	100～299人
7	300～499人
8	500～999人
9	1000人以上
10	官公庁
職業・地位	
経営者	経営者，役員
雇用者	常時雇用されている一般従業者
臨　時	臨時雇用・パート・アルバイト
自　営	自営業主・自由業者
家　族	家族従業者
財　産	財産項目の略号は次のとおり 1テ（カラーテレビ）　2ビ（ビデオデッキ）　3ク（クーラー・エアコン）　4レ（電子レンジ）　5食（食器洗い機）　6パ（パソコン・ワープロ）　7フ（ファクシミリ）　8車（乗用車）　9ピ（ピアノ）　10応（応接セット）　11会（スポーツ会員権）　12別（別荘）　13株（株券・債券）　14美（美術品・骨董品）　15家（一戸建て持家，分譲マンション）

3.5 YAS I 調査票と調査員の手引

A. 調査票

昭和53年

対象者氏名				様		地 点	個 番
対象者住所	区	町	丁	番	号	① ②	③ ④

調査員氏名				訪問記録	1回目	2回目	3回目	4回目	5回目
回収	コーダー	点検		( )月 日	日	日	日	日	日
				時間	午前午後 時	午前午後 時	午前午後 時	午前午後 時	午前午後 時

〔あ い さ つ〕

　わたくしは、横浜国立大学からまいりました調査員で、○○と申します。さきにハガキでお願いいたしましたように、ただいまいくつかの大学といっしょに、教育と職業に関する世論調査を行っています。お答えいただく方を確率的な方法でえらんでお訪ねしております。
　この調査は全く学術的な研究で税務署など他の機関とは何の関係もありません。また、結果はすべて統計表の形で整理いたしますので、あなたのお名前が外部に出たりお答えが他人にもれたりすることは全くありません。
　お忙しいところたいへん恐縮ですがしばらくの間質問にお答え下さいますようお願いいたします。

早速ですが……

問1　あなたのお生まれは何年何月ですか。〔対象者指定票と照合し、対象者を確認する〕

　　　　　　　明治・大正・昭和　　年　　月　　　　　　　　　満 ⑤⑥ 歳

問2　a　あなたは生まれた時から横浜市内に住んでおられましたか。

　　　　　1 はい　0 いいえ　　　　　　　　　　　9 D.K, N.A ⑦

　　b　〔aで0の人に〕それでは横浜市内に移ってこられたのはあなたが何才の頃ですか。

　　　　　⑧⑨ 才　　　　　　　98 非該当　　99 D.K, N.A

　　c　ところで、あなたが15歳の頃、どこに住んでおられましたか。当時の地名でおしえて下さい。〔記入〕

　　d　そこは現在何とよばれていますか。〔記入〕
　　〔注意：国外の場合は国名等を所定の欄に記入し、かつその地が、当時、都市部にあったか農村部であったかをあわせきき余白に記入すること〕

c 15歳の頃住んでいたところ(当時の地名)	d 現在の地名
都道府県(国)	都道府県(国)
市	市
区	区
郡　町	郡　町
郡　村	郡　村

　　　　　　　　　　　　　　　　⑩⑪⑫⑬⑭

　　e　その頃あなたのごきょうだいは、あなたをを含めて全部で何人でしたか。そのなかであなたは上から何番目でしたか。すでになくなっていた方は除いて下さい。

　　　　　兄弟数　⑮⑯ 人中　⑰⑱ 番目
　　　　　　　　　99 DK, NA　　　99 DK, NA

第3章 社会調査資料

最初に、生活や職業（仕事のことですね）についてのあなたのお考えをおうかがいします。

※問3 〔リスト1提示〕人のくらし方には、いろいろあるでしょうが、つぎにあげるもののうちで、どれが一番あなた自身の気持に近いものですか？

1	一生けんめい働き、金持ちになること
2	まじめに勉強して、名をあげること
3	金や名誉を考えずに、自分の趣味にあったくらし方をすること
4	その日その日を、のんきにクヨクヨしないでくらすこと
5	世の中の正しくないことを押しのけて、どこまでも清く正しくくらすこと
6	自分の一身のことを考えずに、社会のためにすべてを捧げてくらすこと
7	その他〔記入〕 9 DK, NA ⑲

※問4 〔リスト2提示〕ここに10人の有名な人の名前が書いてあります。あなたはこれらの1人1人について、どの程度好意を感じますか。大変好意を感じる、どちらかといえば好意を感じる、どちらともいえない、どちらかといえばきらい、大変きらいの5段階でお答え下さい。

		(5) 大変好意	(4) どちらかといえば好意	(3) どちらともいえない	(2) どちらかといえばきらい	(1) 大変きらい	(9) DK NA	
1	豊臣秀吉	5	4	3	2	1	9	⑳
2	野口英世	5	4	3	2	1	9	㉑
3	田中角栄	5	4	3	2	1	9	㉒
4	王貞治	5	4	3	2	1	9	㉓
5	二宮尊徳（金次郎）	5	4	3	2	1	9	㉔
6	松下幸之助	5	4	3	2	1	9	㉕
7	宮沢賢治	5	4	3	2	1	9	㉖
8	吉田茂	5	4	3	2	1	9	㉗
9	大鵬	5	4	3	2	1	9	㉘
10	美空ひばり	5	4	3	2	1	9	㉙

問5 「流した汗が報われる生活」という言葉がありますが、今の社会はどちらかといえば、人々の努力が報われる社会だと思われますか、それとも思われませんか。

1 報われる	0 報われない

9 DK, NA ㉚

3.5 YASI調査票と調査員の手引

問6 「仕事をする」ということには、いろいろな考え方や態度があります。あなたのお考えは、これからあげる文章に近いですか。「はい」「いいえ」でお答え下さい。

(1)	独立して仕事をするよりは、どこかにつとめて働いた方がいい	1 はい	0 いいえ	9 DK, NA	㉛
(2)	お金をたくさんかせぐよりは、高い地位につく方がいい	1 はい	0 いいえ	9 DK, NA	㉜
(3)	高い地位につくよりは、気楽に仕事をしていた方がいい	1 はい	0 いいえ	9 DK, NA	㉝
(4)	平凡な仕事をするよりは、困難な仕事にとりくんだ方がいい	1 はい	0 いいえ	9 DK, NA	㉞
(5)	収入は少なくとも、自分の才能をいかせる仕事をした方がいい	1 はい	0 いいえ	9 DK, NA	㉟
(6)	小さなところで働くよりは、大きな組織の中で仕事をした方がいい	1 はい	0 いいえ	9 DK, NA	㊱
(7)	一つの組織体で高い地位につくよりは、社会的に自由に活躍した方がいい	1 はい	0 いいえ	9 DK, NA	㊲
(8)	一獲千金を期待して仕事するよりは、こつこつ働いている方がいい	1 はい	0 いいえ	9 DK, NA	㊳
(9)	仕事一本に打ち込むよりは、余暇を楽しんだ方がいい	1 はい	0 いいえ	9 DK, NA	㊴
(10)	民間の会社につとめるよりは、官庁や役所につとめた方がいい	1 はい	0 いいえ	9 DK, NA	㊵
(11)	世間的に有名になれる仕事より、平凡でも安定した仕事の方がいい	1 はい	0 いいえ	9 DK, NA	㊶

※問7 〔リスト3提示〕あなたは現在の生活にどの程度満足しておられますか。

5 満足している	4 まあ満足している	3 どちらともいえない	2 どちらかといえば不満である	1 不満である	9 DK, NA	㊷

「立身出世」という言葉をおききになったことがあると思いますが。

※問8 〔リスト4提示〕「立身出世」という言葉から、あなたはどんな言葉を連想しますか。表にあげたそれぞれの言葉はあなたの「立身出世」のイメージを表現するのにふさわしいですか。それともふさわしくありませんか。

		(1) ふさわしい	(0) ふさわしくない	(9) DK, NA	
(1)	努 力 家	1	0	9	㊸
(2)	悪 だ く み	1	0	9	㊹
(3)	滅 私 奉 公	1	0	9	㊺
(4)	弱 肉 強 食	1	0	9	㊻
(5)	秀才・俊才	1	0	9	㊼
(6)	毛並みのよさ	1	0	9	㊽
(7)	世渡り上手	1	0	9	㊾
(8)	誇 大 妄 想	1	0	9	㊿
(9)	夢 物 語	1	0	9	㋑
(10)	成り上がり	1	0	9	㋒
(11)	人 格 高 潔	1	0	9	㋓
(12)	親 孝 行	1	0	9	㋔
(13)	国のうまれ	1	0	9	㋕
(14)	利己主義者	1	0	9	㋖
(15)	ごますり	1	0	9	㋗
(16)	ガ リ 勉	1	0	9	㋘
(17)	独 立 自 営	1	0	9	㋙
(18)	忠 君 愛 国	1	0	9	㋚
(19)	モーレツ社員	1	0	9	㋛
(20)	一 獲 千 金	1	0	9	㋜

第3章 社会調査資料

※問9　〔リスト5提示〕いまの日本の社会では、どういう人が出世しやすいとお考えですか。本人の努力は別にして、ここに書いてあるものの中では、人々の「立身出世」にとって大切なものはどれでしょうか。2つまであげて下さい。

01 才能があること	05 学歴が高いこと	09 縁故関係があること
02 幸運にめぐまれること	06 家柄がよいこと	10 その他
03 人柄がよいこと	07 財産があること	〔　　　　〕
04 処世術がうまいこと	08 父の社会的地位が高いこと	

99 DK, NA

問10　今かりに、貴方が仕事の上で、大きく成功するチャンス（機会）にめぐまれているとします。しかし、このチャンスに成功するためには、

a) 毎晩12時すぎまで、宴会のつきあいをしなければなりません。貴方は、帰宅がおそくなることなどかまわないから、この成功のチャンスをつかみたいと思いますか。それともこのチャンスをあきらめますか？

　　　1 かまわずにチャンスをつかむ　　0 あきらめる　　9 DK, NA

b) それでは、しばらく家族と別れ別れに暮らさなければならないとしたら、どうでしょうか。（別居してもかまわないから、この成功のチャンスをつかみたいと思いますか。それともこのチャンスをあきらめますか）？

　　　1 かまわずにチャンスをつかむ　　0 あきらめる　　9 DK, NA

c) それでは、過労で病気になる危険があるかも知れないとしたら、貴方はどうしますか？

　　　1 かまわずにチャンスをつかむ　　0 あきらめる　　9 DK, NA

d) 今よりもっと重い責任をもたなければならないとしたら、どうでしょうか？

　　　1 かまわずにチャンスをつかむ　　0 あきらめる　　9 DK, NA

e) 上役やとくい先の家庭に、コッソリつけとどけをしなければならないとしたらどうでしょうか？

　　　1 かまわずにチャンスをつかむ　　0 あきらめる　　9 DK, NA

f) 子供や家庭のことを何一つ、かまってやれなくなるとしたら、どうでしょうか？

　　　1 かまわずにチャンスをつかむ　　0 あきらめる　　9 DK, NA

g) へんぴな山奥へ引越さなければならないとしたら、どうでしょうか？

　　　1 かまわずにチャンスをつかむ　　0 あきらめる　　9 DK, NA

h) 自分のいいたいこともいわないで、黙っていなければならないとしたらどうでしょうか？

　　　1 かまわずにチャンスをつかむ　　0 あきらめる　　9 DK, NA

i) 万一失敗すると首をきられたり、店を人手に渡さねばならないとしたら、どうでしょうか。

　　　1 かまわずにチャンスをつかむ　　0 あきらめる　　9 DK, NA

次に教育についておたずねしますが

※問11 a〔リスト6提示〕今かりに、あなたに小学校6年生くらいの男の子がいるとしたら、将来どの程度の学校まであげたいと思いますか。

```
12  中学校
13  高等学校
14  短大・高専
15  大学（大学院を含む）
20  その他〔学校名記入
    〔              〕    99
```
⑯ ⑰

b 〔aで15大学と答えた人に〕具体的な大学名までお考えでしたら、教えて下さい。
　　　記入　　　　　　　　　　　　　　　　　　⑱ ⑲

c 〔aで15大学と答えた人に〕それでは、学部名についてはどうですか。
　　　記入　　　　　　　　　　　　　　　　　　⑳ ⑤

d 〔全員に〕では、その学校を出たら、どんな職業についてもらいたいと思いますか。なるべく具体的にお答え下さい。
　　　記入　　　　　　　　　　　　　　　　　　⑥ ⑦ ⑧

最後に、あなたご自身についてうかがわせて下さい。
結果を分析する上で重要な点ですので、よろしくお願いします。

問12 まず、あなたご自身の性格についておうかがいします。これからあげることがらは、あなたにあてはまっていると思いますか。「はい」「いいえ」でお答え下さい。

1 私は、一つのことに熱中しやすい方です。
　　　1 はい　　0 いいえ　　　　9 DK, NA　　⑨

2 私は、新しいものを作ったり、新しい方法を工夫したりするのが好きです。
　　　1 はい　　0 いいえ　　　　9 DK, NA　　⑩

3 私は、他人と一緒に仕事をする時、競争心をもやす事が多い方です。
　　　1 はい　　0 いいえ　　　　9 DK, NA　　⑪

4 何でも他人と同じようなことをしていれば間違いないと私は思っています。
　　　0 はい　　1 いいえ　　　　9 DK, NA　　⑫

5 私は、同僚よりえらくなろうと思っています。
　　　1 はい　　0 いいえ　　　　9 DK, NA　　⑬

6 私は、面倒な事をするよりも何もしない方が好きです。
　　　0 はい　　1 いいえ　　　　9 DK, NA　　⑭

7 むずかしい仕事ほど私にとってやり甲斐があるから、私は好きです。
　　　1 はい　　0 いいえ　　　　9 DK, NA　　⑮

8 私は、成功する見込みがあまりなくても、冒険に参加することが好きです。
　　　1 はい　　0 いいえ　　　　9 DK, NA　　⑯

9 私は、役員とか代表とかになろうとは、あまり思いません。
　　　0 はい　　1 いいえ　　　　9 DK, NA　　⑰

第3章 社会調査資料

※問13　a　〔リスト7提示〕あなたが最後にいらっしゃった（または、現在いらっしゃっている）学校は、次のどれにあたりますか。

01	旧制尋常小学校	12	新制中学校
02	旧制高等小学校	13	新制高校
03	旧制中学校・実業学校・師範学校	14	新制短大・高専
04	旧制高校・高専	15	新制大学（大学院を含む）
05	旧制大学（大学院を含む）	20	その他〔学校名記入〕
	〔　　　　　　　　　〕		
		30	学歴なし

99 DK, NA ⑱⑲

b　卒業されたのですか、中退ですか、それとも在学中ですか。

| 1 卒業 | 2 中退 | 3 在学 | 9 DK, NA |

c　〔問13 aで、05旧制大学、15新制大学の人に〕それでは、その大学と学部の名まえを、おきかせ下さい。

| 大学 | 98 非該当　99 NA ⑳㉑ |
| 学部 | 98 非該当　99 NA ㉒㉓ |

d　〔全員に〕この他に、就職のために各種学校とか専修学校とかへ通われたことがありますか。あればそれを全部聞かせて下さい。

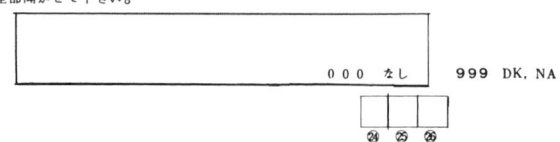

000 なし　999 DK, NA

㉔㉕㉖

※問14　〔リスト8提示〕あなたの現在のお仕事について、この表に書いてあることをおきかせ下さい。

（記入上の注意）

(a)あなたの仕事は大きくわけてこの表のどれにあたりますか。〔リスト9提示〕	(b)あなたの働いている従業先は何という名前ですか。	(c)あなたはそこでどんな仕事をしておられるのですか。	(d)何かの役職についておられますか。	(e)〔(a)で1～5の人に〕従業員（雇われている人）は、会社全体で何人くらいですか。
従業上の地位	名　　称	本人の仕事の内容	役　職　名	雇　用　者　数
該当するものに○をつける。	△△会社○○支店（出張所）と、事業所単位で記入すること	経理、運搬、仕入れ、○○組立て等と職種がわかるように詳しく。	課長、○○代理次長、係長、職長、など具体的に。	該当するものに○をつける。
1 経営者（重役）、役員 2 一般従業者（雇用されている人） 3 単独個人・自由業 4 自営業主（雇っている人が1人～4人まで） 5 家族従業者 6 無職 7 学生	〔記入〕	〔記入〕	〔記入〕 00 なし	0 なし 1 1人以上 2 5人以上 3 80人以上 4 800人以上 5 500人以上 6 1,000人以上 7 官公庁
9 DK, NA　㉗		998 非該当 999 DK, NA 小分類　㉘㉙㉚	98 非該当 99 DK, NA 小分類　㉛㉜	8 非該当 9 DK, NA　㉝

- 6 -

3.5 YASI調査票と調査員の手引   195

※問15 それでは、あなたが最初についた職業についてうかがいます。
　　　a　その仕事は大きくわけて、この表〔リスト9提示〕のどれにあてはまりますか。〔以下b～fまできく〕

(a)あなたの仕事は大きくわけてこの表のどれにあたりますか。〔リスト9提示〕	(b)あなたの働いていた従業先は何という名前ですか。	(c)あなたはそこでどんな仕事をしておられたのですか。	(d)何かの役職についておられましたか。	(e)〔(a)で1～5の人に〕従業員(雇われている人)は、会社全体で何人くらいでしたか	(f)その職業にはいつつかれましたか
従業上の地位	名　　称	本人の仕事の種類	役　職　名	雇用者数	か　　ら
1 経営者(重役)、役員 2 一般従業者 　(雇用されている人) 3 単独(個人・自由業) 4 自営業主(雇っている 　人が1人～4人まで) 5 家族従業者 6 無　職 7 学　生	〔記入〕	〔記入〕	〔記入〕 00 なし	0 なし 1 1人以上 2 5人以上 3 30人以上 4 300人以上 5 500人以上 6 1,000人以上 7 官公庁	満 □□ ㊶ 　　　㊷ 　　　歳 - - - - - - (　　年)
9 DK, NA ㉞		998 非該当 999 DK, NA 小分類 □□□ ㉟ ㊱ ㊲	98 非該当 99 DK, NA 小分類 □□ ㊳ ㊴	8 非該当 9 DK, NA 　　　　㊵	

※問16 次にあなたのお父さんの職業についてうかがいます。
　　　あなたのお父さんの主な仕事は大きくわけてこの表のどれにあたりますか。〔以下b～eまできく〕

(a)あなたのお父さんの仕事は大きく分けてこの表のどれにあたりましたか〔リスト9提示〕	(b)あなたのお父さんの働いていた従業先は何という名前でしたか	(c)あなたのお父さんはそこでどんな仕事をしておられましたか	(d)何かの役職についておられましたか	(e)〔(a)で1～5の人に〕従業員(雇われている人)は、会社全体で何人くらいでしたか
従業上の地位	名　　称	仕事の種類	役　職　名	雇用者数
1 経営者(重役)、役員 2 一般従業者 　(雇用されている人) 3 単独(個人・自由業) 4 自営業主(雇っている 　人が1人～4人まで) 5 家族従業者 6 無　職 7 学　生	〔記入〕	〔記入〕	〔記入〕 00 なし	0 なし 1 1人以上 2 5人以上 3 30人以上 4 300人以上 5 500人以上 6 1,000人以上 7 官公庁
9 DK, NA ㊸		998 非該当 999 DK, NA 小分類 □□□ ㊹ ㊺ ㊻	98 非該当 99 DK, NA 小分類 □□ ㊼ ㊽	8 非該当 9 DK, NA 　　　　㊾

-7-

※問17 a 〔リスト10提示〕あなたは現在、結婚していらっしゃいますか。次のうちのどれに該当しますか。

| 1 未婚 | 2 既婚 | 3 離別あるいは死別 | 9 DK.NA |

b 〔aで2、3の人に〕あなたには現在、20才未満のお子さんは何人いらっしゃいますか。

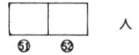

人

※問18 a 〔リスト11提示〕過去一年間のお宅の収入は税込みで、次のなかのどれに近いでしょうか。他のご家族の方の収入も含めてお答え下さい。

01 25万円未満	08 850万円位(325～375万円未満)	15 700万円位(675～725万円未満)
02 50万円位(25～75万円未満)	09 400万円位(375～425万円未満)	16 750万円位(725～775万円未満)
03 100万円位(75～125万円未満)	10 450万円位(425～475万円未満)	17 800万円位(775～825万円未満)
04 150万円位(125～175万円未満)	11 500万円位(475～525万円未満)	18 850万円位(825～875万円未満)
05 200万円位(175～225万円未満)	12 550万円位(525～575万円未満)	19 900万円位(875～925万円未満)
06 250万円位(225～275万円未満)	13 600万円位(575～625万円未満)	20 950万円位(925～975万円未満)
07 300万円位(275～325万円未満)	14 650万円位(625～675万円未満)	21 1,000万円以上(記入 万円)

b 〔リスト11提示〕それでは過去一年間のあなた個人の収入は税込みで次のどれに近いでしょうか。臨時収入、副収入も含めてお答え下さい。

01 25万円未満	08 350万円位(325～375万円未満)	15 700万円位(675～725万円未満)
02 50万円位(25～75万円未満)	09 400万円位(375～425万円未満)	16 750万円位(725～775万円未満)
03 100万円位(75～125万円未満)	10 450万円位(425～475万円未満)	17 800万円位(775～825万円未満)
04 150万円位(125～175万円未満)	11 500万円位(475～525万円未満)	18 850万円位(825～875万円未満)
05 200万円位(175～225万円未満)	12 550万円位(525～575万円未満)	19 900万円位(875～925万円未満)
06 250万円位(225～275万円未満)	13 600万円位(575～625万円未満)	20 950万円位(925～975万円未満)
07 300万円位(275～325万円未満)	14 650万円位(625～675万円未満)	21 1,000万円以上(記入 万円)

長い間、御協力ありがとうございました。

B. 調査員の手引

1. 調査の目的と概要

社会学研究室では，横浜に設置された大学として，この横浜にどのような人々が，どのようなことを考えながら暮しているのかを知るために，「横浜総合調査」（Yokohama Area Study）をすすめてきている．今回は，これまで日本人の行動を強く規定してきたといわれる「立身出世」（あるいは社会的上昇）に関する意識の調査を行なう．

このような主題の性質上，この調査のねらいとするところは，例えば選挙の調査とか商品の市場調査などにくらべると，多少とも抽象的であって，被調査者が質問してきた場合など，手短かに理解してもらうのがややむずかしい場合があるかもしれない．また，おなじくこの主題の性質上，質問の内容が被調査者の生活のプライベートな面や，初対面の人にいきなり聞かれて答えるには抵抗のあるような事柄におよぶことが，多少とも避けえない．しかし，これらのことも，それを質問する真意がいささかも個人的な興味に由来するのでないことを正しく理解してもらえれば，けっして大きな障害にはならないと考えられる．

この調査の被調査者は，横浜市の神奈川区，西区，中区，南区，磯子区，保土ヶ谷区内の50地点から抽出された1,000人の成人男子（20歳～59歳）である．面接所要時間は標準で25～30分である．

2. 調査の方法

2.1 調査用具
(1) 調査員の手引（1部）
(2) 調査票（20部）
(3) リスト（1部）
(4) 対象者指定票（1枚）……サンプル名簿
(5) 学生証……求められたら提示する．
(6) 謝礼品（20個）……相手の調査協力に対する謝意を示す品．「ご協力ありがとうございました」といって渡す．
(7) 依頼状見本（1枚）……あらかじめ依頼状は，ハガキで投函してある．なかには，郵便事情などで，未着の場合がある．そのときに，この見本を渡し，学術調査であることを強調する．必要に応じ，実施機関などひかえてもらってよい．
(8) 筆記用具（青色のボールペン1本）……赤色の筆記用具，鉛筆は使用しない．

2.2 調査の期間と回収

調査は1月14日（土）から23日（月）の期間に実施する．なお，調査途中で事故がおこったりしたときは，速やかに先生に連絡して指示をあおぐこと．

　　　　先生の連絡先　　大　学　　○○○-○○○-○○○○（内線○○○○）

自　宅　　〇〇〇-〇〇〇-〇〇〇〇

調査結果は，
　　　1月24日（火）　　11時～17時
　　　1月25日（水）　　11時～17時
の間に，先生に提出する．その際には，
(1) 調査対象者に渡した謝礼品以外は，インストラクションのときに渡されたものをすべて持参して返却すること．
(2) 印鑑を持参すること．

2.3　対象者をみつけるまで

　この調査はランダム・サンプリングに従って企画されている．この方式を用いる場合，次のことが守られないと，企画全体がまったく無意味になってしまうから，必ずそれを守ること．

　指定された対象者について，忠実に訪問調査をおこなわなければならない．家が遠いからとか，対象者が病気だからとかいって，ほかの人を調査してはならない．調査員は対象者指定票に記載された人を確実に訪問し，その人を調査しなければならない．

　家をみつけるには，附近の居住者（通行人ではない）によくきくこと．なかでも，よく知っていると思われる人は，郵便配達人，新聞屋，クリーニング屋，米屋，スシ屋などの商店や，よく「物」をとどける人達と，交番（警察），地区の自治会役員などである．よくきくことが，調査を成功させるポイントである．新しく転入してきた人などは，交番でもつかんでいないことがある．

2.4　訪問のしかた

　対象者の家に行ったら，「依頼状」の見本を家の人にみせ，対象者に会わせてもらう．対象者に面接するとき，生年月日（年齢）や性別で，本人か否かをたしかめる．対象者の名簿には絶対にまちがいがないわけではないから，ほかの項目でチェックして，対象者本人とみとめられれば，あやまりを正して，調査してくること．

　対象者の家を訪問したとき対象者が不在の場合は，何時頃に帰宅するかを家人にたずね，適当な時間を約束して訪問をくりかえす．

　また，対象者が仕事中で手がはなせないようなときは，調査所要時間が30分程度であることをつげ，手すきの時間を作ってもらうか暇な時間に再訪問する．

　このとき，指定票（あるいは調査票の1p.）に何時頃再訪問するかを記入しておくとよい．

　次のようなときは……

　　（住所，名前，年齢，性が違っているとき）
　　a. 草書，楷書，略字，よみ違い，書き違い等のため，良雄→良夫→芳夫→よし夫などというまちがいがよくある．このような場合，生年月日などでチェックして，あきらかに記載違いと考えられるときは，調査する．
　　b. 住所の違うときで，同様に明らかな記載違いと考えられるときは，調査する．

c. もし万一，女の人が出てきたら，よく事情をたずねて，明らかにサンプリングの誤りと分れば，対象外として調査せず，その旨を調査票の上にかいてくる．
d. 年齢が，実際に訪問してみたら対象外（大正6年9月以前の生れ）であったときは，調査しない．

2.5 調査不能

対象者としてえらばれた人のうち，死亡，移転，旅行中，病気などいろいろの理由で調査できないことがあるであろう．このようにやむを得ない理由で調査不能となる場合は，このこと自体が大切なデータであるから，別の人を調査したりしないで，調査不能となった理由など，指定された事項を対象者指定票にできるだけくわしく記入して，返却すること．

(1) 死亡：事実が関係者（家人）にきいてはっきりすれば，調査不能になる．
(2) 移転：上に同じ．ただし対象者が同じ町内で移転している場合は移転先へいって調査する．移転の場合は遠近にかかわらず移転先の住所をくわしく（番地まで）関係者にきき，対象者指定票に書き入れてくること．
(3) 該当者なし：対象者指定票に記入した住所（番地）にその名前の人が住んでいないで，同じ番地のどの家にいってもその名前の人を知らないようなときがこれに当る．同居人の場合，アパートに住んでいる場合など，近所の人にきいても「そんな人はこの番地にいない」等といわれることもあるので，商店や交番，区役所（出張所）などでよく確かめること．
(4) たずね当らず：対象者指定票に記入した住所がみつからないようなときがこれに当る．選挙人名簿など役所の台帳にのっている正式の名称，所番地でなく通称でしらべるとすぐ分かることもあるので，該当住所（番地）の所在が不明のときは，早めに区役所や交番に問い合わせるのがよい．
飛番地になっていたり，番地がよく整理されていないときはとくに注意すること．
(5) 長期不在：住所は名簿の通りであるが，対象者が調査期間中，旅行などでずっと不在であるというときは，調査を終る前に一応再訪問して帰宅しておれば調査するし，その時に帰宅していなければ調査不能になる（この場合，帰宅予定日をきいて記録しておく）．
(6) 病気：その旨を記入して不能にする．
(7) 一時不在：昼間会社に勤めていたり，所用で1，2日でかけたようなときは，家人に帰宅時間等をたずね，訪問時間を約束したり，都合をきき，調査できるように努めること．
(8) 対象外：20歳未満，60歳以上のもの，および女性は対象外になる．

調査不能の内訳はおよそ上に述べたようなものであるが，調査不能がもし調査員の努力不足のために多いというようなことがあると，調査の結果の信頼度にかかわる．特に一時不在のような場合には，訪問をくりかえしたり，時間を約束したりして調査できるように努めてもらいたい．勤め人の場合，相手の希望によっては，昼間勤め先にでかけて面接することも考えられる．また商店等の人，仕事中で手のあかない人を調査すると

きには，暇な時間や，閉店時間等をきいて再訪問するようにする．

2.6 対象者の非協力

サンプルがこの調査を理解しないで拒否しようとするときには，始めの「挨拶の要領」をくりかえしたり，「依頼状」の主旨をのべ，必要があれば，つぎのようなことをつけ加える．

(a) 選挙人名簿の上でクジ引きをおこない，きめたものである．特殊な理由があってあなた（サンプル）を選んだのではない．

(b) この調査は統計調査であるから，結果は40歳台の人はどういう意見をもっているとか，地域によって人の意見がどうちがうか，などということを，統計表の数字の上で発表するだけである．したがって，個人（あなた，サンプル）の名前は絶対に公表しないし，他人にも見せない．

(c) 「他にてきとうな人がいる」といったときは，「そのような人たちばかりの意見をきいたのでは，全体の人のようすが分からないから，いろいろな人に聞く必要があるのです」という．

2.7 個別面接調査

この調査は，個別面接調査である．これは，調査員と被調査者（本人）が対面状態で会って，調査員が所定の調査票によって口頭（ただし，口頭だけではわかりにくいので，リストも用いる．リストは定められた質問では，必ず相手に見せなければならない）で質問し，回答を調査員が調査票に記入する．調査票は被調査者にはみせない．

(1) 家族の人などがそばにいると回答しづらいこともあるので，リストを見せる質問では，「番号でお答えくださってけっこうです」とすすめる．

(2) 家族の人が代りに答えたりしたときは，次のようにいって，その場から遠慮してもらう．

「恐れいりますが，今回は○○さんに，ご意見をおうかがいしておりますので，…（ご遠慮ください）」とやわらかく，こちらの意図を伝える．

ただし，父親の学歴，職業など事実に関する質問は家人にきいてもよい．

(3) 勤務先で行なうときは，勤務先の責任者と本人が承諾してくれた場合に限り，そこで面接を行ってもよい．ただし，原則としては自宅で面接をすること．

2.8 質問をするとき

(1) （報告者であること）相手のいうことをよく理解して，調査票に記入すること．調査員自身の主観を入れず，あくまで客観的な報告者の態度でなければいけない．

(2) （クイズ，テスト，議論ではない）クイズではないから，ラジオのアナウンサーのような聞き方をしてはいけない．テストでもないから，知能検査とか，学力をしらべるような印象を与えてはいけない．議論をふっかける目的で質問をしているのではないから，たとえ調査員の意見に反しても，決して回答者と議論をしてはいけない．

3.5 YASI調査票と調査員の手引

(3) (きらわれないこと) 相手の感情を害するようなことをいったり，したりしてはいけない．この意味において服装にも注意すること．
(4) (練習) 面接を実施する前に，十分に練習をすること．できれば，手近な人を相手にして，実演してみること．
(5) (調査中の注意) 対象者にはリスト以外を見せてはいけない．特に調査票はのぞきこまれないように注意すること．各質問の下に印刷してある選択肢は，リストがついていない場合にはよみあげないで，相手の答をまつ．リストがつけられている場合は，リストを見せながら，よんでやる．
(6) (調査票通りに聞くこと) 質問はすべて調査票にある通りの言葉でおこなうこと．調査票は，プリテストや検討を重ねてつくったものであるから，調査員が個人的な判断で変えてはいけない．(もしどうしてもフに落ちない点があれば，一応調査票通りに質問をして，あとから報告をよせてください．)
(7) (一部分を強調してはいけない) ある部分だけを特に強めていったり，質問の一部をいわなかったりしてはいけない．
(8) (誘導的な言葉) サンプルの意見を誘導するような言葉を，勝手に入れてはいけない．
(9) (おどろいたり，自分の意見をのべたりしてはならない)
(10) 対象者が調子にのってながながとしゃべりはじめたときには，なるべく早く適当にあいづちを打って「なるほど，ところでつぎに……」というように話を中断し，つぎの質問に移る．
(11) 対象者の答が見当外れのときには，もう一度，質問をくりかえして，問題の意味をテッテイさせる．

2.9 調査票の記入について

(1) 記入は青色のボールペンを用いること．忘れた場合，青，黒のインクを用いてもよいが，赤鉛筆，赤インクなどを使ってはいけない．
(2) ケシゴム，インク消しなどを使ってはならない．かき違いは，線で明瞭に消して，そばに正しいものをかく．
(3) 記入もれや，よめない字がないかどうかを，訪問調査を終えてから点検する．
(4) 答は，①などのように，該当する答 (あらかじめ印刷してある) の前の数字を○でかこむのが原則．その場合，数字を確実にかこむこと．大きすぎたり他の数字に○がかかったりしてはいけない．
(5) 自由回答法のときは，なるべくワクの中にかき入れること．しかしかききれなければ，ワクのそとにハミ出してもかまわない．回答は忠実に記録すること．
(6) 各質問の答の中には「その他」というのがあるが，これはつぎのような意味である．他の選択肢のどれにもあてはまらないと思ったり，二つ以上の選択肢にマタガッタ答えのものは，「その他」のところに答の要点を書いてくること．また相手の答をどの選択肢に入れたらよいか判断のつかぬ場合には，相手のいったことの要点を「その他」のところにかいてくること．

(7) 答えることができないものはDK（わからない），「そんな質問に答える必要がない」などと拒否したものはNA（答えない）とすること．
(8) 各質問とも，答は原則として四角いワクの中で一ヵ所につければよいはずである．
(9) 質問中の〔　〕の中は，調査員への指示であるから〔　〕の中のことを対象者にいってはいけない．

これに反して，（　）の中は，必要に応じて，対象者にいってよいこと，またはいうべきことである．

2.10　その他
(1) 秘密の厳守：調査回答をみだりに他人にみせてはならない．
(2) 資料の保管：電車，バスなどの網棚などにのせると忘れ易い．万一紛失したときは，至急先生に連絡すること．
(3) 病気：調査員は，自らの健康保持に注意されたい．どうしても遂行できないときは連絡をすること．
(4) トラブル：対象者との間のトラブルは，絶対におこさないことが望ましいが，生じてしまった場合は，上と同じく連絡し，指示をあおぐこと．

3. 調査票に関する注意

最初に，対象者氏名，対象者住所，地点番号，個番を対象者指定票から転記する．調査員氏名も記入する．

また，訪問記録も忘れずに記入する．最低3回までは訪問して，調査に協力してもらうようにする．

問1 ［出生年月］これは対象者指定票にすでに記載されている（これはサンプリングにさいして選挙人名簿から写しとったもの）．そこで，面接の冒頭に，被調査者に出生年月をたずねることによって，相手が本人であることを確認するのがこの質問である．だから必ず，答を対象者指定票の記載と照合すること．名前と出生年月が合致していれば調査をすすめる．

［満年齢］記入しなくてよい．

問2 a.［横浜在住歴］生れたときに横浜に住んでいたというのは，両親の住所が横浜市内であったという意味である．生れたのは横浜で，一旦市外へ転出し，その後転入したという場合は 0. いいえ である．

b.［転入年齢］上記の例のような場合には，最後に転入したときの年齢を記入する．

c.［15歳の頃の居住地］15歳の頃のことをきくのは，この年齢がほぼ義務教育終了時なので，育った環境（社会化の行なわれた背景）をこの時点で代表させるためである．15歳の頃の居住地を「当時の地名」できくのは，町村合併で村や町が市に昇格したりしていることが多いため，現在の地名では，本人の育った場所の環境が，村落的（郡部）なものだったか，都市的（市部・区部）なものだったか判定で

きないことによる．だから当時の地名が××市（〇〇区）であったか，それとも△△郡＊＊村（または町）であったかの区別を明瞭にきくこと．
- 現住地とまったく同じ場所である場合には，「現住地に同じ」と大きく書いておけばよい．
- 区部（市の中に区がおかれている大都市．東京の場合は区が市に相当するので特別区とよばれる）の場合は，市と区の欄に地名を記入して郡の町と村には斜線を引く．
- 市部（市のみで区がない一般の都市）の場合は，市の欄まで記入して以下は斜線を引く．
- 郡部（町または村）の場合は，該当する欄に記入して他は斜線を引く．
- 都道府県はすべての場合について必ず記入する．
- 外地（とくに朝鮮や満洲を答える例が多いと思われる）の場合は上記に準じて書き，農村部か都市部かをはっきりきいて，それがわかるように記入する．

d. ［同上，現在の地名］重ねてそのおなじ土地の現在の地名をきくこと．a.（当時の地名）とまったく変化していなければ，大きく「同左」でよい．

e. ［15歳の頃のきょうだい数と出生順位］兄弟姉妹の数は15歳当時のものであって，それ以前に死亡していた人は数に含めない．

問3 ［人生観］この質問からリストを用いる質問がはじまる．リストを用いる質問には，問〇の前に※印がついている．リストを用いる質問では，(1)まずリストを回答者に示し，(2)質問文を読みあげ，(3)リストを読みあげる（回答記入欄ではないことに注意．つまり，7．その他 は読まない）．

問4 ［有名人への好意］質問文を読みあげたのち，「豊臣秀吉についてはどうですか」とたずねて答を求め，以下，10．美空ひばり まですすむ．

問5 ［社会観］このようなリストを用いない質問では，原則として質問文だけを読みあげる．

問6 ［仕事観］質問文を読みあげたのち，(1)の文章を読んで答を求め，以下，(11)まですすむ．

問8 ［立身出世観］問4と同様にして質問する．

問11 a. ［学歴アスピレーション］「各種学校」「専修学校」などと答えた場合には，「それは，このリストのどの学校を出たあとにですか」とたずね，その答によって記入する．

　b. ［大学名］答をそのまま記入する．

　c. ［学部名］答をそのまま記入する．必ずしも「〇〇学部」でなくともよい（例えば「畜産についての学部」）．

　d. ［職業アスピレーション］職業の名称をなるべく具体的に聞く（問14(c)の説明をみよ）．

「親の仕事を継がせる」というような答ではいけない．

問13 a. ［学歴］ここでたずねている学校は正規の学校のことをさしていて，職業訓練校，各種学校，企業内学校での教育は含まれない．大学の聴講生であったような

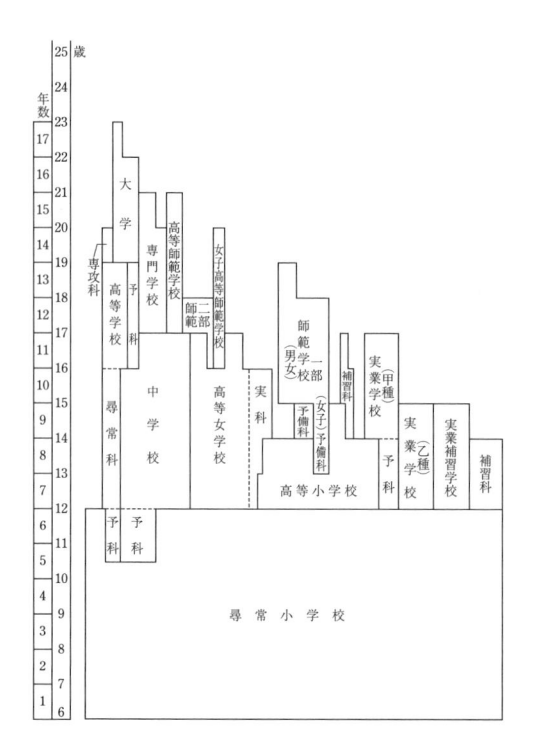

ことも学歴とは考えない．しかし，防衛大学や士官学校，水産講習所，逓信（テイシン）講習所，検定による卒業などは学歴に含める．旧制尋常小学校と旧制高等小学校の区別，旧制高校・高専と新制高校・高専の区別などに注意せよ．旧制度の教育構成（ほぼ1950年以前）を別図に示しておく．

学歴の判断に苦しむようなことがあれば，「その他」の欄に記入して，年数を添えておくこと．

b．［大学および学部の名称］これは対象者が学んだ当時の名称を記入すること．変更された後の名称を記入してはならない．

問14　［職業］ここでの注意は，問15［初職］，問16［父の主職］についても同様にあてはまる．

(a)　従業上の地位

この問14（問15，16）では，リストはリスト8を提示しておき，(a)について質問するときだけリスト9をみせるようにする．まず(a)について答を求め，以下，(e)まですすむ．

(1)　「経営者，役員」とは，家族以外の従業員数が5人以上の個人経営の業主，会社組織の重役（社長・取締役），会長，監査役，法人組織の理事，監事をいう．会社の部長でも，重役であるものはここに含める．

(2) 「一般従業者（雇用されている人）」とは，上記以外のもので，個人経営，会社・法人組織を問わず，雇われて働いているものをいう．大工，左官，庭師などのように，請負業を営むものは，個人経営の業主とみなす．
(3) 「単独（個人・自由業）」とは，個人経営の業主で，家族以外の従業員が1人もいない場合をさす．マッサージ師，作家などもここに含まれる．
(4) 「自営業主（雇っている人が1人～4人まで）」とは，個人経営の業主で，家族以外の従業員数が1人～4人の場合をいう．
(5) 「家族従業者」とは，個人経営の業主の家族が，自分の家業（個人会社も含む）の従業員である場合をいう．他家の企業，他人の会社へ勤めに出ている場合は含めない．
(6) 「無職」あるいは「学生」の場合は，問15へ移る．
(b) 従業先名称
「○○会社，△△支店（××工場，□□出張所）」「××商店」などという名称を記入する．特別の名称がない場合（例：農家）には，業主の氏名を記入する．
(c) 仕事の内容
これは，従業先の事業の内容ではなく，本人が直接従事している仕事の内容を意味している．例えば，従業先が造船会社であっても，経理事務に従事している人もいれば，企業内学校の教員であることもある．「製パン工」，「教諭」などと，職種の名称があればそれを記入する．しかし，「主事補」「会社員」「技術者」などは，仕事の内容が不明確だからいけない．
　職種名がない場合には，例えば，「経理」「セールスの指導」「石けんの研究」などと具体的に書く．また，小売業の場合，パン屋の「店主」といった回答は不完全である．本人が「パンの製造」をやっているのか，「パンの店頭販売」をやっているのか，あるいは「パンの製造と店頭販売」の両方をやっているのか，などの点を具体的に記入する．
(d) 役職名
「係長」「課長」など，大体，「長」とつくものと考えてよいが，「取締役」「教頭」など，「長」がつかないものもある．
　工員の場合にも，「組長」「職長」など，役名のあることは多いので，特に入念に聞きとってほしい．
(e) 雇用者数
　従業先である企業全体の雇用者数である（含出張所）．各省庁（およびその出先機関），県市区町村役場は「官公庁」に含める．国公立学校も含める．公団公社，特定（3等）郵便局は含めない．
　商店などの場合，家族は雇用者には含めない．親戚の者が雇われていれば雇用者に含める．

問15　［初職］現在は無職，学生であっても，以前は職業についていた場合もあるので注意してほしい．就業経験がない場合には，「非該当」と大きく記入し，問16へ移る．

「最初」とは学校を卒業してからはじめてついた仕事をさす．学校に通いながら就業している場合は，その仕事を最初とする．

質問(f)を忘れぬこと（リスト8にはない）．満〇〇歳で答えてもらうが，それが分らないときは，M〇〇年，T〇〇年，S〇〇年でもよい．

（注意）

「軍隊」「軍人」などと答えた場合には，「応召」であるか「いわゆる職業軍人」であるかをたずね，「応召」の場合には，そのあとで最初についた職業を初職とする．「職業軍人」の場合には，(c)に「職業軍人」，(d)ではそのときの階級（例えば「少尉」），(f)に任官の年齢を記入すればよい．

なお，職業軍人とは，兵役としてではなく，自ら志願して職業として軍人を選んだ者をいう．

問16　[父の主職]　何が「主な」職業であるかの判断は回答者にまかせる．「軍隊」「軍人」の場合の注意は問15と同様であるが，「職業軍人」の場合には，(c)「職業軍人」，(d)主な階級を記入すればよい．

（注意）

15歳以前に養子となった場合は養父の職業を，15歳以降養子となった場合は実父の職業をきくことにする．

問18　[収入]　過去一年間というのは，昭和52年一年間の収入であるが，場合によっては，昭和51年一年間でもよい．金額は税込みである点に注意．金額をいうことには抵抗があることを考慮して，提示リストが作ってあるから，番号で答えてもらう．

無収入の場合には欄外にその旨を記入する．ただし，その場合，あるいは無業のものにも恩給，年金，利子，不動産収入などがあることもあるから，それらによる収入をたずねて記入する．

学生の場合には，欄外に「学生」と記入し，問18は質問しないでよい．

a. [世帯収入]「お宅の収入」というのは，全世帯員の合計収入のことである．例えば，本人が未婚であって親と同居して働いている場合には，親の世帯と本人との合算収入をとる．ただし本人が親と生計を共にしていなければ，親の世帯と合算しない．後者の場合，もし本人が単身か，家族に収入を得ている人が他にいなければ，世帯収入は個人収入と一致する．

自営業などで，総売上げだけがわかっているが，費用計算をちゃんとやっていないためネットの収入がわからないとか，家計と営業が未分離だというようなケースも少なくない．そのような場合には，やむをえないから，一方で総売上げと，他方で生計費支出の額（1ヵ月または1年）をきいて，余白に書いておくこと．

b. [個人収入]　農家や自営業などで，個人収入が全然分離できないようなときは，その旨を余白に書く．

3.6 コンピュータ・プログラム

第2章の作業の一部をパソコンで行うための，Microsoft Visual Basic用のプログラムである．いずれのプログラムでも，フォーム上には結果を表示するためのテキストボックスのみを配置しておく．なお，テキストボックスの表示フォントは，プロポーショナルフォントを避けると，きれいな作表が可能になる．また，MultilineはTrue，垂直ScrollBarsを指示しておくこと．また，プログラム中の□はスペースを意味している．

(1) 確率比例抽出［2.2節］

このプログラムのみは，フォーム上にテキストボックスとともにCommon Dialogコントロールを配置しておく．
また，このプログラムでは，投票区のデータはファイルから読み込む．ファイルの形式は資料3.3とほぼ同一であり，各行に番号，投票区名，有権者数がカンマで区切って記録されたテキストファイルである．

```
'確率比例抽出（地点抽出）
Private□Sub□Form_Load( )
  MX&＝InputBox("地点の総数を入力して下さい。","地点総数 M")
  RX%＝InputBox("抽出地点数を入力して下さい。","抽出地点数 R")
  LX&＝InputBox("抽出間隔を入力して下さい。","抽出間隔 L")
  KX%＝InputBox("一地点あたりの抽出個体数を入力して下さい。","抽出個体数 K")
  TT$ ＝"確率比例抽出"□&□vbCrLf
  TT$ ＝"地点総数□=□"□&□MX&□&□vbCrLf
  TT$ ＝TT$ □&□"抽出地点数□=□"□&□RX%□&□vbCrLf
  TT$ ＝TT$ □&□"抽出間隔□=□"□&□LX&□&□vbCrLf
  TT$ ＝TT$ □&□"抽出個体数□=□"□&□KX%□&□vbCrLf□&□vbCrLf
  Randomize : SX&＝Int(Rnd＊LX&)＋1
  CommonDialog1.Filter＝"データ(＊.dat)|＊.dat|すべて(＊.＊)|＊.＊"
  CommonDialog1.FilterIndex＝1
  CommonDialog1.Flags＝cdlOFNFileMustExist□Or□cdlOFNReadOnly
  CommonDialog1.ShowOpen
  If□CommonDialog1.FileName＝""□Then□Exit□Sub
  MyFile$ ＝CommonDialog1.FileName
  Open□MyFile$ □For□Input□As□#1
  LL&＝LX&－SX& : MM&＝0
  TT$ ＝TT$ □&□"□□番号□抽出地点（番号，名称）□個体（総数，抽出数，抽出間隔）"□&□vbCrLf
```

```
  Do While Not EOF(1)
    Input #1, AN$, AD$, PX&
    LL& = LL& + PX&
    If LL& > = LX& Then
      Do While LL& > = LX&
        MM& = MM& + 1 : IX& = Int(PX&/KX%)
        CM$ = CStr(MM&) : CC% = 8 − Len(CM$) : CM$ = Space(CC%) + CM$
        CC% = 8 − Len(AN$) : CN$ = Space(CC%) + AN$
        CC% = 10 − Len(AD$) : SS$ = Space(2*CC%)
        CD$ = Space(1) + AD$ + SS$
        CP$ = CStr(PX&) : CC% = 8 − Len(CP$) : CP$ = Space(CC%) + CP$
        CK$ = CStr(KX%) : CC% = 8 − Len(CK$) : CK$ = Space(CC%) + CK$
        CI$ = CStr(IX&) : CC% = 8 − Len(CI$) : CI$ = Space(CC%) + CI$
        TT$ = TT$ & CM$ & CN$ & CD$ & CP$ & CK$ & CI$ & vbCrLf
        LL& = LL& − LX&
      Loop
    End If
  Loop
  Text1.Text = TT$
  Close #1
End Sub
```

(2) χ^2 検定 [2.3節]

```
'カイ二乗検定
Dim NX&(), NA&(), NB&()
Private Sub Form_Load()
  IX% = InputBox("クロス集計表の行数を入力して下さい。", "行数 IX")
  JX% = InputBox("クロス集計表の列数を入力して下さい。", "列数 JX")
  ReDim NX&(IX%, JX%), NA&(IX%), NB&(JX%)
  For I = 1 To IX% : For J = 1 To JX%
    NX&(I, J) = InputBox(I & "行目" & J & "列目の度数を入力して下さい。", "度数 N")
  Next J : Next I
  NN& = 0
  For I = 1 To IX% : NA&(I) = 0
    For J = 1 To JX%
      NN& = NN& + NX&(I, J)
      NA&(I) = NA&(I) + NX&(I, J)
    Next J
  Next I
  For J = 1 To JX% : NB&(J) = 0
    For I = 1 To IX% : NB&(J) = NB&(J) + NX&(I, J) : Next I
  Next J
```

```
XX# =0#
For I=1 To IX% : For J=1 To JX%
   FX# =CDbl(NA&(I)*NB&(J))/CDbl(NN&)
   XX# =XX# +((CDbl(NX&(I, J))-FX#)^2)/FX#
Next J : Next I
DF% =(IX%-1)*(JX%-1)
TT$ ="カイ二乗検定(クロス集計表)" & vbCrLf
For I=1 To IX%
   For J=1 To JX%
      CN$ =CStr(NX&(I, J)) : CC% =8-Len(CN$) : TT$ =TT$ & Space(CC%) & CN$
   Next J
   CN$ =CStr(NA&(I)) : CC% =8-Len(CN$) : TT$ =TT$ & Space(CC%) & CN$ & 
     vbCrLf
Next I
For J=1 To JX%
   CN$ =CStr(NB&(J)) : CC% =8-Len(CN$) : TT$ =TT$ & Space(CC%) & CN$
Next J
CN$ =CStr(NN&) : CC% =8-Len(CN$) : TT$ =TT$ & Space(CC%) & CN$ & vbCrLf 
  & vbCrLf
TT$ =TT$ & "カイ二乗値=" & Round(XX#, 4) & vbCrLf
TT$ =TT$ & "自由度=" & DF% & vbCrLf
Text1.Text=TT$
End Sub
```

(3)　γ 係数と τ_c 係数　[2.7節]

```
'ガンマ係数とタウC係数
Dim NX&( ), NA&( ), NB&( )
Private Sub Form_Load( )
  IX% =InputBox("クロス集計表の行数を入力して下さい。", "行数 IX")
  JX% =InputBox("クロス集計表の列数を入力して下さい。", "列数 JX")
  SX% =IX% : If IX% >JX% Then SX% =JX%
  ReDim NX&(IX%, JX%), NA&(IX%), NB&(JX%)
  For I=1 To IX% : For J=1 To JX%
     NX&(I, J)=InputBox(I & "行目" & J & "列目の度数を入力して下さい。", "度数 N")
  Next J : Next I
  NN& =0
  For I=1 To IX% : NA&(I)=0
     For J=1 To JX%
        NN& =NN& +NX&(I, J)
        NA&(I)=NA&(I)+NX&(I, J)
     Next J
  Next I
```

```
For J=1 To JX% : NB&(J)=0
  For I=1 To IX% : NB&(J)=NB&(J)+NX&(I, J) : Next I
Next J
PX&=0 : QX&=0
For I=1 To IX%-1 : For J=1 To JX%-1
  For II=I+1 To IX% : For JJ=J+1 To JX%
    PX&=PX&+NX&(I, J)*NX&(II, JJ)
  Next JJ : Next II
Next J : Next I
For I=1 To IX%-1 : For J=2 To JX%
  For II=I+1 To IX% : For JJ=1 To J-1
    QX&=QX&+NX&(I, J)*NX&(II, JJ)
  Next JJ : Next II
Next J : Next I
GX#=CDbl(PX&-QX&)/CDbl(PX&+QX&)
TX#=CDbl((PX&-QX&)*SX%*2)/CDbl(NN&^2*(SX%-1))
TT$="ガンマ係数とタウC係数" & vbCrLf
For I=1 To IX%
  For J=1 To JX%
    CN$=CStr(NX&(I, J)) : CC%=8-Len(CN$) : TT$=TT$ & Space(CC%) & CN$
  Next J
    CN$=CStr(NA&(I)) : CC%=8-Len(CN$) : TT$=TT$ & Space(CC%) & CN$ & vbCrLf
Next I
For J=1 To JX%
  CN$=CStr(NB&(J)) : CC%=8-Len(CN$) : TT$=TT$ & Space(CC%) & CN$
Next J
CN$=CStr(NN&) : CC%=8-Len(CN$) : TT$=TT$ & Space(CC%) & CN$ & vbCrLf & vbCrLf
TT$=TT$ & "ガンマ係数=" & Round(GX#, 4) & vbCrLf
TT$=TT$ & "タウC係数=" & Round(TX#, 4) & vbCrLf
Text1.Text=TT$
End Sub
```

(4) 移動平均 [2.8節]

```
'移動平均
Dim SX#()
Private Sub Form_Load()
  TX%=InputBox("データの数を入力して下さい。","データ数(時点総数) T")
  NX%=InputBox("平均する時点の数を入力して下さい。","平均時点数 N")
  TT$="移動平均" & vbCrLf
  TT$=TT$ + "平均時点数=" & NX% & vbCrLf & vbCrLf
```

3.6 コンピュータ・プログラム

```
    FL%=NX% Mod 2 : PX%=Int(CSng(NX%)/2) : WX%=NX%
    If FL%=0 Then
      WX%=NX%+1
      NX%=NX%*2
    End If
    ReDim SX#(TX%+PX%*2)
    For I=1 To TX%
      SX#(I+PX%)=InputBox("データ S("& I &")を入力して下さい。","データ S")
    Next I
    For I=1 To PX%
      SX#(I)=SX#(PX%+1) : SX#(PX%+TX%+I)=SX#(PX%+TX%)
    Next I
    TT$=TT$ &"時点 データ 平均値"& vbCrLf
    For I=1 To TX% : QX#=0
      For J=1 To WX% : QX#=QX#+SX#(I+J-1) : Next J
      If FL%=0 Then
        For J=2 To WX%-1 : QX#=QX#+SX#(I+J-1) : Next J
      End If
      QX#=Round(QX#/CSng(NX%),2) : CQ$=Format(QX#,"    0.00")
      CI$=CStr(I) : CC%=4-Len(CI$) : CI$=Space(CC%)+CI$
      CS$=CStr(SX#(I+PX%)) : CC%=8-Len(CS$) : CS$=Space(CC%)+CS$
      CC%=8-Len(CQ$) : CQ$=Space(CC%)+CQ$
      TT$=TT$ & CI$ & CS$ & CQ$ & vbCrLf
    Next I
    Text1.Text=TT$
End Sub
```

(5) ジニの集中係数 ［2.8節］

```
'ジニの集中係数
Dim X#(), Y#()
Private Sub Form_Load()
  NX%=InputBox("グループ数を入力して下さい。","グループ数 NX")
  ReDim X#(NX%), Y#(NX%)
  X#(0)=0# : Y#(0)=0# : XY#=0#
  For I=1 To NX%
    X#(I)=InputBox("累積比率 X ("& I &")を入力して下さい。","累積比率")
    Y#(I)=InputBox("累積比率 Y ("& I &")を入力して下さい。","累積比率")
    DX#=X#(I)-X#(I-1) : DY#=Y#(I-1)+Y#(I) : XY#=XY#+DX#*DY#
  Next I
  TT$="ジニの集中係数"& vbCrLf
  For I=1 To NX%
    CI$=CStr(I) : CC%=4-Len(CI$) : CI$=Space(CC%)+CI$
```

```
            CX$＝Format(X#(I),"□□□0.000"): CY#＝Format(Y#(I),"□□□0.000")
            TT$＝TT$□&□CI$□&□CX$□&□CY$□&□vbCrLf
         Next□I
         CZ$＝Format(1#－XY#,"0.000")
         TT$＝TT$□&□vbCrLf□&□"ジニの集中係数＝□"□&□CZ$□&□vbCrLf
         Text1.Text＝TT$
End□Sub
```

(6) フィッシャーの直接確率検定 [2.9節]

```
'フィッシャーの直接確率検定
Dim□NX&(2,2),NA&(2),NB&(2)
Private□Sub□Form_Load()
   For□I＝1□To□2 : For□J＝1□To□2
      NX&(I,J)＝InputBox(I□&□"行目"□&□J□&□"列目の度数を入力して下さい。","度□数 N")
   Next□J : Next□I
   NN&＝0
   For□I＝1□To□2 : NA&(I)＝0
      For□J＝1□To□2
         NN&＝NN&＋NX&(I,J)
         NA&(I)＝NA&(I)＋NX&(I,J)
      Next□J
   Next□I
   For□J＝1□To□2 : NB&(J)＝0
      For□I＝1□To□2 : NB&(J)＝NB&(J)＋NX&(I,J) : Next□I
   Next□J
   TT$＝"フィッシャーの直接確率検定"□&□vbCrLf
   For□I＝1□To□2
      For□J＝1□To□2
         CN$＝CStr(NX&(I,J)): CC%＝8－Len(CN$) : TT$＝TT$□&□Space(CC%)□&□CN$
      Next□J
      CN$＝CStr(NA&(I)): CC%＝8－Len(CN$) : TT$＝TT$□&□Space(CC%)□&□CN$□&□
         vbCrLf
   Next□I
   For□J＝1□To□2
      CN$＝CStr(NB&(J)): CC%＝8－Len(CN$) : TT$＝TT$□&□Space(CC%)□&□CN$
   Next□J
   CN$＝CStr(NN&): CC%＝8－Len(CN$) : TT$＝TT$□&□Space(CC%)□&□CN$□&□vbCrLf□
      &□vbCrLf
   MN&＝1000
   For□I＝1□To□2 : For□J＝1□To□2
      If□NX&(I,J)＜＝MN&□Then
         MN&＝NX&(I,J): IX＝I : JX＝J
```

```
    End If
  Next J : Next I
  NX&(IX, JX)=MN&+1 : NX&(3-IX, 3-JX)=NX&(3-IX, 3-JX)-1
  D1#=0
  For I=1 To 2 : For K=1 To NA&(I)
    D1#=D1#+Log(K)
  Next K : Next I
  For J=1 To 2 : For K=1 To NB&(J)
    D1#=D1#+Log(K)
  Next K : Next J
  For K=1 To NN& : D1#=D1#-Log(K) : Next K
  P1#=0
  For K=0 To MN&
    NX&(IX, JX)=NX&(IX, JX)-1
    NX&(3-IX, JX)=NX&(3-IX, JX)+1 : NX&(IX, 3-JX)=NX&(IX, 3-JX)+1
    NX&(3-IX, 3-JX)=NX&(3-IX, 3-JX)-1
    D2#=0
    For I=1 To 2 : For J=1 To 2
      If NX(I, J)<>0 Then
        For L=1 To NX&(I, J) : D2#=D2#+Log(L) : Next L
      End If
    Next J : Next I
    P2#=Exp(D1#-D2#) : P1#=P1#+P2#
  Next K
  TT$=TT$ & "帰無仮説を棄却したときの危険率=" & Format(P1#, "0.00%") & vbCrLf
  Text1.Text=TT$
End Sub
```

文　献

Anderson, Theodore R. and Morris Zelditch, Jr., 1975, *A Basic Course in Statistics with Sociological Applications*, 3rd ed., Holt, Reinhart & Winston.
Bohnstedt, George and David Knoke, 1988, *Statistics for Social Data Analysis*, 2nd ed., F. E. Peacock. (海野道郎・中村隆監訳, 1990, 『社会統計学——社会調査のためのデータ分析入門』ハーベスト社)
Boudon, Raymond, 1971, *Les mathématiques en sociologie*, Presses Universitaires de France. (岡本雅典・海野道郎訳, 1978, 『社会学のロジック』東洋経済新報社)
Cicourel, Aaron V., 1964, *Method and Measurement in Sociology*, Free Press. (下田直春監訳, 1981, 『社会学の方法と測定』新泉社)
Davis, James A., 1971, *Elementary Survey Analysis*, Prentice-Hall.
Duverger, Maurice, 1964, *Méthodes des sciences sociales*, Presses Universitaires de France. (深瀬忠一・樋口陽一訳, 1968, 『社会科学の諸方法』勁草書房)
Easthope, Gary, 1974, *A History of Social Research Methods*, Longman Group. (川合隆男・霜野寿亮監訳, 1982, 『社会調査方法史』慶応通信)
福武直, 1984, 『社会調査』補訂版, 岩波書店.
Gallup, George, 1972, *The Sophisticated Poll Watcher's Guide*, Princeton Opinion Press. (二木宏二訳, 1976, 『ギャラップの世論調査入門』みき書房)
Groves, Robert M. and Robert L. Kahn, 1979, *Surveys by Telephone : A National Comparison with Personal Interviews*, Academic Press.
Guilford, J. P., 1954, *Psychometric Methods*, 2nd ed., McGraw-Hill. (秋重義治監訳, 1959, 『精神測定法』培風館)
原純輔, 1983, 「質的データの解析法」[直井, 1983 : 205-277].
原純輔編, 1992, 『非定型データの処理・分析法に関する基礎的研究』東京都立大学 (非売品).
原純輔, 1998, 「SSM調査の歴史と展望」『よろん』82号, 日本世論調査協会 : 74-86.
原純輔編, 2002, 『講座社会変動5　流動化と社会格差』ミネルヴァ書房.
林知己夫編, 1973, 『比較日本人論』中央公論社.
林知己夫編, 2002, 『社会調査ハンドブック』朝倉書店.
林知己夫・飽戸弘編, 1976, 『多次元尺度解析法』サイエンス社.
林周二, 1973, 『統計学講義』第2版, 丸善.
堀川直義, 1971, 『面接の心理と技術』法政大学出版局.
Hyman, Herbert H. *et al.*, 1954, *Interviewing in Social Research*, Wiley.
池田央, 1971, 『行動科学の方法』東京大学出版会.

今田高俊編, 2000, 『社会学研究法・リアリティの捉え方』有斐閣.
蒲島郁夫ほか, 1997-98, 『変動する日本人の選挙行動』(全6巻) 木鐸社.
Kendall, Patricia L. and Paul F. Lazarsfeld, 1950, "Problems of Survey Analysis," in Robert K. Merton and Paul F. Lazarsfeld, eds., *Continuities in Social Research*, Free Press : 135-167.
吉川徹, 2003, 「計量的モノグラフと数理‐計量社会学の距離」『社会学評論』53巻4号, 日本社会学会 : 485-498.
Killian, Lewis M. and Charles M. Grigg, 1962, "Urbanism, Race, and Anomia," in *American Journal of Sociology*, 67 : 661-665.
小嶋外弘編, 1972, 『消費者調査のすすめ』日本繊維製品消費科学会.
国民選好度調査委員会編, 1972, 『日本人の満足度』至誠堂.
高年齢層研究委員会編, 1978, 『高年齢を生きる10 思い出は遠くまた近く』地域社会研究所.
雇用促進事業団職業研究所編, 1979, 『東洋経済読本シリーズ43 職業読本』東洋経済新報社.
Lazarsfeld, Paul F., Bernard Berelson and Hazel Gaudet, 1968, *The People's Choice : How the Voter Makes Up His Mind in a Presidential Campaign*, 3rd ed., Columbia University Press. (有吉広介監訳, 1987, 『ピープルズ・チョイス——アメリカ人と大統領選挙』芦書房)
Lazarsfeld, Paul F., Ann K. Pasanella and Morris Rosenberg, eds., 1972, *Continuities in Language of Social Research*, Free Press.
Likert, Rensis, 1932, "A Technique for the Measurement of Attitudes," in *Archives of Psychology*, 22 : 5-55.
Lundberg, George A., 1942, *Social Research*, 2nd ed., Longmans Green & Co. (福武直・安田三郎訳, 1952, 『社会調査』東京大学出版会)
Mayo, Elton, 1933, *The Human Problems of an Industrial Civilization*, The MacMillan Company. (村本栄一訳, 1967, 『産業文明における人間問題——ホーソン実験とその展開』日本能率協会)
Merton, Robert K., Marjorie Fiske and Patricia L. Kendall, 1956, *The Focused Interview : A Manual of Problems and Procedures*, Free Press.
見田宗介, 1965, 『現代日本の精神構造』弘文堂.
森岡清志編, 1998, 『ガイドブック社会調査』日本評論社.
Mosteller, Frederick *et al.*, eds., 1973, *Statistics by Examples*, Addison-Wesley. (村上正康監訳, 1979-80, 『やさしい例による統計入門』(上・下) 培風館)
村瀬洋一編, 2002, 『ネットワークと社会意識に関する3地域調査報告書——地域比較データの計量社会学的研究』立教大学社会学部村瀬研究室 (非売品).
内閣府大臣官房政府広報室編, 毎年刊, 『世論調査年鑑——全国世論調査の現況』財務省印刷局.
中野卓, 1975, 「社会学的調査と『共同行為』」『UP』33, 東京大学出版会 : 1-6.

文献

直井優編,1983,『社会調査の基礎』サイエンス社.
直井優・鈴木達三,1977,「職業の社会的評価の分析」『現代社会学』4巻2号,講談社:115-156.
日本性教育協会編,1983,『青少年の性行動(第2回)』小学館.
西平重喜,1985,『統計調査法』改訂版,培風館.
似田貝香門,1974,「社会調査の曲り角」『UP』24,東京大学出版会:1-7.
岡本英雄・原純輔,1979,「職業の魅力評価の分析」富永健一編『日本の階層構造』東京大学出版会:421-433.
大谷信介編,2002,『これでいいのか市民意識調査——大阪府44市町村の実態が語る課題と展望』ミネルヴァ書房.
Rosenberg, Morris, 1968, *The Logic of Survey Analysis*, Basic Books.
坂元慶行ほか,2000,「特集・統計的日本人研究の半世紀」『統計数理』48巻1号,統計数理研究所:1-195.
佐藤郁哉,1992,『フィールドワーク——書を持って街へ出よう』新曜社.
佐藤郁哉,2002,『フィールドワークの技法——問いを育てる,仮説をきたえる』新曜社.
盛山和夫,1983,「量的データの解析法」[直井,1983:119-204].
盛山和夫・近藤博之・岩永雅也,1992,『社会調査法』放送大学教育振興会.
芝祐順,1975,『行動科学における相関分析法』第2版,東京大学出版会.
芝祐順・渡部洋,1984,『社会科学・行動科学のための数学入門3 統計的方法II 推測』増訂版,新曜社.
白倉幸男,1983,「標本設計の方法」[直井,1983:45-118].
出版年鑑編集部編,毎年刊,『出版年鑑』出版ニュース社.
Siegel, Sidney, 1956, *Nonparametric Statistics for the Behavioral Sciences*, McGraw-Hill.(藤本熙監訳,1983,『ノンパラメトリック統計学』マグロウヒルブック)
Snedecor, George W. and William G. Cochran, 1967, *Statistical Methods*, 6th ed., Iowa State University Press.(畑村又好・奥野忠一・津村善郎訳,1972,『統計的方法』岩波書店)
総務省統計局統計基準部編,1998,『日本標準職業分類』全国統計協会連合会.
Stevens, S.S., 1951, "Mathematics, Measurement, and Psychophysics," in S.S. Stevens, ed., *Handbook of Experimental Psychology*, Wiley:1-49.(吉田正昭訳編,1968,『計量心理学リーディングス』誠信書房:71-132)
杉山明子ほか,1996,「特集・社会調査の精度」『行動計量学』23巻1号,日本行動計量学会:1-62.
杉山明子ほか,2003,「特集・電話調査の精度(その2)」『行動計量学』30巻1号,日本行動計量学会:71-119.
鈴木淳子,2002,『調査の面接の技法』ナカニシヤ出版.
高橋順一・渡辺文夫・大渕憲一編,1998,『人間科学研究法ハンドブック』ナカニシヤ出版.

高山憲之, 1980, 『不平等の経済分析』東洋経済新報社.
田中良久, 1973, 『心理学研究法 16　尺度構成』東京大学出版会.
谷岡一郎, 2000, 『「社会調査」のウソ——リサーチ・リテラシーのすすめ』文藝春秋.
暉峻淑子, 1989, 『豊かさとは何か』岩波書店.
統計数理研究所国民性調査委員会編, 1975, 『第3 日本人の国民性』至誠堂.
津村善郎, 1956, 『標本調査法』岩波書店.
津村善郎・築林昭明, 1986, 『標本調査法』岩波書店.
津村善郎・渕脇学・築林昭明, 1988, 『社会統計入門［第2版］——経済学を学ぶ人のために』東京大学出版会.
続有恒・村上英治, 1975a, 『心理学研究法 9　質問紙調査』東京大学出版会.
続有恒・村上英治, 1975b, 『心理学研究法 11　面接』東京大学出版会.
上田尚一編, 1979, 『統計グラフの見方使い方』東洋経済新報社.
上野和男・高桑守史・福田アジオ・宮田登編, 1987, 『新版・民俗調査ハンドブック』吉川弘文館.
海野道郎・山田文康, 1974, 「『改良リッカート尺度（MUFY 尺度）』の提唱」『現代社会学』2巻2号, 講談社 : 56-80.
Upton, Graham J. G., 1978, *The Analysis of Cross-tabulated Data*, Wiley.（池田央・岡太彬訓, 1980, 『調査分類データの解析法』朝倉書店）
Vaughn, Sharon, Jeanne Shay Schumm and Jane M. Sinagub, 1996, *Focus Group Interviews : In Education and Psychology*, Sage Publications.（井下理監訳, 1999, 『グループ・インタビューの技法』慶應義塾大学出版会）
Warner, W. Lloyd, Marchia Meeker and Kenneth Eells, 1949, *Social Class in America*, Science Research Associates.
渡部洋編, 2002, 『心理統計の技法』福村出版.
山田圭一・海野道郎ほか, 1973, 『システムズ分析の目標設定段階の手法に関する研究』東京工業大学社会工学科山田研究室（非売品）.
山田圭一・海野道郎ほか, 1976, 『マイノリティーに対する公共政策』東京工業大学社会工学科山田研究室（非売品）.
柳井晴夫・岩坪秀一, 1976, 『複雑さに挑む科学』講談社.
安田三郎, 1970, 『社会調査の計画と解析』東京大学出版会.
安田三郎, 1975, 「『社会調査』と調査者 - 被調査者関係」（福武直『福武直著作集2 社会学・社会調査』東京大学出版会 : 448-499）.
安田三郎ほか, 1976, 『公聴手段としての電話意見調査法について』内閣総理大臣官房広報室.
安田三郎・原純輔, 1982, 『社会調査ハンドブック』第3版, 有斐閣.
安田三郎・海野道郎, 1977, 『社会統計学』改訂2版, 丸善.
横山澄司, 1977, 『深層面接調査法』新版, 新評論.
Zeisel, Hans, 1968, *Say It with Figures*, 5th ed., Harper & Brothers.（木村定・安田三郎訳, 1962, 『数字で語る』東洋経済新報社（第4版の訳））

索　引

ア

RDD（random digit dialing）　66
威光暗示効果　146
委託調査　46-47
一致性　66
一対比較法　120, 123
一般的質問　146
移動平均　131-132
インタープリテイション　88
エクスプラネイション　88
SSM調査　25, 188
エラボレイション　86
　　──表　81
横断的調査　25

カ

回顧によるデータ　151
カイ二乗検定　78-79
　　連続性の補正を施した──　148
カイ二乗分布（χ^2分布）　166
回収率　35
学術調査　4
攪乱要因　10-11
確率比例抽出　64
確率密度　32
過誤
　　第一種の──　75
　　第二種の──　75
仮説　18
片側検定　74, 165
間隔尺度　112
完全関連　85
聴取調査　10, 149
棄却域　73
危険率　73

疑似相関　88
基礎項目　149
期待値　33
帰無仮説　71
キャリーオーバー効果　146
行政調査　4
協力拒否　44
区間推定　54
グッド・プア分析　110, 115
グッドマンとクラスカルのγ係数　124
クロス集計　83-84
クロス集計表
　　2変数──　80
　　3変数──　80-81, 88
クロス積の差　86
クロンバックのα係数　114
経験変数　142
継続調査　25
系統抽出　55
現地調査　8, 38
検定統計量　75
交互作用　90
構造化面接　151
　　非──　151-152
コウディング　98
　　アフター──　98-99
　　プリ──　98-99
コウド・ガイド　101
項目の一次元性　114
項目分析　114-115
国民性調査　25
個人的質問　146

サ

最大関連　85
作業仮説　18

索 引

事後配置 12
市場調査 4
事前配置 12
実質的説明 94-95
質問紙調査 20
ジニの集中係数 134-135
四分点相関係数 r 85
尺度
　——の信頼性 113-114
　——の妥当性 113
　　外的基準をもたない—— 113
　　外的基準をもつ—— 113
　　第二種—— 122
尺度分析 115
自由回答 99
集合調査 22
従属変数 86
縦断的調査 25
集団面接 20
自由度 79
主成分分析 116
順位尺度 112
序列法 119, 123
事例調査 26-27
信頼性係数 114
信頼度 53, 56
スチュアートの τ_c 係数 124-125
ステレオタイプ 145
スピアマンの順位相関係数 120, 123
スプリット・バロット 138
スペシフィケイション 90
正規分布 33
　　標準—— 33, 165
積率相関係数 111, 116-117
説明変数 86
全数調査 27
選択回答 99
操作的定義 17
層別抽出（層化抽出） 58
測定 112
　　第二種—— 121-122

タ

対数線型モデル 95
対立仮説 71
多項選択 147
多次元解析 154
多次元尺度 115-116
多段抽出 63
　　単純—— 66
ダブルバーレル質問 146
多変量解析 154
抽出確率 28
抽出単位
　　第1次—— 63
　　第2次—— 63
調査員の手引 101
調査員への説明 37
調査（推定）の精度 56
調査票調査 20
調査票の点検 37
調査不能 44, 199
調査報告 46
データ・クリーニング 38
電話調査 22, 66
統計集団 7
統計調査 26
統計的検定 70
統計的処理 26
統計的推測 35
統計的説明 91-94
独立性の検定 78-79, 148
独立変数 86
留置調査 20

ナ

二項分布 157
二段抽出 63
日本標準職業分類 97, 103-108

ハ

配票調査 20
パイロット調査 37

索引

破壊検査 27
パス解析 95
パネル調査 25
被説明変数 86
必要標本規模（抽出すべき個体数） 53, 56-58
表計算ソフト 51-52
標準誤差 33
評定法 118, 123
標本 27
　計画—— 34
　有効—— 34
標本誤差 27, 54, 56
　非—— 27
標本抽出 28
　——台帳 29
標本調査 27-28
標本統計量 28
標本分布 31
　——曲線 32
比率尺度 112
比率の差 d　85
比率の差の検定 71, 76-77
　連続性の補正を施した—— 111
比例配分 58
フィッシャーの直接確率検定 148
フィールドワーク 8
フェイス・シート 143
不定型のデータ 155
不偏推定量 64
変数 80
　質的—— 80
　量的—— 80
偏相関 89
片対数グラフ 130-131
変動 92-93
変量 80
母集団 27
　調査—— 34

目標—— 34
母集団統計量 28
ホーソン効果 8

マ

マクネマー検定 139
無作為抽出 28-29
　単純—— 29, 55
無作為配置 11
無駄な質問 144
名義尺度 112
面接調査 19
　個別訪問—— 19
　指示的—— 151
　深層—— 20
　非指示的—— 20, 151
黙従傾向 147

ヤ

有意水準 73
有意抽出 29
郵送調査 21
ユールの関連係数 Q　85
予備調査 37
世論調査 4

ラ

ラポール 42, 151
リッカートの簡便法 115
両側検定 74, 165
ロート（漏斗）型 143
　逆—— 143
ローレンツ曲線 132-134

ワ

ワーディング 145
割当抽出 29-30

著者略歴

原　純輔

1945 年　新潟県に生れる.
1968 年　東京大学文学部卒業.
現　在　東北大学名誉教授.
主要著書　『社会階層』（共著，1999 年，東京大学出版会，韓国語版 2002 年，英語版 2005 年）
　　　　　『講座・社会変動 5　流動化と社会格差』（編，2002 年，ミネルヴァ書房）
　　　　　『社会調査』（2016 年，左右社）

海野道郎

1945 年　茨城県に生れる.
1968 年　東京大学工学部卒業.
現　在　東北大学名誉教授.
主要著書　『〈失われた時代〉の高校生の意識』（共編，2008 年，有斐閣）
　　　　　『数理社会学の理論と方法』（共編，2016 年，勁草書房）
　　　　　『社会的ジレンマ』（2021 年，ミネルヴァ書房）

社会調査演習　第 2 版

　　　　　1984 年 9 月 5 日　初　版第 1 刷
　　　　　2004 年 1 月 15 日　第 2 版第 1 刷
　　　　　2022 年 11 月 15 日　第 2 版第 7 刷

　　　　　　　　［検印廃止］

著　者　原　純輔・海野道郎
　　　　　はら　じゅんすけ　うみ の みち お

発行所　一般財団法人　東京大学出版会
代表者　吉見俊哉
　　　　153-0041　東京都目黒区駒場 4-5-29
　　　　電話 03-6407-1069・FAX 03-6407-1991
　　　　振替 00160-6-59964

印刷所　大日本法令印刷株式会社
製本所　誠製本株式会社

©2004 Junsuke Hara and Michio Umino
ISBN 978-4-13-052019-5　Printed in Japan

[JCOPY]〈出版者著作権管理機構　委託出版物〉
本書の無断複写は著作権法上での例外を除き禁じられています．複写される場合は，そのつど事前に，出版者著作権管理機構（電話 03-5244-5088，FAX 03-5244-5089, e-mail: info@jcopy.or.jp）の許諾を得てください．

東京大学教養学部統計学教室 編	統計学入門 基礎統計学Ⅰ	A5・2800円
東京大学教養学部統計学教室 編	人文・社会科学の統計学 基礎統計学Ⅱ	A5・2900円
久保川達也 国友直人 著	統計学	A5・2800円
松原 望 著	社会を読みとく数理トレーニング（オンデマンド版）	A5・2800円
佐藤郁哉 著	社会調査の考え方（上・下）	A5各3200円
原 純輔 盛山和夫 著	社会階層 豊かさの中の不平等	四六・2800円
中村高康 三輪 哲 石田 浩 編	少子高齢社会の階層構造1 人生初期の階層構造	A5・4000円
渡邊 勉 吉川 徹 佐藤嘉倫 編	少子高齢社会の階層構造2 人生中期の階層構造	A5・4000円
有田 伸 数土直紀 白波瀬佐和子 編	少子高齢社会の階層構造3 人生後期の階層構造	A5・4000円

ここに表示された価格は本体価格です．御購入の際には消費税が加算されますので御了承下さい．